贵州出版企业发展专项资金资助

本书为贵州省社会科学院基础理论研究项目——『清水江文书研究』成果

清水江文书研究丛书

【第贰卷】

林业经营文书

吴大华 主编

潘志成 吴大华 梁聪 编著

贵州民族出版社

图书在版编目(CIP)数据

林业经营文书／潘志成，吴大华，梁聪编著．—贵阳：贵州民族出版社，2012.12

ISBN 978－7－5412－2000－5

Ⅰ．①林… Ⅱ．①潘… ②梁… Ⅲ．①林业经营－文书－汇编－黔东南苗族侗族自治州－明清时代 Ⅳ．①F326.277.32

中国版本图书馆 CIP 数据核字(2012)第 270417 号

书　　名　林业经营文书
作　　者　潘志成　吴大华　梁　聪
出版发行　贵州民族出版社
地　　址　贵阳市中华北路 289 号
印　　刷　贵阳海印印刷有限公司
开　　本　787 毫米×1092 毫米　1/16
字　　数　300 千字
印　　张　13.25
版　　次　2012 年 12 月 第 1 版
印　　次　2012 年 12 月 第 1 次印刷
书　　号　ISBN 987－7－5412－2000－5
定　　价　40.00 元

总 序

清水江文书,统指贵州省清水江流域保存至今的清代以及民国时期的契约、账册、山林登记簿、族谱、乡规民约、碑刻、官府告示、诉讼档案、纠纷调解协议等文书。这些文书主要以林业生产为中心,涉及的内容非常广泛,包括了山林田土租佃买卖、经营管理、砍伐发卖、借贷典当、婚姻嫁娶、抚养继承、分家析产、纠纷调解、乡规订立等各个领域,系统地反映了清水江流域少数民族明清以来数百年的林业经济史及政治、社会、文化、生活等诸多领域的历史变迁。

清水江文书是经济学、历史学、法学、民族学、人类学、生态学等诸多学科研究的重要文献资料,其学术价值不可估量,特别是对研究我国西南少数民族地区古代经济开发和社会文化的变迁具有极其重要的价值。

清水江文书的征集、保护和研究工作得到了贵州省委、省政府领导及清水江流域各县的高度重视,省委常委、省委统战部长龙超云同志在兼任贵州大学党委书记期间,就抢救、挖掘、研究清水江文书工作做过多次批示,省政府专门成立了以蒙启良副省长为组长的清水江文书抢救保护工作领导小组,相关的文书征集、保护工作已取得了重大进展,预计不久之后即将顺利完成。此外,清水江文书近年来也引起了国内外经济学、历史学、人类学、民族学界和法学界的广泛关注。2000 年来,每年均有十余批国内外专家学者前往清水江流域考察,部分研究者正致力于清水江文书的整理工作,如 2001 年日本东京外国语大学唐力、武内房司教授和贵州省民族研究所杨有赓研究员等共同编校出版的《贵州苗族林业契约文书汇编(1736～1950)》(三卷本);2001 年,中山大学与锦屏县合作整理了部分契约文书,其成果《清水江文书》第一辑、第二辑分别于 2007 年、2009 年由广西师范大学出版社出版;西南政法大学编纂的《贵州文斗寨苗族契约法律文书汇编》于 2008 年由人民出版社出版;贵州大学中国文化书院组织的《清水江文书考释集成》项目也已进入实施阶段,并列入国家清史纂修工程项目，正式成果预计在2012年底面世。除以上的资料整理工作外，近年来也不断有学者开展初步的研究工作，主要的研究著作包括中山大学张应强教授的《木材之流动——清代清水江下游地区的市场、权力与社会》（三联书店2006年版）；凯里学院徐晓光教授的《清水江流域林业经济法制的历史回溯》（贵州人民出版社2006年版）；西南政法大学梁聪博士的《清代清水江下游村寨社会的契约规范与秩序》（人民出版社2008年版），其他的主要是一些学术论文。

总的来说，目前对清水江文书的整理工作正在如火如荼地开展之中，相信不久将会有更多的成果涌现出来，逐步向世人展示清水江文书的全貌，这对清水江文书的挖掘、保存和抢救工作来说具有重大的意义，同时也将为学术界对清水江文书的研究提供最为全面的资料。相较而言，对清水江文书的研究工作尚处于起步阶段，目前的研究对浩如烟海的清水江文书而言是远远不够的。清水江文书拥有极其珍贵的史料价值，蕴含着丰富的学术研究价值，需要有更多的学者加入进来，共同致力于清水江文书的研究。作为省内学者，我们更应当珍惜先人留下的这份宝贵遗产，倍加地保护它、研究它、利用它。令人欣慰的是，近日从北京传来喜讯，今年贵州大学、凯里学院、中山大学三支团队均已通过国家社会科学基金重大招标项目"清水江文书研究"的评审，获得这一重大招标课题的资助，这是清水江文书研究的盛事，也是我们贵州省社会科学界的大喜事，值得庆贺！

正是在这样一个背景下，贵州省社会科学院于2011年将"清水江文书"作为院内重大基础理论研究的重点之一予以资助，由我担任负责人，部分省内学术界的著名专家学者担任课题组顾问，贵州省社会科学院负责课题的组织实施，清水江流域的锦屏、天柱、台江、三穗、剑河等县协助，课题研究工作由贵州省社会科学院联合贵州民族学院等高校的学者共同完成。事实上，早在2004年左右，课题组的相关研究人员就开始关注清水江文书，并进行了大量的前期调研，先后调研的地区有锦屏县、天柱县、三穗县、麻江县、台江县、剑河县，走访了上述各县的档案馆、地方志办公室、文物管理所等部门，通过复印、照相等方式获取了一大批反映清代及民国时期两县的政治、法律制度、民俗、社会等情况的地方志、诉讼档案、官府文告、碑刻、乡规族规、契约、民间调解文书等相关资料。有的主持完成了贵州省省长基金项目，有的主持贵州省教育厅人文社科招标项目，有的参与贵州大学、西南政法大学项目，已经或正在形成一批学术成果。

本丛书的研究主要分为两个部分：

其一是在对清水江文书已有的整理成果基础之上，按文书载体、文书涉及事项的性质等标准对清水江文书分门别类，选取其中具有代表性、典型性或有价值的文书进行考释和解读。此项工作既是对清水江文书进行整理和考释，同时又是初步的研究工作，课题将通过对这些具有代表性的文书的考释和解读，分析同一类型文书的一般性内容、格式、用语、主要条款、功能、作用机制，并就清水江文书的特质、与同时期其他地域文书的比较、文书反映的社会历史和风俗习惯等问题展开研究。

其二是从清水江流域选取若干与人工林业、木材采运及区域历史密切相关的特定地域，分别开展人类学的田野调查研究，收集其遗留至今的契约、族谱、碑刻等文献资料和民间故事、歌谣、记忆、历史人物传奇及其他口述资料，并开展系统研究，以展现、反映清水江流域林业经济、社会历史、生态、契约制度、民俗文化的变迁，为研究者了解和深入研究清水江文书提供资料和参考。

本丛书既是对清水江文书的初步整理和考释，又是以清水江文书为基础的研究。清水江文书是经济学、历史学、法学、民族学、人类学、生态学等诸多学科学术研究的宝库，笔者谨希望以此丛书抛砖引玉，有更多的学者加入到对清水江文书的研究中，取得更多新的研究成果。

贵州省社会科学院院长　吴大华

2011 年 11 月 1 日于甲秀楼

凡　例

一、本书所选用的文书资料大部分是2005年笔者随同导师西南政法大学陈金全教授前往锦屏、天柱等地调研时拍摄所得，部分是在剑河、三穗、麻江等地的档案管理部门拍摄所得，另有数份文书援引自他人著作或论文之中，书中亦已有相关说明。

二、本书所选用的文书资料并未按文书类型分类，而是按林业经营的几个环节分为山场租佃文书、山林买卖文书、山场管理事务相关文书、木材砍伐、水运及贸易事务相关文书四个部分，每一部分下再按其所涉及事项分为若干类或若干组。每组文书一般按年代先后排列；没有纪年，但可考定或疑为某年者，置于相应年代之间；年代不详者，置于最后。不过同时也不排除为解读方便而有不按年代排列的现象。

三、每件文书一般包括标题、影印、录文、注、解读五项内容。因为所选文书资料大多没有原题，笔者根据文书内容拟名。一般文书都附有影印图片，个别文书因系印刷体，则省去影印。注、解读二项非必要时则省，部分“解读”项可能会涉及同一组的几则文书在内。

四、录文使用简体字，但鉴于数字本身的特殊性，仍使用原文的数字表达形式。

五、原文中的异体字或错别字，则在原文照录外，以( )标出正字。不过对于文书资料中出现的地名、人名，因系苗(或侗)音汉字，故而录文尽量尊重其原文写法，不过在文书标题中使用其现代名称或通行写法。

六、因文书损坏造成的缺字，或字迹模糊、难以辨识，一律以□表示此处缺一字或该字无法辨识；若不能确定缺字数量，则一律以……表示。

七、凡缺字一般不补，但若据上下文义或同类相关文书可确认为某字时则补，补字以[ ]标出。

八、文书使用“△”符号，录文则斟酌使用“某”字代替。

九、文书中使用半书形式、画押标记的，录文一般用【】表示，如“【录文】”、“【押】”，不过因大多数文书中印签模糊，难以辨识，所以多未标出印签。

目　录

第一部分　山场租佃文书

第二部分　山林买卖文书

第三部分　山场管理事务相关文书

第四部分 木材砍伐、水运及贸易事务相关文书

第一部分　山场租佃文书

一、佃山文书

租佃关系早已有之,《周恭王五年裘卫租田契约资料》①反映的就是一则土地租佃的文书。真正可以称为租佃契约的文书始于汉代。据李志敏先生的研究,租佃契约在汉代已经萌芽,《汉书》记载:“今内史稻田租挈重,不与郡同,其议减。”颜师古注解说:“租挈,收田租之约令也。”②这是国家与人民之间缔结的租佃契约。因清水江两岸大多是“九山半水半分田”的地理环境,加之当地人工林业的发达,使得山场租佃非常频繁,佃山文书在清水江文书中占有相当的比重。与耕种土地相比较,人工造林需要投入大量的劳动力。虽然在某些时候,山场的拥有者也会在自己拥有的山场上植树造林,但对于成片山场的拥有者来说,仅依靠一家一户的微薄之力来人工育林是不切实际的。特别是清水江中下游人工林业发展起来以后,作为一种珍贵的生产资料,山场与土地一样,日益集中到少部分人手中。据相关调查资料统计,新中国成立前锦屏县文斗上寨的地主阶层占有的山林面积占全寨山林的94%③。该县河口乡民间还流传着一句童谣:“姚百万,李三千,姜家占了大半边”。其中的“姚百万”——姚继周,传说他不仅占有瑶光河两岸数十里的青山,甚至买下了附近村寨的水井及阳光。当山场逐渐集中到少数人手中时,那些缺田少地或在林业经济竞争中破产的农民就只能到山主的门下佃山造林,同时因为造林的前几年可以“林粮间作”,佃农可以借以获得一些粮食糊口度日,故而贫苦农民也多愿佃山造林以维持生计。④

林农佃山栽杉,这是清水江流域人工造林的最主要方式之一。据田野调查及部分学者的研究,除了这种方式外,清水江流域的人工林业还有山主雇工经营、包栽这两种方

① 引自张传玺主编:《历代契约会编考释》,北京大学出版社1995年版,第21页。

② 详见李志敏:《中国古代民法》,法律出版社1988年版,第148页。

③ 参见贵州省编辑组编:《侗族社会历史调查》,贵州民族出版社1988年版,第19页。

④ 梁聪:《清代清水江下游村寨的契约规范与秩序——以文斗苗寨契约文书为中心的研究》,西南政法大学博士学位论文,2006年。

式。在雇工经营的方式下，地主雇请林农造林和管理，有短工和长工之分，地主负责林农的生活，并给一点钱或米，每天按地主规定的劳动量劳动。树木成林后，归地主全部所有，雇工无份。至于后一种包栽，签订契约，按规定栽手的工价和所占分成，包栽杉木若干棵，入土三年或五年后，地主按成活率点收，付给林农工资，一般是栽杉1000棵至郁蔽给稻谷1200斤，分三次付清。租佃经营方式与这两种林业经营所不同的是，在整个经营期间，地主无权过问，只在成林采伐出卖后分取现金，林农收获的是成林后的利益分配而非栽种的工资。

1. 光绪二十一年(1895年)六月初二日岑梧寨陆相仕兄弟佃山文书

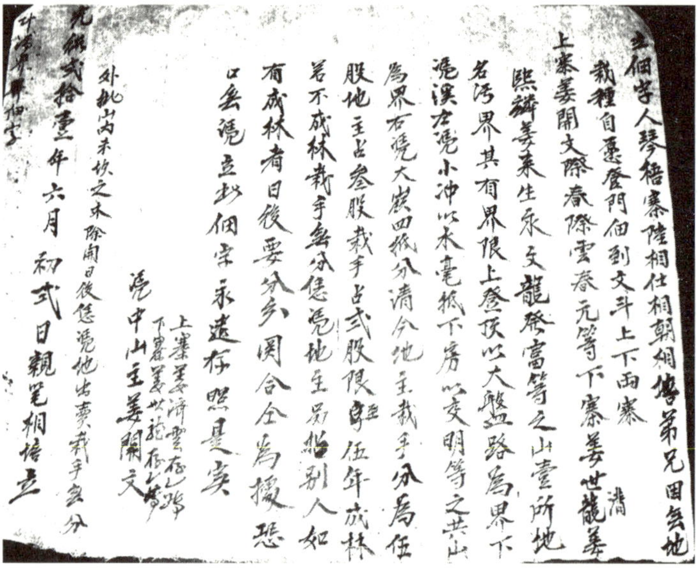

立佃字人琴(岑)梧寨[1]陆相仕、相朝、相培弟兄，因无地栽种，自愿登门佃到文斗上下两寨[2]，上寨姜开文、际春、际云、春元等，下寨姜世清、世龙、姜熙□、姜来生、永文、龙□富等之山一所，地名污界。其有界限：上登顶，以大盘路为界，下凭溪，左凭小冲，以水毫抵下房，以交明等之共山为界，右凭大岭，四抵分清。今地主、栽手分为五股，地主占三股，栽手占二股。限至五年成林，若不成林，栽手无分，任凭地主另招别人。如有成林者，日后要分□□合仝(同)为据。空口无凭，立此佃字永远存照是实。

上寨姜济云存一张

下寨姜世龙存一张

凭中：山主 姜开文

外批：山内未坎(砍)之木除开，日后任凭地[主]出卖，栽手无分。

光绪二十一年六月初二日 亲笔 相培 立

计污界佃字

注：

【1】“岑梧寨”，今锦屏县平略镇岑梧村，东邻寨早村，南邻归朝村，西邻华洞村，北与

平鳌村地域接壤。岑梧村今有岑梧、乌首两个自然寨。①

【2】"文斗上下寨"，即今锦屏县河口乡文斗上寨村和文斗下寨村，位于清水江南岸山岭上，东隔乌斗溪与平略镇平鳌村对应，南部和西南部与河口乡九佑、中仰、加池三村相邻，西隔乌傍溪与河口乡岩湾村相望，北隔清水江与彦洞乡黄门村遥相呼应。② 本丛书中《土地关系及其他事务文书》对文斗上下两寨的情况有较详尽的介绍。③

2. 乾隆四十五年（1780年）正月二十九日高朗寨龙文魁等佃山文书

立佃种山场合同人[1]稿柈（高朗）寨[2]龙文魁、龙文明、邦寨[3]吴光才、吴光岳、吴光模、吴启白、蔡溪寨李富林、李忠林三寨人等，亲自问到文斗下房姜兴周、姜永凤、姜文襄得买乌养山一所、乌书山一所。今龙、吴、李三姓投山种地，以后栽杉修理长大发卖，乌书山二股平分，乌养山四六股分，栽手占四股，地主占六股；乌书山栽手占一股，地主占一股。其山有老木，各归地主，不得霸占。今恐无凭，立此投佃字存照。

凭中、代书：姜梦熊、曹聚周、姜安海

佃种人：龙文魁、吴光才、李富林

党加众山佃约付与梦熊收存。

乾隆四十五年正月二十九日 立

注：

【1】本则文书选录自贵州省编辑组编：《侗族社会历史调查》，贵州民族出版社1988年版，第17页。

【2】"高朗寨"，今锦屏县平略镇高朗村，位于平略镇东北部，清水江北岸，东邻南堆村并隔清水江与讲略村相望，西连甘乌村和平略村田地，北接平略镇晓岸村。④

【2】"邦寨"，今锦屏县敦寨镇邦寨村，清代属欧阳长官司管辖。

解读：

本则文书是清水江目前保存下来时间较早的一份佃山文书。清水江流域目前保存下来的佃山文书大多订立于清代后期，尤以道光、光绪两朝为主。嘉庆朝之前的佃山文书遗存至今的并不多见。究其原因，自然有历史越久远的契约越难以保存的因素，同时

① 详见王宗勋：《乡土锦屏》，贵州大学出版社2008年版，122～123页。

② 详见王宗勋：《乡土锦屏》，贵州大学出版社2008年版，第179页。

③ 详见潘志成、吴大华编著：《清水江文书研究》丛书之《土地关系及其他事务文书》，贵州民族出版社2011年版。

④ 详见王宗勋：《乡土锦屏》，贵州大学出版社2008年版，第113页。

在一定程度上也表明清代中期以后这一山场的租佃关系更为频繁。笔者研究发现,锦屏文斗一带的林地所有制在清代中期前后经历了从"家族共有"向"家庭私有"的转变①,林地逐渐由家族共有的大块山场这一形态向个体家庭私有的小块山场转变,也致使租佃关系加倍增长。反映在文斗的契约中,山主出卖自己亲手所栽之杉需强调"此山系自己亲手所栽",有特别注明之必要,可见山场拥有者与造林者身份分离的状态是比较普遍的。②

清水江流域人工造林业的发展与清初这一地域木材贸易的发达密切相关。明代洪武三十年(1397 年),因铜鼓、五开两卫屯军占地,引发古州上婆洞人林宽领导失地的农民起义。明朝命楚王桢、湘王柏各率护卫兵进讨,合兵 30 万,"由沅州伐木开道二百里抵天柱",于洪武三十一年(1398 年)镇压了这次农民起义。③ 学者们大多推测可能正是这次镇压农民起义的明军将领回到京城后向皇帝奏报了清水江下游及湘西地区林产之盛和运输便利的情况,这恰好满足了明王朝大兴土木对优质木材的迫切需要,才引发了明清两代向清水江下游地区不断征派皇木。皇木是王朝政府为兴建宫殿而派出钦差专职采买之木材,规格极高,《锦屏县林业志》的记载说,"皇木"中的"桅木"要求"长六丈,头径四尺五寸,尾径一尺八寸"④。征派之外,也不乏有当地土司选巨木为贡品,奉献朝廷以邀功晋升官职者⑤。根据文献的记载,早在明武宗正德九年,明王朝即开始在清水江下游征派皇木,"县内优质杉木及樟、楠大木开始作为'皇木'伐运中原地区"⑥。最初"皇木"的采办由专职官员负责,明末则委托给部分商人办理,清朝沿袭了这一惯例,并将不定期的征派改为定例按年征派,称为"例木"⑦。明末清初除了皇室征派外,清水江下游的广袤森林还吸引了各地客商携资溯江而上,在这个边远封闭的民族山区开拓新兴的木材市场。

清初在黔东南推行"改土归流",在这一过程中,作为一条重要的河流,清水江的交通意义凸现出来,时任贵州巡抚的张广泗上奏朝廷对清水江进行了大规模的疏浚,并"开纤路以资挽运"⑧,从而载满各种货物的船只可由清水江直到洞庭湖而下长江。此后张广泗又在锦屏县设弹压局征收木税,并于该县的王寨、茅坪、卦治三个苗村侗寨设立木市,作

---

① 详见潘志成、梁聪:《清代锦屏文斗苗寨的宗族与宗族制度》,载《贵州社会科学》2011 年第 2 期。

② 参见唐力、武内房司、杨有赓主编:《贵州苗族林业契约文书汇编(1736 ~ 1950)》第三卷,东京:东京外国语大学亚洲非洲语言文化研究所,2001 年版,第 167 页。

③ 记载这次农民起义的情况,见《明史》卷三一六之列传二零四之"贵州土司"及《黎平府志》。

④ 锦屏县林业志编纂委员会编:《锦屏县林业志》,贵州人民出版社 2002 年版,第 230 页。

⑤ 贵州省编辑组编:《侗族社会历史调查》,贵州民族出版社 1988 年版,第 7 页。

⑥ 锦屏县林业志编纂委员会编:《锦屏县林业志》,贵州人民出版社 2002 年版,第 7 页。

⑦ 贵州省编辑组编:《侗族社会历史调查》,贵州民族出版社 1988 年版,第 8 页。

⑧ (清)魏源:《西南夷改流》。

为法定的木材集运交易口岸，时称“三江”①。据记载，清时三江每年营业总值最盛时期曾达二百万元，最低亦有七八十万元②。爱必达《黔南识略》云：“坎坎之声，铿訇空谷，商贾络绎于道，编巨筏放之大江，转运于江淮者产于此地”，足见当时木材交易之盛况。③

木材的逐步商品化，逐渐改变了以往自然经济下森林资源有增无减、取用不竭的情形，天然林的储量毕竟是有限的，繁荣的木材交易同时也导致了山林趋向过伐的状态，据《锦屏县志》记载至道光年间时清水江沿岸“杉几尽矣”④，亟须更新再生产。在这种情况下，清水江流域的人工造林业应运而生，人工商品林种植面积迅速扩大，从而延续了清水江流域几百年林业贸易的辉煌。

清水江沿岸地区多为黏土土质，保水性、保肥性好，土层深厚，土壤肥沃，适宜多种林木生长，特别是杉木、樟木、楠木等。加之清水江沿岸气候湿润，雨量充沛，且日照时间少，比较适宜杉木等有材林木的大面积栽种，优质杉木的培育年限可控制在 8 ~20 年内，著名的有锦屏“八年杉”、“十八年杉”等品种，其优生速生指标居世界速生丰产针叶林木前列。⑤ 据观察，清水江流域杉木的生长期全年达 309 天，人工种杉具有得天独厚的条件，是全国著名的“杉木之乡”。所产杉木树干通直圆满，削尖度小，树高通常为胸径的 100 倍左右，其木质细腻，纹理顺直，易于加工，材质利用率高。⑥ 清人爱必达的《黔南识略》中说“树三五年即成林，二十年便可供斧柯矣”，这种杉木就是锦屏出产的十八年杉。相较而言，明清时期徽州人工造林则需要近 30 年才可以砍伐。⑦

估计清水江中下游的锦屏、天柱等地大约在明末清初时就已出现了人工造林。清雍正时，贵州巡抚张广泗曾要求“令民各视土宜，逐年栽植，每户数十植至数百株不等，种多者量加鼓励”，尤其是“杉木宜行多栽种”。⑧ 据此估计在雍正时，民间的人工造林已经较为常见，随之产生的山场租佃也逐渐频繁起来，至光绪年间，贵州学者郑珍有一首《黎平木》，诗中说：

遵义竞垦山，黎平竞树木。树木十年成，垦山岁两熟。

两熟利诚速，获饱必逢年。十年亦纤图，绿林长金钱。

---

① 贵州省编辑组编：《侗族社会历史调查》，贵州民族出版社 1988 年版，第 10 页。

② 贵州省档案馆等编：《贵州近代经济史资料选辑》（上）第 1 卷，四川社会科学院出版社 1987 年版，第 339 页。

③ （清）爱必达：《黔南识略》。

④ 贵州省锦屏县志编纂委员会编：《锦屏县志》，贵州人民出版社 1995 年版，第 473 页。

⑤ 黔东南苗族侗族自治州地方志编纂委员会：《黔东南苗族侗族自治州志 · 林业志》，中国林业出版社 1990 年版，1 ~2 页。

⑥ 参见贵州省编辑组编：《侗族社会历史调查》，贵州民族出版社 1988 年版，第 3 页。

⑦ 沈文嘉：《清水江流域林业经济与社会变迁研究（1644 ~1911）》，北京林业大学 2006 年博士学位论文，第 30 页。

⑧ 贵州省锦屏县志编纂委员会编：《锦屏县志》，贵州人民出版社 1995 年版，第 488 页。

林成一旦富，仅忍十年苦。耕山见石骨，逢年亦约取。
黎人拙常饶，遵人巧常饥。男儿用心处，但较遵与黎。
我生为遵人，独作树木计。子黎长于遵，而知垦山弊。
手持不急书，未是救眉睫。以我老橐驼，求指经用法。
此法信者难，庸更望其行。似子实难得，所要用力精。
勿拔千岁根，贪取百日稻。送老垦山人，汝材看合抱。

学者郑珍的这首诗歌对遵义人的垦山为地与黎平人的开山种杉进行了对比，也说明了此时的人工造林已经不仅仅局限于清水江两岸，其他一些地方也逐渐开始重视人工造林。

3. 同治九年(1870 年)十月十五日龙老天等佃山文书

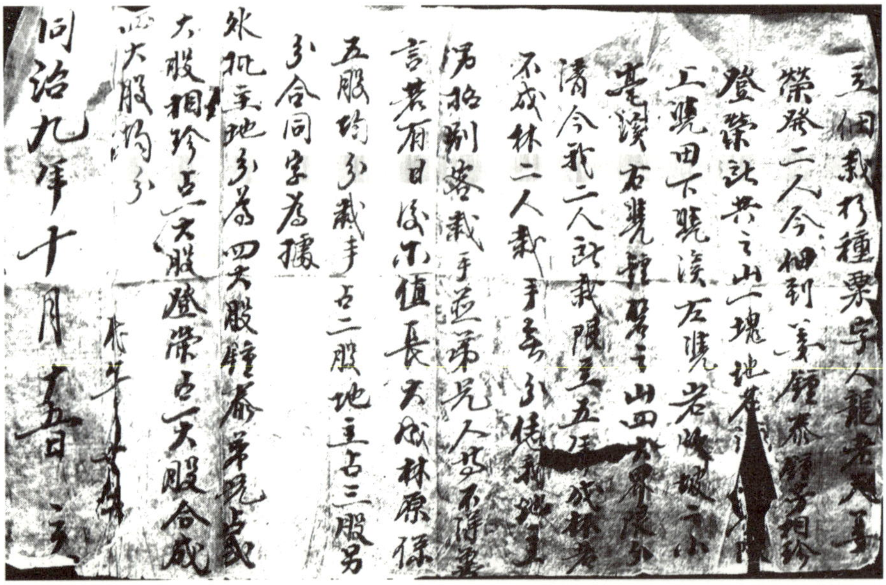

立佃栽杉种粟字人龙老天、姜荣发二人，今佃到姜钟泰、钟芳、相珍、登荣所共之山一块，地名污□□□。上凭田，下凭溪，左凭岩板坡之小毫溪，右凭钟碧之山，四至界限分清。今我二人所栽，限至五年成林。若不成林，二人栽手无分，任我地主另招别客。栽手并弟兄人等，不得异言。若有日后木植长木成林，原系五股均分，栽手占二股，地主占三股，另分合同字为据。

外批：主地分为四大股，钟泰弟兄占二大股，相珍占一大股，登荣占一大股，合成四大股均分。

代笔：□□□

同治九年十月十五日 立

解读：

杨国祯先生在《明清土地契约文书研究》中，将明清时的租佃契约的形式分为两种，即地主招佃的契式和佃户承佃的契式，其中招佃契式又分田批式和园批式两种，而承佃契式又分为佃田批式（当荷式）、承佃田批式、认佃式、佃帖式、租批式等几种①，清代及民国时期清水江流域的山场租佃文书基本上都是属于佃户承佃契式。

山场租佃文书除列明主佃双方及中人外，一般均要载明承佃原因，租佃山场的名称、数量、位置、四至界限、成林年限、主佃分成比例以及佃户应尽义务等内容。

4. 道光二年（1822 年）十月初一岩湾寨杨思礼父子佃山文书

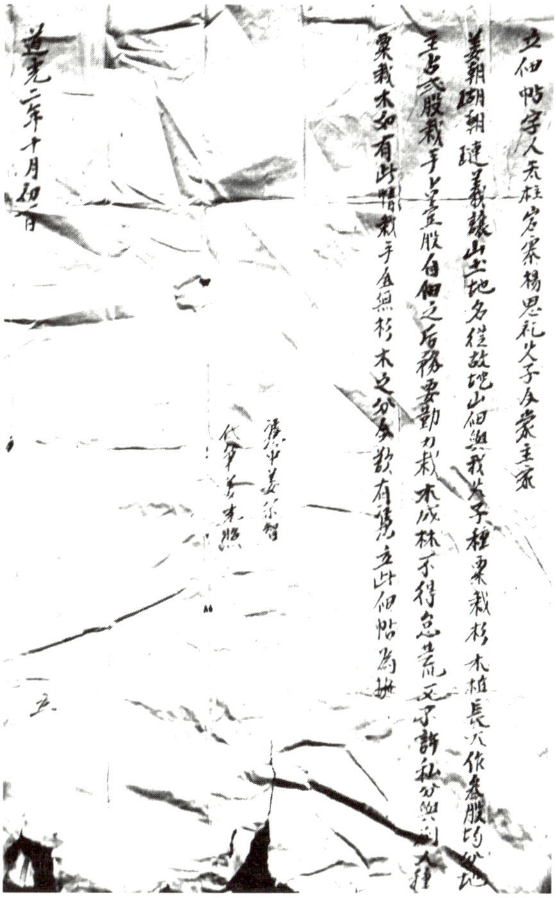
立佃帖字人天柱岩寨杨思礼父子今蒙主家
姜朝瑚朝琏义让山土地名从故挖山佃与我父子种粟栽杉木植长大作叁股均分地
主占弍股栽手占壹股自佃之后务要勤力栽木成林不得怠荒又不许私分与别人种
粟栽木如有此情栽手全无杉木之分今欲有凭立此佃帖为据
凭中姜宗智
代笔姜光照
道光二年十月初一日 立

立佃贴字人天柱岩［湾］寨[1]杨思礼父子，今蒙主家姜朝胡、朝琏义让山地，地名从故挖山，佃与我父子种粟栽杉。木植长大作三股均分，地主占二股，栽手占一股。自佃之后，务要勤力栽木成林，不得怠荒，又不许私分于别人种粟栽木，如有此情，栽手全无杉木之分。今欲有凭，立此佃帖为据。

凭中：姜宗智

代笔：姜光照

道光二年十月初一日 立

注：

【1】“岩湾”，苗语“冉晚”，今锦屏县河口乡岩湾村，清水江南岸，东隔乌傍溪与文斗相望，南、西与加池村相邻，北隔清水江与南路村相望，属青山界四十八苗寨之一。②

① 杨国祯：《明清土地契约文书研究》，人民出版社 1988 年版，第 78 页。

② 王宗勋：《乡土锦屏》，贵州大学出版社 2008 年版，第 182 页。

5. 嘉庆七年(1802 年)四月初八日姜映辉等招佃文书

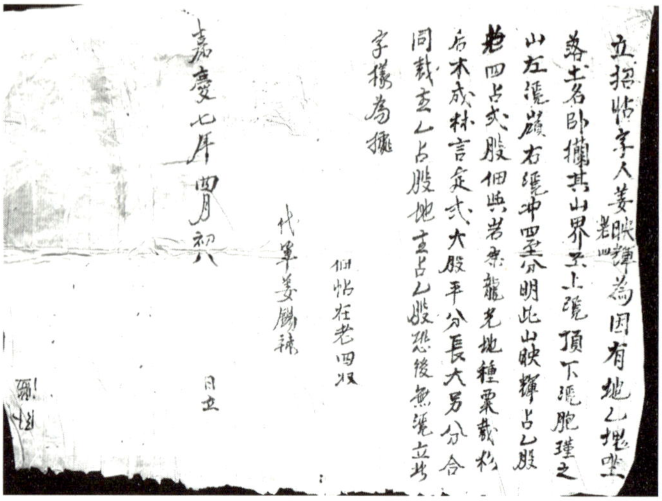

立招帖字人姜映辉、姜老四为因有地一块,坐落土名帅拦。其山界至:上凭顶,下凭胞瑾之山,左凭岭,有凭冲,四至分明。此山映辉占一股,老四占二股。佃与岩寨龙光地种粟栽杉,后木成林,言定二大股平分,长大另分合同,栽主占一股。恐后无凭,立字样为据。

佃帖在老四收

代笔:姜锡□

嘉庆七年四月初八

解读:

本则文书是在清水江文书中并不多见的地主招佃契式,不过招佃契(招帖)虽由山主姜映辉、姜老四二人所立,但收执契约的仍是他们(文书后部的批注说明此份佃帖由姜老四收执)。

古代契约文书中有“契约”与“合同”的区分,张传玺、周绍泉、贺卫方以及俞江等学者对这两者之间的区别均有一定的研究,较为一致的看法是:“契约”是一种单契,一方立契,单方押署,对方持契。而“合同”则是多方书立,多方押署,采用“半书”形式,各方都持有合同。① 租佃契约是一种较为常见的单契。所谓单契,类似于今日的单务合同。一般说来,单契均是单方面承担义务一方所立,并交享有权利一方收执的契约,典型的单契如借贷契约。正因一方出具,他方收执,验证时才不会发生合券问题,这一点正是古代“单契”与“合同”最大的不同之处。因此,从这个意义上说,订立租佃契约时相对合适的立契人当是佃户一方,这也是为什么清水江流域租佃文书大多是由佃户书立的原因之一。

① 周绍泉:《明清徽州契约与合同异同探究》,载《中国史学》1993 年第 3 期。

6. 道光十三年(1833 年)九月二十一日天柱县龙文品二人佃山文书

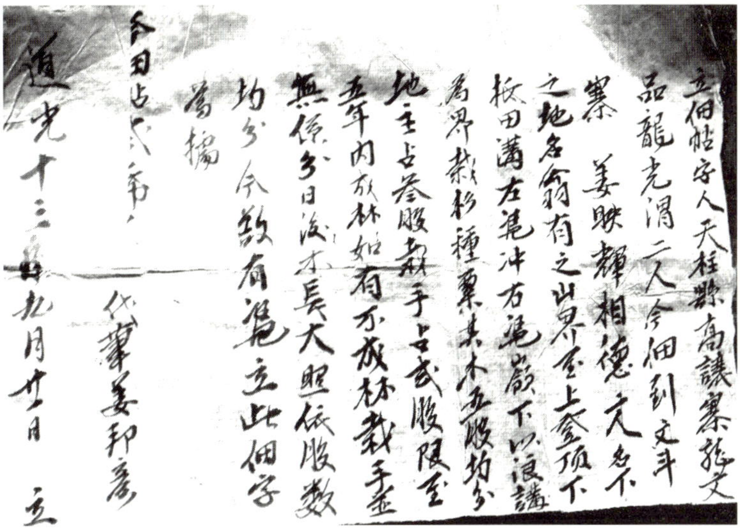

立佃帖字人天柱县高让(酿)[1]寨龙文品、龙光渭二人,今佃到文斗寨姜映辉、相德二人名下之地,名翁有。之山界至:上登顶,下抵田沟,左凭冲,右凭岭下以浪沟为界,栽杉种粟。其木五股均分,地主占三股,栽手占二股。限至五年内成林。如有不成林,栽手并无系分。日后木长大,照依股数均分。今欲有凭,立此佃字为据。

立佃帖两纸【半书】

代笔:姜邦彦

道光十三年九月廿一日

注:

【1】高酿寨,今天柱县高酿镇,位于天柱县南部,东邻天柱县坌处镇,南接锦屏县,西交石洞镇,北连凤城镇。

解读:

“栽杉种粟”是清水江流域山场租佃文书中的常见用词,这也与清代清水江流域农林间种的人工林业生产的方式有关。

据《黔南识略》卷二一《黎平府》记载:

“土人云:种杉之地必豫种麦及包谷一二年,以松土性,欲其易植也。杉阅十五六年始有子,择其枝叶向上者,撷其子乃为良,裂口坠地者弃之,择木以慎其选也。春至则先粪土覆以乱草,既干而后焚之,然后撒子于土面,护以杉枝,厚其气,以御其芽也。秧初出谓之杉秧,既出而复移之,分行列界距以尺,沃之以土膏,欲其茂也。稍壮,见有拳者则去之,补以他栽,欲其亭亭而上达也。树三五年即成林,二十年便供斧柯矣”。

吴振棫的《黔语》中说：

“种之法，先一二年必树麦，欲其土之疏也。杉历十数寒暑乃有子，枝叶仰者子乃良，撷而蓄之；其罅而坠者，弃之；美其性也。春至，粪土、束刍覆之，温火芮之，乃始布子，而以枝茎午交蔽之，固其气，不使速达也。稚者曰杉秧，长尺咫则移而植之，皆有行列，沃以肥壤，欲其茂也。壮而拳曲，即付剪刈，易以他栽，贵在直也。”

《黔南识略》与《黔语》对清代贵州盛行的杉木种植之法进行了总结，其内容大体相同，均提及农林间作的方式。我国古代历来有在杉木幼林中套种农作物的习惯，《农政全书》中记载有在杉木造林前要先种一至二季芝麻，但清水江流域少用芝麻，而是通过种麦或包谷进行间作，以耕代抚，来增加土壤疏松度，使土壤不致板结。有学者认为，这可能是因为清水江林区山多田少，坡陡谷深，历来少粮，通过种麦或包谷则可以解决部分缺粮问题；庄稼长起来后，可为杉树掩荫，同时人为增加幼林地上的地表覆盖率和粗糙程度，雨季时依靠植物的茎叶削减地表径流速度，同时依靠盘根错节的群落根系留住表层肥土，从而可以有效地抑制幼林区地表的水土流失。既促进了幼树生长，又获得林茂粮丰的效果，有一举两得之利。①

从租佃文书内容来看，间种的粮食大多为“粟”，也就是“小米”，另也有麦子或包谷等。道光朝《黎平府志》卷一二记载说：“栽杉之山，初年俱种包谷，俟树盖地方止”。人工林业中，栽杉是和种粟等作物一同开展的，到杉树成林枝叶茂盛后才停止粮食作物种植。现代调查还表明，清代清水江流域的林农常向山业主租佃荒山或杂木山地，先开垦种植粮食作物，在收获 1 ~2 年后“退耕还林，栽杉抵租”。② 而据王宗勋的调查，锦屏县平略镇岑梧村过去则是造林第一年在林地间种上叶烟，第二、三、四年栽种红薯、包谷等杂粮。③ 清水江流域多是“九山半水半分田”的格局，田多人少，为了解决无粮可食的困境，人们只能另辟蹊径。据《侗族社会历史调查》的记载，锦屏县魁胆寨的人们回忆说，他们的侗族祖先迁入魁胆至今已有 22 代，初时由于人口少，基本从事农田耕作，后来人口增多，口粮不敷，便在山地种植杂粮。200 多年前当地人才开始开山造林，普遍实行林粮间作方式，“造林可获三年杂粮（主要是玉米和小米等），加上杉树成材比一般林木少需大半时间，售木和运木都将给林农带来一些利益，聊补无米之炊，在一定程度上增长了农民兼营林业生产的积极性。”④

---

① 沈文嘉：《清水江流域林业经济与社会变迁研究（1644 ~ 1911）》，北京林业大学 2006 年博士学位论文，第 29 页。

② 详见杨伟兵：《清代黔东南地区农林经济开发及其生态—生产结构分析》，载《中国历史地理论丛》2004 年第 3 期。

③ 王宗勋：《乡土锦屏》，贵州大学出版社 2008 年版，第 123 页。

④ 参见贵州省编辑组编：《侗族社会历史调查》，贵州民族出版社 1988 年版，第 97 页。

7. 道光二十九年(1849 年)四月初七日九怀寨龙文瑜等佃山文书

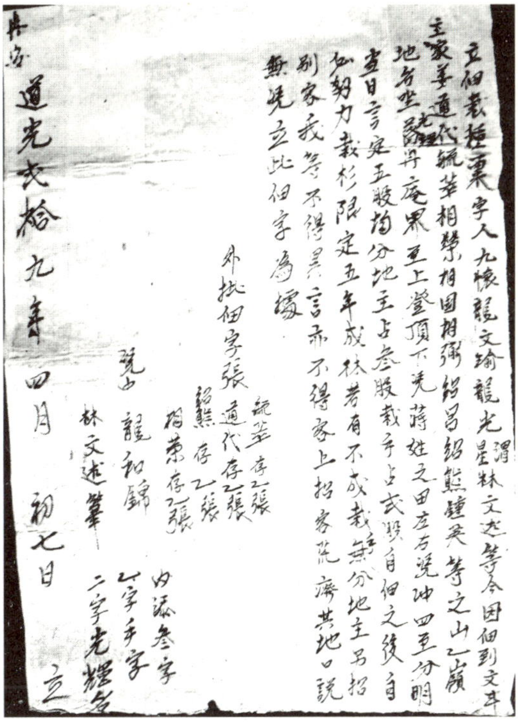

立佃栽种粟字人九怀[寨]龙文瑜、龙七□、龙七星、林文达等，今因佃到文斗主家姜道代、毓萃、相荣、相国、相弼、绍吕、绍熊、钟英等之山一岭，地名坐(座)落光辉冉庵。界至：上登顶，下凭蒋姓之田，左右凭冲，四至分明。当日言定五股均分，地主占三股，栽手占二股。自佃之后，自□努力栽杉，限定五年成林，若有不成，栽手无分，地主另招别客，我等不得异言。亦不得客上招客，荒废其地。口说无凭，立此佃字为据。

外批：毓萃存一张，通代存一张，绍熊存一张，相荣存一张。

凭中：龙和锦

林文述 笔

内添三字：一字“手”字，二字“光辉”名。

道光二十九年四月初七日　立

解读：

山场租佃关系与一般的土地租佃关系不同，这在清水江流域尤其突出。因为山主并不收取实物地租或货币地租，而是等到山场成林砍伐后从中分成。因此木材能否成林，这对山主来说利益攸关，因此清水江流域的山场租佃文书中大多要约定“限至五年成林，栽手有份；若不成林，栽手毫无系分”或“若不成林，任凭地主另招别人，栽手不得异言”。而且在相当部分的文书中，需要约定“五年成林，另立分成合同”，将“五年成林”作为另立分成合同的前提。这相当于现代合同上的违约条款，以防止佃户懈怠育林，影响山主的预期收益。

罗康隆的研究进一步指出，所谓“五年成林”是不论所佃租面积大小一律要求一起成林，他认为这是为了防范佃户只注重林间的套种作物收入，而不注重林木的陪护，以致在同一块林地里有的林木长势较好，而有的林木长势很差，若不一起成长封林，则使林地木相参差不齐，这不仅影响林地的积材量，而且还影响到砍伐周期，这将造成巨大的经济损失。①

---

① 罗康隆：《清代贵州清水江流域林业契约与人工营林业的发展》，载《中国社会经济史研究》2010 年第 2 期。

“不成林”的后果是严重的，据《侗族社会历史调查》记录的一个例子，民国15年（1926年），林农刘宗盛佃种锦屏县卦治寨地主龙集蛟在平冲的山场，佃契限定三年内造林五十亩，若不成林，不予分成。恰逢这几年遭受特大灾害，刘宗盛无力栽杉，三年期满，只栽了二十多亩计两千多株杉木。依据佃契，这两千多株杉木的收益全归地主龙集蛟所有，栽手刘宗盛未获任何分成。①

8. 嘉庆十九年（1814年）七月十六日黔阳县蒋玉山兄弟佃山文书

立租佃字[1]人湖广省岑（黔）阳县[2]蒋玉山、景春兄弟二人，因佃到文斗下寨主家姜朝瑾、朝甲兄弟等之山，土名坐落鸠怀。此山上凭姜朝琦，下凭路，左凭朝瑾本山，右凭冲，四至分明，佃与蒋姓种粟栽杉。言定五股均分，地主占三股，栽手占二股，限定五年木植一起成林。如有不成，栽手毫不系分。玉山、景春自愿将先年佃栽姜光前乌救略之山栽手[股]作抵。倘有不成，任凭朝瑾兄弟仰当管业，而蒋姓弟兄不得异言。今恐人信难凭，特立佃当字为据。

凭笔中：姜士光

嘉庆十九年七月十六日 立

注：

【1】本则文书录自贵州省编辑组编：《侗族社会历史调查》，贵州民族出版社1988年版，第18页。

【2】“黔阳”，古地名，在今湖南省境内。西汉高祖五年置镡成县，唐贞观八年改为龙标县，宋元丰三年改名黔阳县。1997年11月经国务院批准，黔阳县与洪江市合并，成立新的洪江市，今之洪江市管辖地域即为清代的黔阳县。

解读：

某些时候（例如对外地来的佃户），山主为了防止他们只顾种粟以果腹而荒废了造林，更防止他们因为造林不成而逃匿他乡以致无从追究责任，还要求这些外乡的佃户以一定的财产，如耕牛或其他山场的栽手分成作抵押，一旦不成林，就以这些抵押财产作赔。本则文书即属于这一类型，来自湖南沅江府黔阳县的蒋姓兄弟为了佃种姜朝瑾兄弟的一块山场，将先年佃栽姜光前一块山场的栽手分成作为抵押，所以此份契约又被书立人称为“佃当字”。

下一则“道光十九年（1839年）七月二十日岩湾寨范锡贵佃山文书”有类似的情形，岩湾寨人范锡贵到文斗寨姜绍熊兄弟处佃山场一处，以耕牛作担保“五年成林”，如果届时不能成林，就要以耕牛来赔偿山主的损失。以耕牛或其他山场的分成收益作抵，实则

① 贵州省编辑组编：《侗族社会历史调查》，贵州民族出版社1988年版，第20页。

是租佃契约中的履约担保条款，这种做法在清水江流域的山场租佃文书中并不常见。有学者认为，这应与佃户的身份相关，“嘉庆十九年(1814 年)七月十六日黔阳县蒋玉山兄弟佃山文书”中佃户是湖南沅江府黔阳县人，而下一则文书中的佃户是岩湾寨人，这种履约担保条款似乎只是针对外寨佃农尤其是汉族移民而言；而对于熟人社会内部发生的租佃关系，例如山主和佃户来自于同一个村寨时，并不会有此种要求。①

9. 道光十九年(1839 年)七月二十日岩湾寨范锡贵佃山文书

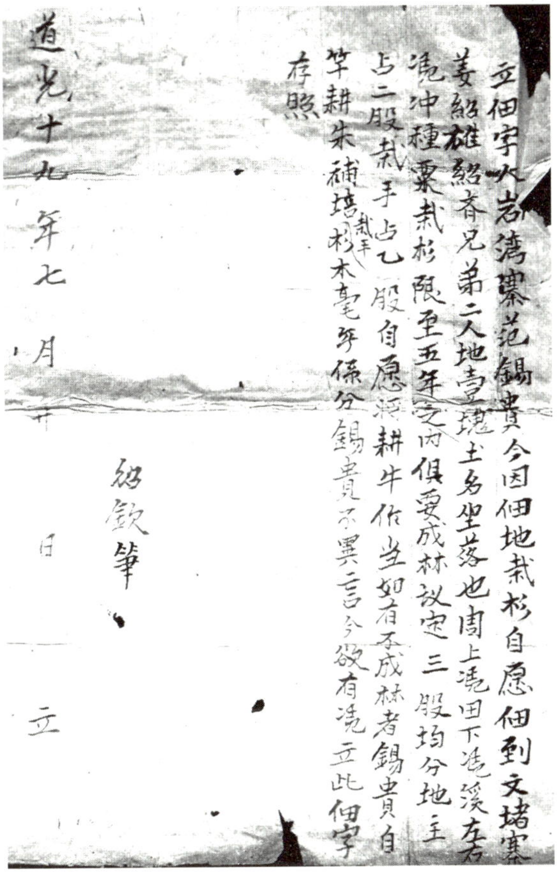
立佃字人岩湾寨范錫貴今因佃地栽杉自愿佃到文堵寨
姜紹雄紹齊兄弟二人地壹塊土名坐落也周上凴田下凴溪左右
凴冲種粟栽杉限至五年之内俱要成林議定三股均分地主
占二股栽手占乙股自愿將耕牛作當如有不成林者錫貴自
[illegible]耕牛補培栽手杉木毫無係分錫貴不異言今欲有凴立此佃字
存照
紹欽筆
道光十九年七月 日 立

立佃字人岩湾寨范锡贵，今因佃地栽杉，自愿佃到文堵寨[1]姜绍熊、绍齐兄弟二人地一块，土名坐落也周。上凭田，下凭溪，左右凭冲。种粟栽杉，限至五年之内俱要成林。议定三股均分，地主占二股，栽手占一股，自愿将耕牛作当，如有不成林者，锡贵自□□耕牛补培，栽手杉木毫无系分，锡贵不异言。今欲有凭，立此佃字存照。

绍钦　笔

道光十九年七月二十日 立

注：

【1】“文堵寨”，即文斗寨。“文斗”一词在苗语中称为冉都，意为朝上水之岭。

---

① 梁聪：《清代清水江下游村寨的契约规范与秩序——以文斗苗寨契约文书为中心的研究》，西南政法大学博士学位论文，2006 年。

10. 光绪二十年(1894年)十月初十日鸠榜寨杨荣发佃山文书

立佃种地栽杉木字人鸠榜杨荣发，今佃文斗下寨姜官庆弟兄之山一块，地名鸠榜小地，名冉奢歪。界至：上凭田，下抵路，左凭姜开□之山为界，右凭主家之山为界，四至分明。此山地主栽手分为五股，地主占三股，栽手占二股。其山限至五年成林，若不成林，栽手无分，另招别人。自栽杉日后不得荒芜，务要勤俭种。日后栽手要卖，先问地主，不收，方卖别人。空口无凭，立此佃字栽杉木永远存照。

□□　代笔

光绪廿年十月初十日　立

解读：

对佃户义务的约定是山场租佃文书的重要内容之一，除要求五年成林以外，山主还会提出佃户应勤加栽种修理、不得荒芜等类似要求。

另需注意的是，这与明清时期徽州山场租佃中常见的“转佃”现象不同，笔者所见的清水江文书中并未发现有山场转佃文书，且在某些佃山文书中，山主还特意会提出“佃户不得转佃他人”的要求。例如前述“道光二年(1822年)岩湾寨杨思礼父子佃山文书”中约定“不许私分于别人种粟栽木，如有此情，栽手全无杉木之分”，“道光二十九年(1849年)四月初七日九怀寨龙文瑜等佃山文书”约定“亦不得客上招客”。当然，个别山场租佃文书中禁止转佃的特别约定也说明佃户私自转佃(所谓“客上招客”)的现象曾经发生过，否则就没有特别言明的必要。但同时，绝大多数山场租佃文书都未提及这一问题，也说明“山场转佃”在清代清水江流域并不多见，这与明清时期的徽州山场租佃是有根本差异的。

11. 光绪二十一年(1895年)九月初二日范有保等佃山文书

立佃栽种粟字人范有保、炳治二人，今因求到文斗下寨姜世俊、世官、世凤、世臣弟兄叔侄、上寨姜卓相之山一块，地名刚晚，小地名依缌。其山界限：上登岭番至污晚溪为界，下凭大河，左凭世俊弟兄之山，右凭四公之山，污晚之界上登岭番至大河，下凭田，左凭四公之山，右凭禁山，四至分清。地主栽手分为五股，地主占三股，栽手占二股。限至五年成林，若不成林，栽手并无系分。倘有出卖，先问地主，不收后问别人。恐说无凭，立此佃种栽杉字为据是实远永存照发达。

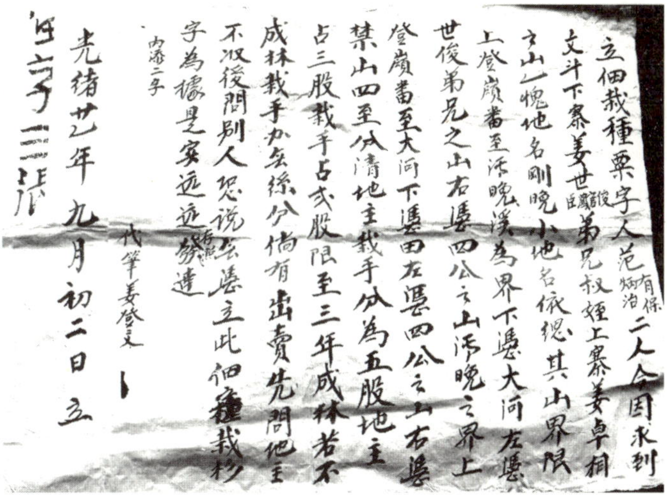

内添二字

代笔：姜登文

光绪廿一年九月初二日　立

佃字三张【半书】

解读：

本则文书中有“倘有出卖，先问地主，不收后问别人”这样的表述，下一则“光绪三十二年（1906年）八月三十日张以文四人佃山文书”约定“如有栽手出卖，定要先问地主，后问他人”，“民国4年（1915年）十月十九日九怀寨林荣才佃山文书”中也有“日后栽手出卖，先问地主，地主不收，后问别人”的说法，这表明山主对佃户佃栽山场所得分成有先买权。

12. 光绪三十二年（1906年）八月三十日张以文四人佃山文书

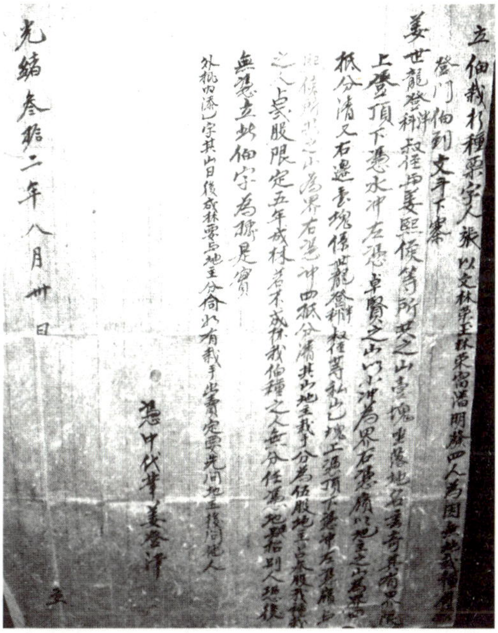

立佃栽杉种粟字人张以文、林荣玉、林荣富、潘明发四人，为因无地栽种，自愿登门佃到文斗下寨姜世龙、登泮、登科叔侄与姜熙侯等所共一山一块，坐落地名秀奇。其有界限：上登顶，下凭水冲，左凭卓贤之山，以小冲为界，右凭岭，以地主之山为界，四抵分清。又右边一块系世龙、登泮、登科叔侄等私山一块，上凭顶，下凭冲，左凭岭，与熙侯所共之山为界，右凭冲，四抵分清。其山地主、栽手分为五股，地主占三股，我种栽之人占二股。限定五年成林，若不成林，我佃种之人无分，任凭地主另招别人。恐后无凭，立此佃字为据是实。

外批：内添一字。其山日后成林，要与地主分□，如有栽手出卖，定要先问地主，后问他人。

凭中、代笔：姜登津

光绪三十二年八月卅日　立

13. 民国4年(1915年)十月十九日九怀寨林荣才佃山文书

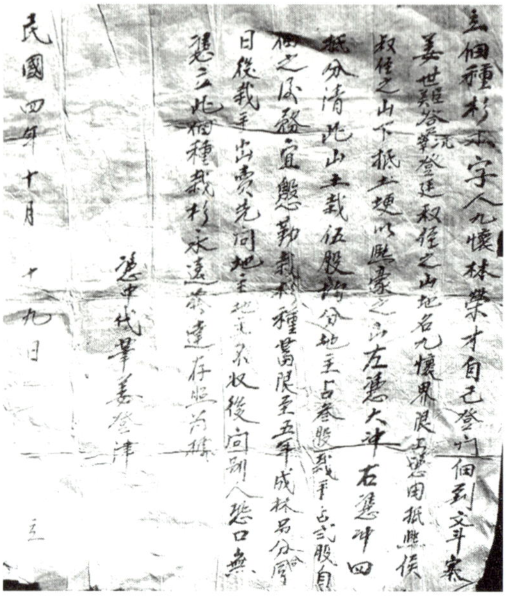

立佃种杉木字人九怀林荣才,自己登门佃到文斗寨姜世臣、世美、登沅、登宰、登廷叔侄之山,地名九怀。界限:上凭用抵熙侯叔侄之山,下抵土埂以熙豪之山,左凭大冲,右凭冲,四抵分清。此山土栽五股均分,地主占三股,栽手占二股。自佃之后,务宜殷勤栽杉种蓄。限至五年成林,另分合同。日后栽手出卖,先问地主,地主不收,后问别人。空口无凭,立此佃种栽杉永远发达存照为据。

凭中、代笔:姜登津

民国四年十月十九日　立

14. 嘉庆十二年(1807)十一月十三日天柱孙□□佃山文书

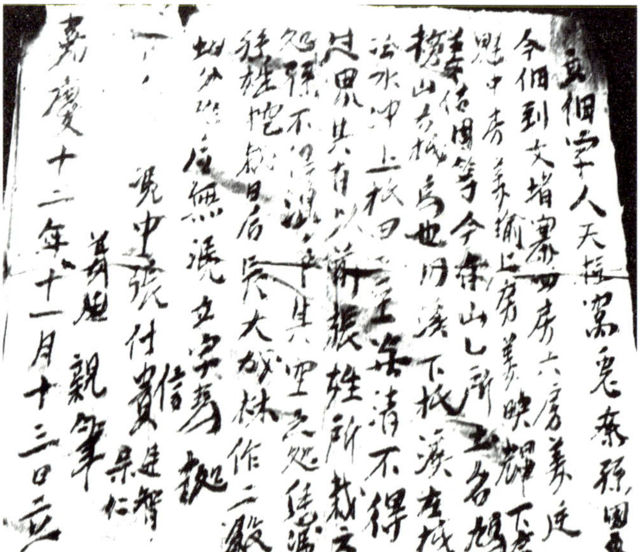

立佃字人天柱窝□寨孙□□,今佃到文堵(斗)寨四房六房姜廷魁、中房姜瑜、上房姜映辉、下房姜绍周等,今有山一块,土名鸠挽山。右抵乌也因溪,下抵溪,左抵冷水冲,上抵田,四至分清,不得过界。其有以前张姓所栽之处,孙不得混争。其空之处,任凭张姓挖栽。日后长大成林,作二股均分。恐后无凭,立字为据。

凭中:张仕信、仕宝、廷智、宗仁

亲笔

嘉庆十二年十一月十三日立

解读：

天柱人孙□□承佃文斗寨姜姓山场一块，佃山文书中特别指明该块名为鸠挽山的山场曾经有另一张姓佃户栽种，可能是已经部分砍伐发卖，余下了部分空地，这部分空地租给孙□□栽杉，明确要求现在的佃户孙□□不得混争原佃户所栽杉木。类似于这样的约定在很多山场租佃文书中可以看到，例如前述“乾隆四十五年(1780 年)正月二十九日高朗寨龙文魁等佃山文书”中约定“其山有老木，各归地主，不得霸占”，这一约定与本则文书一致，新佃户无权享有山场中原有杉木的权益。

当然，并非所有的山场租佃文书都会以这一原则处理山场内遗留树木(一般称为“老木”，即相对于新佃户今后所栽种树木而言)。例如下一则“钟宗达等佃山文书(立契时间不详)”，该租佃文书约定山场内的老木由山主和佃户均分，这应是考虑到新佃户仍需对这些老木付出“修理养护”的职责。

15. **钟宗达等佃山文书**

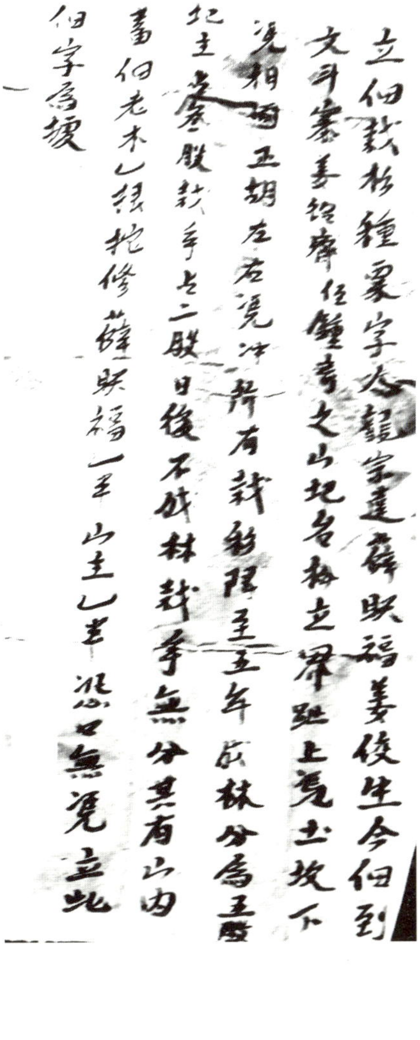
立佃栽杉種粟字人鍾宗達薛賢福姜俟生今佃到
文斗寨姜绍齊任鍾奇之山地名格立界趾上凭土坎下
凭相[illegible]五胡左右凭冲[illegible]有栽杉限至五年成林分為五股
地主分叁股栽手占二股日後不成林栽手無分其有山内
蓄佃老木山绥把修薛賢福一半山主山半恐口無凭立此
佃字為據

立佃栽杉种粟字人钟宗达、薛映福、姜佼生，今佃到文斗寨姜绍齐、侄钟奇之山，地名松立，界址：上凭土坎，下凭相国、正胡，左右凭冲。所有栽杉，限至五年成林。分为五股，地主占三股，栽手占二股。日后不成林，栽手无分。其有山内蓄佃老木一根□修薛映福一半，山主一半。空口无凭，立此佃字为据。

16. 咸丰十年（1860年）二月十五日杨昌伍等人佃山文书

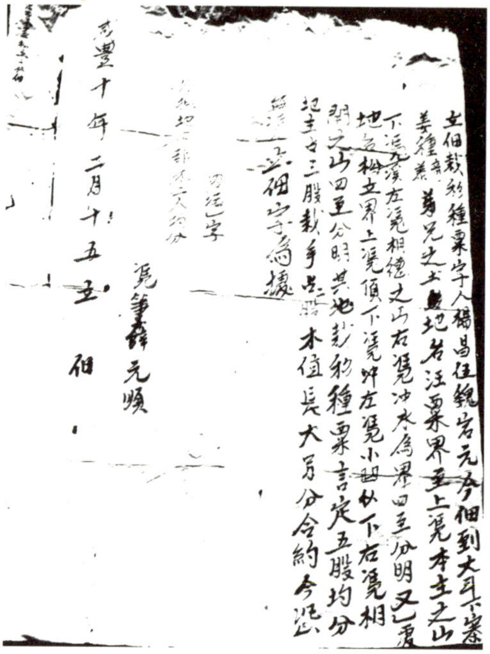

立佃栽杉种粟字人杨昌伍、魏延元，今佃到文斗下寨姜钟奇、钟泰弟兄之土地名汪粟。界至：上凭本主之山，下凭溪，左凭相德之山，右凭冲水为界，四至分明；又一处地名松立，界：上凭顶，下凭冲，左凭小田以下，右凭相开之山，四至分明。其地栽杉种粟，言定五股均分，地主占三股，栽手占二股。木植长大，另分合约。今恐无凭，立佃字为据。

内添一字

外批：地内老木二人均分。

凭、笔：薛元顺

咸丰十年二月十五［日］　立佃

解读：

本则文书中“外批：地内老木二人均分”，并未明确说明是由两位佃户均分，还是由两位山主均分。笔者以为，此处之“外批”，应当是契约收执者所注。租佃文书一般都是由佃户书立并交由山主收执，即该“外批”系山主所注。据此推测，山场内的“老木”应是由山主姜钟奇、钟泰二人平分。

17. 光绪三十三年（1907年）正月二十八日文斗上寨龙万宗等四人佃山文书

立佃种栽杉木字人上寨龙万宗、姜送主、林主、化贤四人，今因佃到下寨姜世凤、登兴、登泮、登科、登高、潭氏卧姑等之山一块，地名九龙山丢祺。界限：上凭土垦，下凭盘路，左凭主家之山，右上截凭水冲以德相之山，右下凭超桂弟兄叔侄之山，四界分清。此地山主、栽手分为五股，地主占三股，栽手占二股。地主之三股又分为三十六股。今佃到世凤伯侄二股、潭氏卧姑四股、登兴、登泮、登科、登高弟兄名下九［股］，余存上寨姜焕乡、德相、国相、杰相等共占廿一股地土在外。限至五年成林，逐年挖修，栽手有分。若不挖掘之土，栽手无分，任凭主家另招别人佃种。长大成林，另分合同各执。恐后无凭，立此佃字为据是实。

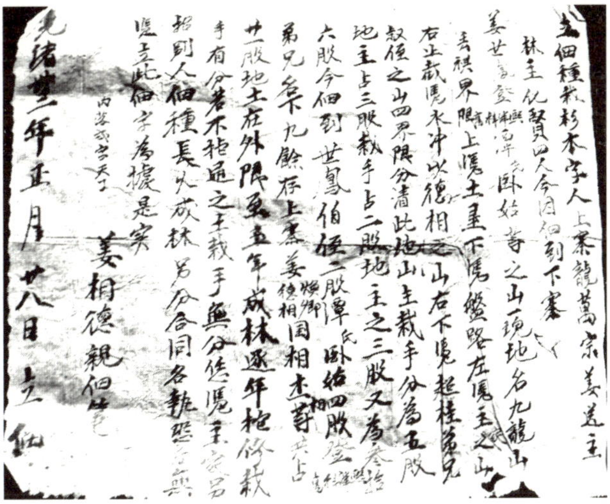

内落二字，天（添）了。

姜相德 亲佃笔

光绪卅三年正月廿八日　立佃

解读：

本则文书特殊之处在于龙万宗等四人承佃的山场所有权分为三十六股，龙万宗等人只是承佃了三十六股中的十五股，另二十一股并未承佃。下一则“光绪三十三年（1907年）文斗上寨龙万顺等佃山文书”也有类似情形，龙万顺等人也只是承佃了九龙山山主三十六股中的十五股，另二十一股并未承佃。

18. 光绪三十三年（1907年）文斗上寨龙万顺等佃山文书

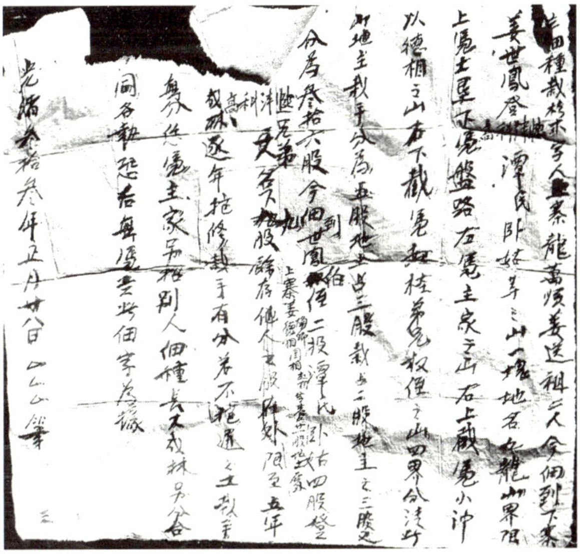

立佃种栽杉木字人上寨龙万顺、姜送祖二人，今佃到下寨姜世凤、登熙、登泮、登科、登高、潭氏卧姑等之山一块，地名九龙山。界限：上凭土垦，下凭盘路，左凭主家之山，左上截凭小冲，以德相之山石，下截凭超桂弟兄叔侄之山，四界分清。此山地主栽手分为五股，地主占三股，栽占二股，地主之三股又分为三十六股，今佃到世凤伯侄二股，潭氏卧姑四股，登熙、登泮、登科、登高兄弟名下九股，余存上寨姜德相、焕卿、国相、杰相等共占廿一股□□□。限至五年成林，逐年□修，栽手有分。若不□□，栽手无分，任凭主家另招别人佃种。长大成林，另分合同各执。恐后无凭，立此佃字为据。

光绪三十三年正月廿八日　某某某　笔立

19. 民国2年(1913年)二月十三日孙什保三人佃山文书

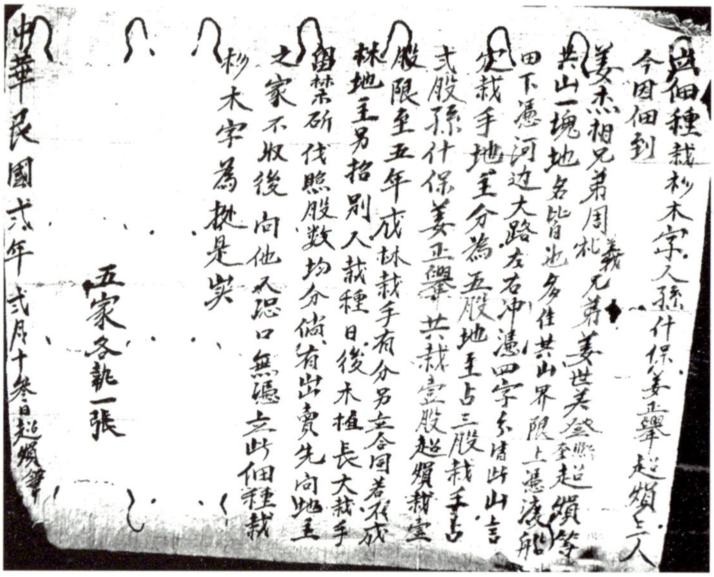
立佃種栽杉木字人孫什保姜正舉超熉三人今因佃到姜杰相兄弟周義周禮兄弟姜世美登熙登奎超熉等共山一塊地名皆也多住其山界限上憑渡船田下憑河边大路左右冲憑四字分清此山言定栽手地主分為五股地主占三股栽手占弍股孫什保姜正舉共栽壹股超熉栽壹股限至五年成林栽手有分另立合同若不成林地主另招別人栽種日後木植長大栽手留禁砍伐照股數均分倘有出賣先向地主之家不收後向他人空口無憑立此佃種栽杉木字為据是实

五家各執一張

中華民國弍年弍月十叁日超熉筆

立佃种栽杉木字人孙什保、姜正举、超熉三人，今因佃到姜杰相兄弟、周义、周礼兄弟、姜世美、登熙、登奎、超熉等共山一块，地名皆也多住。其山界限上凭渡船田，下凭河边大路，左右凭冲，四至分清。此山言定栽手地主分为五股，地主占三股，栽手占二股，孙什保、姜正举共栽一股，超熉栽一股。限至五年成林，栽手有份，另立合同。若不成林，地主另招别人栽种。日后木植长大，栽手留禁砍伐，照股数均分。倘有出卖，先问地主之家，不收后问他人。空口无凭，立此佃种栽杉木字为据是实。

五家各执一张

中华民国二年二月十三日　超熉　笔立

解读：

佃山文书是由佃户书立并交由山主收执，所以文书中“五家各执一张”应是指五家山主各执一张，笔者推测分别为“姜杰相兄弟”、“姜周义、周礼兄弟”、“姜世美”、“姜登熙、登奎”以及“姜超熉”五家。

值得注意的是，此块山场约定的“栽手占两股”中，孙什保、姜正举共栽一股，姜超熉栽一股。与前述“光绪二十二年(1896年)正月二十八日文斗上寨龙万宗等四人佃山文书”、“光绪三十三年(1907年)文斗上寨龙万顺等佃山文书”中佃户承佃部分山场相对照，可以看出清水江流域的山场租佃极为灵活。

另外，本则文书中姜超熉具有双重身份，他既是“皆也多住”这块山场的山主之一，又是承租该块山场的佃户之一。本册文书中另收录的一则“民国2年(1913年)九月初二日姜昌保等佃山文书”也存在类似的现象，姜登宰既是名为“松浩”的山场的山主之一，同时也是承租该块山场的佃户之一(文书中约定佃户占二股,该二股由佃户七人均分)。这两则文书中分别名为“皆也多住”和“松浩”的山场都是由锦屏县文斗寨姜氏家族内部多人共有的,除非所有的共有人共同在这片山地上栽种杉木,才无须签订任何契约。但是共有人越多,这种情况发生的几率就会越小。只要共有人中的一位不参与在这片山场“栽杉种粟”,那么就必须签订租佃文书来确立主佃双方的权利义务关系。事实上,为确保主、佃双方的利益,即使是亲属之间也需要书立契约,清水江文书中有大量发生在亲兄弟、叔侄、甥舅之间的交易。

从本则文书和“民国2年(1913年)九月初二日姜昌保等佃山文书”众山主、佃户身份重合的情形来看,山主与佃户之间并没有截然的身份区别,在清代的清水江流域,自有山场租佃给他人的山主同时又向他人承佃山场“栽杉种粟”的现象也较为普遍。据《侗族社会历史调查》对锦屏县魁胆寨22户农家的抽样调查,22户共有自栽林80块,佃栽林62块,虽然佃栽占造林总块数的42%,但除了3户雇农没有自栽林,及1户富农外,其余18户贫下中农的自栽林为72块,佃栽51块。① 一份道光二十四年订立的姜老贵卖木契约名为“断卖山场杉木并栽手杉木字”②,所卖杉木两块,其中一块山场姜老贵既有山主股又有栽手股,而另一块山场姜老贵仅有栽手股,这又是一个山主、佃户身份互相叠合的例子,同时也说明了佃户并非是我们想象的那种潦倒穷困、无以为生者。事实上,即使是从内地汉族地区流落至清水江流域的破产农民,也会通过多年的佃山造林积累一定的资本,以买山的方式改变自己的身份。例如前述“嘉庆十九年(1814年)七月十六日黔阳县蒋玉山兄弟佃山文书”,湖广黔阳县的蒋玉山、景春兄弟在嘉庆二十年(1815年)分别两次买入文斗寨的山林。又例如锦屏县平略镇岑梧村的陆姓先民,据传是在清初从湖广靖州逃难到今天的岑梧村,最初靠佃山为主,后在康熙朝晚期逐步通过购买山场获得了立足之地。③ 梁聪的论文试图对那些将自有山场租佃他人栽杉者同时又以佃户身份承佃他人山场的现象进行解释,他认为造成这种现象的原因有多种:一是在山陡林密的地理条件下,因为山场分割零散,距离遥远,林农无法在自己的山地上栽杉种木,因此,势必要发生互相租佃山场的关系;二是山场的一个经营期长达十八年,但这十八年中只有前五年需要投入巨大的劳动力。现在假设某一特定林农拥有若干块山场,但这些山场的经营时间并不一致,有可能在同一时期内数块山场的林木都已砍伐下河,要求林农自己同时在这几块山场上进行为期五年的栽杉种粟劳作,显然是不可能的。但又不能让山场荒芜,于是只能自栽一两块山场,而将那些自己无力栽种的山场租佃给他人,待五年之后,该林农虽然拥有的山场数量甚多,但是所有的山场基本上都处在管护期,不需要投入多少劳力,显得无事可做,于是林农转而租佃他人的山场栽杉种粟,这也是形成相互佃种现象的

① 贵州省编辑组编:《侗族社会历史调查》,贵州民族出版社1988年版,第98页。

② 陈金全、杜万华主编:《贵州文斗寨苗族契约法律文书汇编》之《姜元泽家藏契约文书》,人民出版社2008年版,第327页。

③ 王宗勋:《乡土锦屏》,贵州大学出版社2008年版,第123页。

一个原因。①

本则文书与"民国2年(1913年)九月初二日姜昌保等佃山文书"的又一共同特点是两份文书的佃山造林均是以合伙形式进行的。前文述及,人工林业需要大量的劳动力,因此虽然也有以个体家庭形式佃山造林的(多限于小片山场),但更多的是联合造林。特别是成片或大块山场,单个家庭无力单独承佃,例如本则文书中的佃户为三个人,"民国2年(1913年)九月初二日姜昌保等佃山文书"中的佃户由七个家庭组成。这多是因为林木旱运的成本高昂,所以其采伐极少零星进行,多是成片,甚至是一个山、一个岭地砍伐,所以在经营周期上是同步的,必须是成片更新。林木的管理也不比庄稼,薅修管理,防火防盗,单家独户都有很大困难。这样联合造林就成了林业生产上的一种重要形式,一直沿袭下来。这种合伙租佃的形式,也是清水江流域林业租佃文书与内地土地租佃文书的一个重要差别。

20. 咸丰五年(1855年)三月初六日黔阳县舒昌凤佃山文书

立佃帖字人黔阳县舒昌凤,今因佃到文斗寨栽杉种粟姜钟英老爷之山一块,地名杨公庙边。上凭路,下凭田,左凭李姓之山,右凭路,四至分明。当日言定五股均分,地主占三股,栽手占二股。限至五年成林,若有不成,另招别客,栽手无分。今欲有凭,立此佃字是实。

咸丰五年三月初六日 舒昌凤 亲笔立

凭中:姜老保、姜大烈

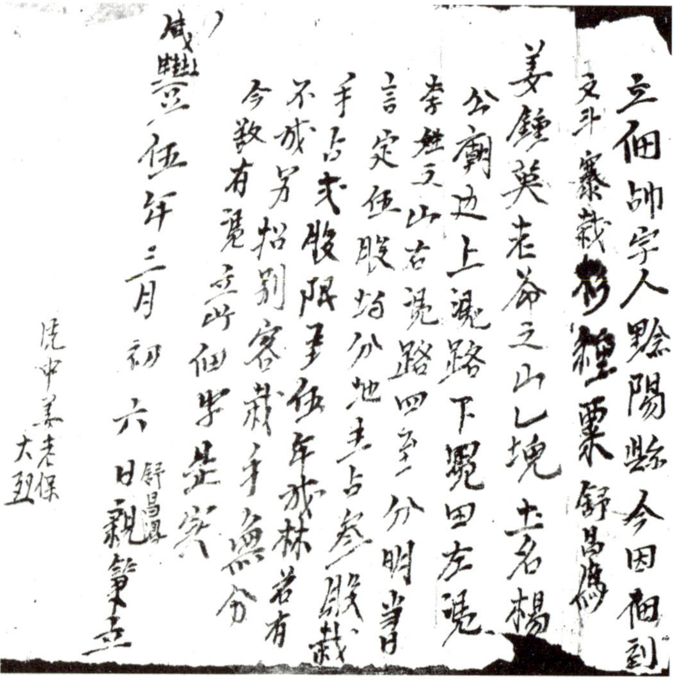
立佃帖字人黔陽縣舒昌鳳今因佃到文斗寨栽杉種粟姜鍾英老爺之山乙塊土名楊公廟边上凴路下凴田左凴李姓之山右凴路四至分明当日言定伍股均分地主占叁股栽手占弍股限至伍年成林若有不成另招別客栽手無分今欲有凴立此佃字是实
咸豐伍年三月初六日舒昌鳳親筆立
凴中姜老保 大烈

解读:

梁聪博士曾以锦屏县文斗寨的契约文书为例,分析了其中的佃户身份,发现其中既有文斗本寨的姜姓林农,也有附近村寨如黄养、魁胆、冷木、岩湾、高酿、加池、格翁、甘洞等村寨的林农,尤以来自外寨

① 详见梁聪:《清代清水江下游村寨的契约规范与秩序——以文斗苗寨契约文书为中心的研究》,西南政法大学博士学位论文,2006年。

的林农居多，占了2/3多的比例。[①] 甚至有一些山场租佃文书中，佃户还有来自邻近的湖南沅江府黔阳县（例如本则文书、前述“嘉庆十九年七月十六日黔阳县蒋玉山兄弟佃山文书”）、芷江县以及靖州府会同县的内地汉族农民。

自明代以来，汉族移民就开始通过屯军等形式大规模地进入清水江流域。洪武十一年（1378年），明廷在黄平始设守御千户所，洪武十五年（1382年）改为黄平卫，洪武十八年（1385年）置五开卫。此后又先后在清水江流域设置镇远卫、兴隆卫（今黄平县）、清平卫（今凯里）、清浪卫（今镇远县青溪）、偏桥卫（今施秉县）、铜鼓卫（今锦屏县）和天柱千户所[②]，派重兵驻守，并设屯军，实行军屯制度，大量军民涌入清水江流域。截至洪武三十年（1397年），明朝在今贵州境内共设卫23个、千户所127个，有学者推算这些卫所军人及家属当在42万人左右[③]。

迁入的汉族与当地少数民族或同村而居，或贸易往来，大大促进了各民族之间的通婚和融合。历史记载，黎平府“客民之贸易者、手艺者，邻省邻府接踵而来”[④]。尽管清代立法严禁内地汉人无故擅入苗疆[⑤]，但相关法令实际上很难被有效施行。早在雍正六年（1728年），鄂尔泰就指出：“大抵鞭长不及，互相推诿，难于稽查者，所在皆是”[⑥]。清水江流域因为人工林业的兴起，更是成为吸收湖广、江西、四川等邻近省份移民的重要地域。外省大量失去土地的汉族农民涌入清水江流域后，为了生计，或是从事小商品买卖，或是充当手工艺人；若无一技之长，又少资金的，只得拉纤放排，或佃山栽杉。其中佃山栽杉是一个较好选择，佃种的前几年可收获部分粮食借以糊口，又可期望若干年后获得丰厚的收益。只是林粮间作的时间只能维持几年，三五年后，幼林长成，只需稍作薅修管护的工作既可，就不必像栽杉阶段那样投入过多的劳动力，于是为了获得更多的收益，同时也为了能继续获得糊口的粮食，他们又得去佃种另一块山场，前述“嘉庆十九年（1814年）七月十六日黔阳县蒋玉山兄弟佃山文书”反映的正是这种情况。

21. 道光二十二年（1842年）正月二十日文斗寨姜宗揆佃山文书

立佃栽杉种粟字人文斗下房姜宗揆，今佃到上房姜绍吕、绍齐、钟英、相荣、相谔、相

---

① 详见梁聪：《清代清水江下游村寨的契约规范与秩序——以文斗苗寨契约文书为中心的研究》，西南政法大学博士学位论文，2006年。

② 黔东南苗族侗族自治州地方志编纂委员会：《黔东南苗族侗族自治州志·农业志》，贵州人民出版社1996年版，第20页。

③ 范玉春：《移民与中国文化》，广西师范大学出版社2005年，71～72页。

④ （清）罗绕典：《黔南职方纪略》卷六“黎平府”。

⑤ 详见潘志成：《清代贵州苗疆的法律控制与地域秩序》，西南政法大学2010年博士学位论文。

⑥ （清）鄂尔泰：《正疆界定流土疏》，载（清）贺长龄辑：《皇朝经世文编》卷八六“兵政”，3101～3102页。

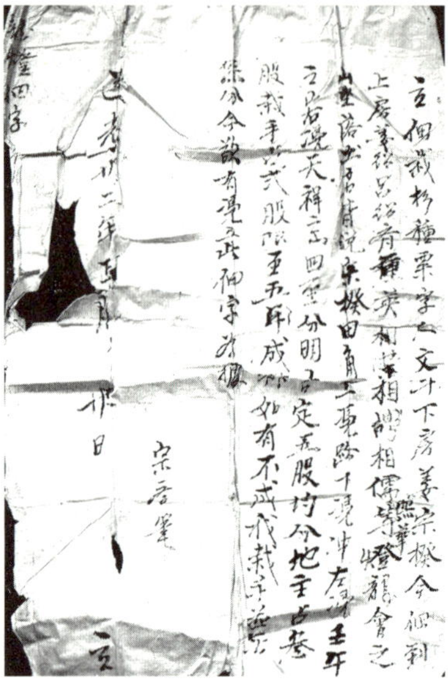

濡、熙华灯笼会之山，坐落土名皆锐宗揆田角。上凭路，下凭冲，左凭壬午之山，右凭天祥之山，四至分明。言定五股均分，地主占三股，栽手占二股。限五年成林，若有不成，我栽手并无系分。今欲有凭，立此佃字为据。

宗齐　笔

道光廿二年正月廿日　立

解读：

道光二十二年，文斗寨下房姜宗揆向文斗上房姜绍吕等共建的灯笼会承佃山场一块。这里的“灯笼会”应是一种丧事互助的钱会组织，清水江文书中另有凉亭土地会、祭祀会、老人会等名目。

22. 乾隆五十一年（1786年）七月天柱县杨文元等佃山文书

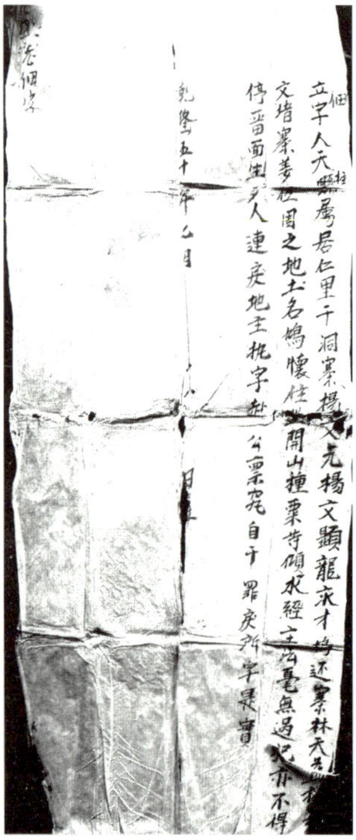

立佃字人天柱县属居仁里干（甘）洞寨[1]杨文元、杨文显、龙求才、鸠还寨林天益，佃到文堵寨姜佐周之地土名鸠怀，住坐开山种粟。□倾□经主法，毫无过犯，亦不得停留面生歹人，连戾地主，执字赴公禀究，自干罪戾。所字是实。

乾隆五十一年七月

注：

【1】“甘洞寨”，今天柱县高酿镇甘洞村。

解读：

本则佃山文书较为特殊，天柱县甘洞寨的杨文元三人和鸠还寨的林天益承佃文斗寨姜佐周一块名为“鸠怀”的山场，佃山文书中约定佃户不仅在该山场开山种粟（所谓“开山”，即是要栽杉），同时也“住坐”在此山场。据口碑资料，清代外地移民进入清水江流域之初，当地人并不允许他们进入村寨居住①，他们只能在所佃栽的山场搭棚居住，并且大多要立下

---

① 道光年间的《番界苗疆禁例》亦有规定：“贵州汉苗杂处地方，贸易客民只准居住民村，不得假宿苗寨，其地方官勾摄公事，责令苗弁传唤，毋许差役滋扰，违者严参究办”。见（清）禧恩等纂修：《钦定户部则例》卷四，道光十一年（1831年）校刊本，17～22页。

文书，明确约定佃户的其他义务，例如本则文书提及的“不得停留面生歹人”等。有些文书的规定更为详尽，例如本丛书中《土地关系及其他事务文书》收录的“康熙四十三年(1704年)、乾隆二十一年(1756年)陆、龙二姓借居文斗寨界内中仰地方文书”，其中还明确“陆、龙二姓”不过“备以安居”，“前后左右各系文斗地界”①。根据口碑资料，锦屏县的文斗人自豪地称周围四乡八寨的地方以前都是文斗的山，最为突出的是他们对周围村寨地名来源的叙述，例如“中仰”，意思是招来守山的；而加池，据说以往叫“招什”，其含义类似于“中仰”，如此等等。

23.1974年十月初九日文斗、加池等村山场租佃文书

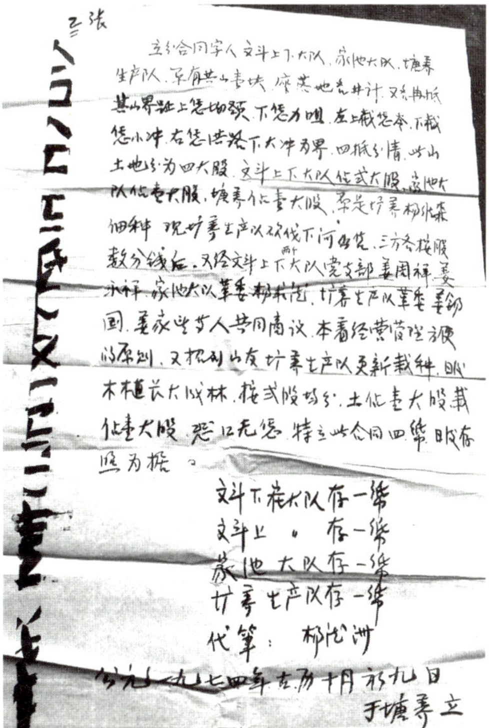

立分合同字人文斗上下大队、家(加)池大队、塘养生产队，原有共山一块，坐落地名井计，又名冉抵。其山界址：上凭□颈，下凭力咀，左上截凭岭，下截凭小虫，右凭洪路下大冲为界，四抵分清。此山土地分为四大股，文斗上下大队占二大股，家(加)池大队占一大股，塘养[生产队]占一大股。原是塘养杨维森佃种，现塘养生产队砍伐下河出售，三方各按股数分钱后，又经文斗上下两个大队党支部姜周祥、姜永祥，家(加)池大队革委杨求龙、塘养生产队革委姜创国、姜家望等人共同商议，本着经营管理方便的原则，又招到山友(由)塘养生产队更新栽种，日后木植长大成林，按二股均分，土占一大股，栽占一大股。空口无凭，特立此合同四纸，日后存照为据。

文斗下寨大队存一纸。

文斗上寨大队存一纸。

家(加)池大队存一纸。

塘养生产队存一纸。

代笔：杨□洲

公元一九七四年古历十月初九日 于塘养立

合同四纸□□一纸【半书】

① 详见潘志成、吴大华编著：《清水江文书研究》丛书之《土地关系及其他事务文书》，贵州民族出版社2011年版，239～240页。

二、主佃分成文书

清代清水江流域的山场租佃文书中多有“限至五年成林，栽手有份，另立合同”等类似的规定，例如“同治九年(1870 年)十月十五日龙老天等佃山文书”约定“若有日后木植长木成林，……另分合同字为据”，又如“嘉庆七年(1802 年)四月初八日姜映辉等招佃文书”中约定“后木成林，言定二大股平分，长大另分合同”，“咸丰十年(1860 年)二月十五日杨昌伍等人佃山文书”约定“木植长大，另分合约”。

人工造林的周期长达二三十年时间，山场租佃关系也会维持几乎相近的期限。林木价值巨大，为了确保山主和佃户双方的利益，清代清水江流域的山场租佃文书多会分为两个步骤订立：第一个步骤是订立租佃文书。佃户由此开始人工造林，并可林粮间作(这部分间作收获的粮食多是归佃户所有)。经历 3 ~ 5 年的时间，如果不能长成幼林，山主有权根据山场租佃文书的约定另招别人栽种。如果能够长成幼林，则可以延续这种租佃关系。第二个步骤是在幼林长成后，根据原租佃文书的约定再次订立主佃双方的分成文书。

先订立山场租佃文书，待幼林长成后再订立分成文书，这是清代清水江流域山场租佃契约的显著特色之一，这不仅与当地的土地租佃文书不同，而且与明清时期其他地域的山场租佃契约相比有着很大的差异。

1. 嘉庆十七年(1812 年)十二月十六日文斗寨姜举周等主佃分成文书

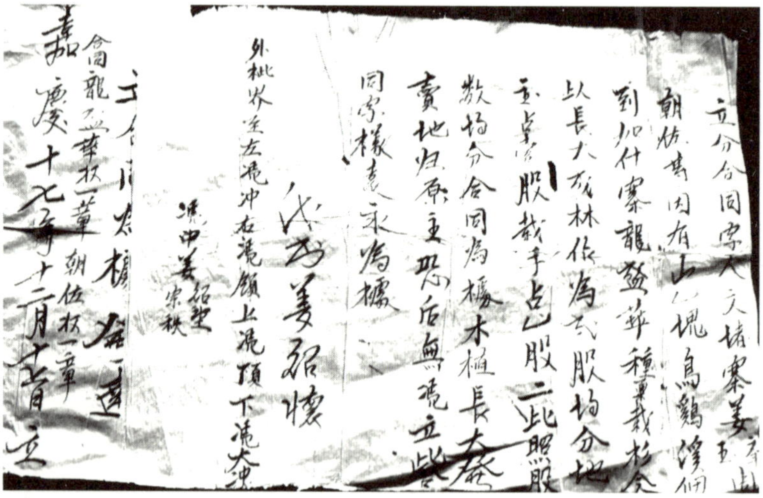

立分合同字人文堵寨姜举周、玉周、朝佐等，因有山一块乌鸡溪，佃到加什寨龙盛华

种粟栽杉，今已长大成林，作为二股均分，地主占一股，栽手占一股，二比照股数均分合同为据。木植长大发卖，地归原主。恐后无凭，立此合同字样远永发达为据。

代书：姜绍怀

凭中：姜绍生、宗秩

外批：界至，左凭冲，右凭岭，上凭顶，下凭大冲。

立合同为据发达【半书】

合同龙盛华收一章（张），朝佐收一章（张）

嘉庆十七年十二月十六日　立

2. 咸丰十年（1860 年）三月二十三日姜钟琦等主佃分成文书

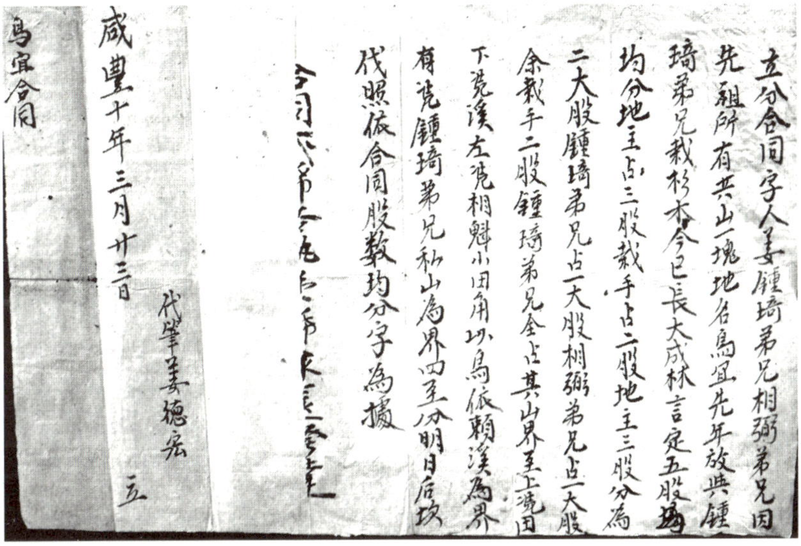

立分合同字人姜钟琦弟兄、相弼弟兄，因先祖所有共山一块，地名乌宜，先年放与钟琦弟兄栽杉木，今已长大成林，言定五股均分，地主占三股，栽手占二股。地主三股分为二大股，钟琦弟兄占一大股，相弼弟兄占一大股。余栽手两股，钟琦弟兄全占。其山界至：上凭田，下凭溪，左凭相魁小田角，以乌依赖溪为界，右凭钟琦弟兄私山为界，四至分明。日后砍伐，照依合同股数均分字为据。

合同二纸各执一纸，永远发达【半书】

代笔：姜德宏

咸丰十年三月廿三日　立

3.嘉庆十三年(1808年)十二月二十五日范腾高等主佃分成文书

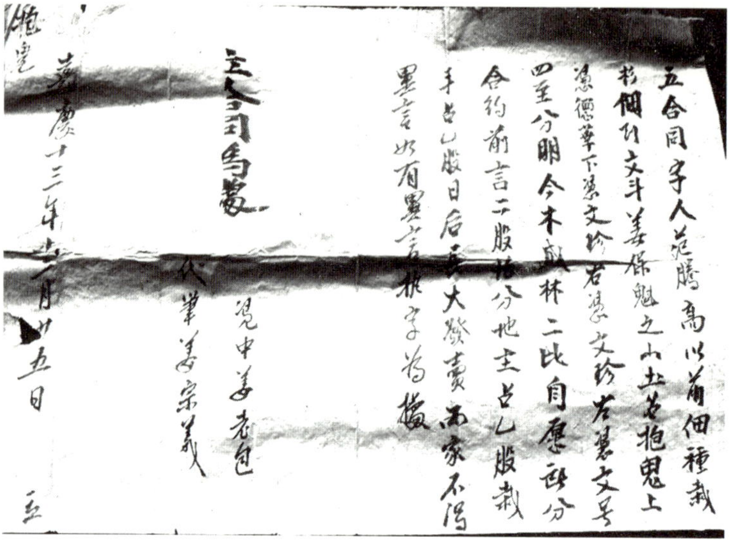

立合同字人范腾高,以前佃种栽杉,佃到文斗姜保魁之山,地名抱鬼。上凭德华,下凭文珍,右凭文珍,左凭文号,四至分明。今木成林,二比自愿,此份合约前言,两股均分,地主占一股,栽手占一股。日后长大发卖,两家不得异言。如有异言,执字为据。

立合同为据【半书】

凭中:姜老包

代笔:姜宗义

嘉庆十三年十二月廿五日

解读:

本则文书中所谓“二比自愿,此份合约前言”,即是说山主和佃户双方按照此前订立的山场租佃文书之约定签订分成合同。

下一则“嘉庆十四年(1809年)正月二十日黔阳县蒋胜才等主佃分成文书”中有“字迹可凭,今约有凭人立此合同二纸,各执一纸存照”,就是说原先订立的山场租佃文书中明确载明山主与佃户的分成比例,现由双方约集当时的凭中等人共同订立主佃分成文书。

就本册文书收录的主佃分成文书而言,这些文书的主要内容是确立山主和佃户双方的收益分成比例。尽管在租佃关系形成之初,山主和佃户双方已经协商确定了分成比例,并在最初签订的山场租佃文书中已经载明,但在幼林长成后再次订立分成合同,不仅有进一步确立分成比例的含义,而且有以其作为日后分成的凭证之目的。

4. 嘉庆十四年(1809 年)正月二十日黔阳县蒋胜才等主佃分成文书

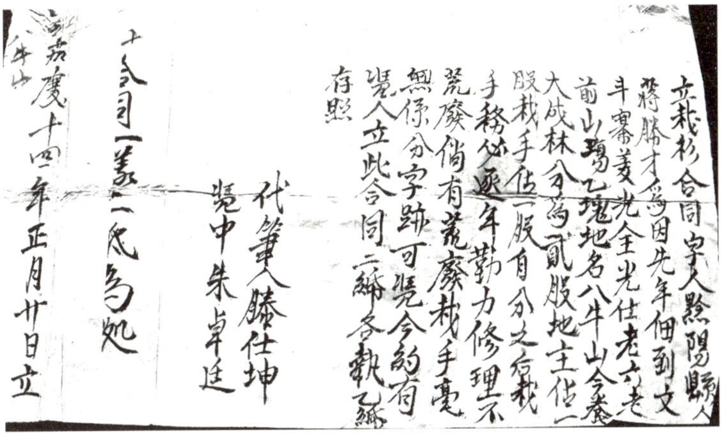

立栽杉合同字人黔阳县人蒋胜才，为因先年佃到文斗寨姜光全、光仕、老六、老前山场一块，地名八牛山，今长大成林，分为二股，地主占一股，栽手占一股。自分之后，栽手务必逐年勤力修理，不荒废。倘有荒废，栽手毫无系分。字迹可凭，今约有凭人立此合同二纸，各执一纸存照。

代笔人：胜仕坤

凭中：朱卓廷

合同一样二纸为据【半书】

嘉庆十四年正月廿日 立

5. 民国 2 年(1913 年)九月初二日姜昌保等佃山文书

立佃栽并分合同字人姜昌保、寅卯、登宰、永标、孙什保、李作舟、姜正茂等，佃到本房姜登杭、登甲、登宰名下有山一块，地名松浩。上凭盘路与山主……，左凭岭，右凭岭与小冲为界，四至分清。今栽杉种粟成林，日后照五股均分，地主占三股，栽手占二股，二股日后七股均分，二比不得异言。空口无凭，立此合同为据是实。

凭中、代笔：[姜]登津

合同二纸永远发达存照【半书】

中华民国二年九月初二日　立

6. 嘉庆十九年(1814)十一月十七日□德珍等主佃分成文书

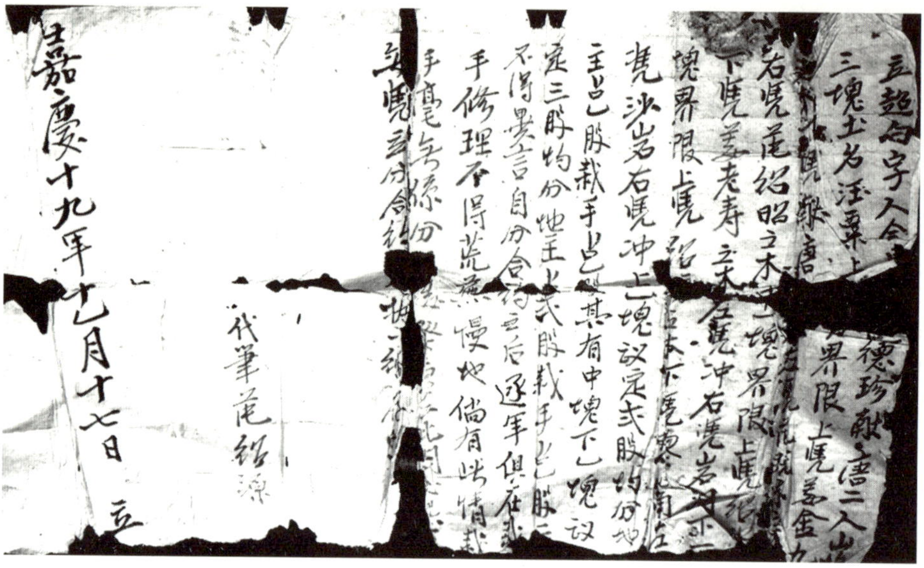

立超白字人□□德珍、献唐二人山场三块,土名汪粟,上一块界限上凭姜金九之木,下凭献唐之木,左凭□□之木,右凭范绍昭之木。一块界限,上凭□□□,下凭姜老寿之木,左凭冲,右凭岩洞。下一块界限上凭绍□之木,下凭黎角,左凭沙岩,右凭冲。上一块议定二股均分,地主占一股,栽手占一股。其有中块、下一块,议定三股均分,地主占二股,栽手占一股,二比不得异言。自分合约之后,逐年俱在栽手修理,不得荒芜慢地。倘有此情,栽手毫无系分……恐后无凭,立分合约各执一纸存照。

代笔:范绍源

嘉庆十九年十一月十七日 立

解读:

前文已言及,分成比例是清代清水江流域主佃分成文书的最主要内容,正如我们所看到的,这一条款在文书中大多表述为"日后照×股均分,地主占×股,栽手占×股",或是"议定×股均分,地主占×股,栽手占×股",有的又表述为"日后发卖砍伐下河,地主占×股,栽手占×股"。山主的分成比例多被称为山主股或地主股,佃户的分成比例则被称为栽手股。关于收益分配比例的问题,日本学者相原佳之在《贵州苗族林业契约文书汇编(1736~1950年)》第三卷《研究编》及罗洪洋在其博士论文《清代黔东南锦屏人工林业中财产关系的法律分析》中均有统计,相原佳之的统计结论是:作为整个时期(1736~1950年)的合计,山主股与栽手股是3:2的情况居多,270例中占了203例(包含了佃契中的分成比例及其他契约中可知的主佃分成比例);其次是1:1,占52例。只不过,到

1820年左右，反倒是1∶1的例子很多，而其后3∶2的比例又占到压倒性的多数。① 罗洪洋的统计结果也是认为主三佃二的比例居多，对半分的其次。②

从本册文书收录的主佃分成文书来看，分成比例以“主三佃二”居多，“主佃平分”的次之，也有“主二佃一”的，例如本则文书中佃户承租的三块山场中，有一块是“主佃均分”，另两块均是“主二佃一”。而在某些极端情况下，甚至还有“主四佃一”的分成比例。而据加池寨姜绍烈老先生介绍，山主与佃户的分成比例在某种程度上与山场的距离远近有关，“主三佃七”的山场一般在很远的地方，至少距河边有六七里路；近一点就是“主四佃六”，以此类推。③ 关于这种说法，笔者2004年在锦屏县文斗寨调研时多少获得些许印证。当地人称，分成的比例一般是“主三佃二”，不过具体情况要看山场的远近和土质而言。如果需要栽手付出劳动较多的，则栽手的分成就要相对多些；反之，栽手分得的比例就会少些。

需要注意的是，尽管清代清水江流域的山场租佃均采用了分成地租形式，但在明清时期的其他地域，山场租佃采用的地租形式则往往以货币地租的形式出现。陈支平的研究指出，早在明代嘉靖、万历时期，福建山场租佃的货币地租形态已经比较成熟④。

7. 嘉庆二十四年（1819年）二月三十日行溪县杨盈安父子等主佃分成文书

立分合同字人[1]行溪县杨盈安父子，为因先年佃到文斗下寨姜朝瑾、姜朝甲、姜朝琏兄弟山场一块，土名干十。其山界至：上凭路、下凭朝琦，左凭助周，右凭朝佐，四至分明。当日议定五股平分，地主占四股，栽手占一股。至今杉木长大成林，我兄弟与杨盈安父子二家，凭寨老客长分合同，日后欲伐下河，照合同股数均分，不得错乱。自分之后，杨姓要逐年修理，若不修理，栽手无份。今欲有凭，立此合同。

各执一纸永远为据【半书】

凭中：高贵茂、姜廷扬、姜绍魁、姜廷智

代笔：李正□

嘉庆二十四年二月三十日　立⑤

注：

【1】本则文书选录自贵州省编辑组编：《侗族社会历史调查》，贵州民族出版社1988

---

① 唐力、武内房司、杨有赓主编：《贵州苗族林业契约文书汇编（1736～1950）》（第三卷），东京外国语大学亚洲非洲语言文化研究所2001年版，143～144页。

② 罗洪洋：《清代黔东南锦屏人工林业中财产关系的法律分析》，云南大学博士学位论文2003年，第41页。

③ 参见贵州电视台《发现贵州》栏目《林业契约文化系列片》之二。

④ 陈支平：《明清福建货币地租质论》，载《中国社会经济史研究》1990年第1期。

⑤ 贵州省编辑组编：《侗族社会历史调查》，贵州民族出版社1988年版，18～19页。

年版,第 18 页。

解读:

本则文书约定的分成比例为“主四佃一”,据笔者的田野调查,这种“主四佃一”的情况多发生在栽手是外地人、急于佃山以解决口粮问题的情况下。对于这些无田可耕的外省农民来说,急于解决口粮问题,既然在佃山期间山主还可给栽手一定的伙食,且有间作的粮食可供来年一家老小糊口①,再低的分成也是愿意的。

8. 嘉庆二十四年(1819 年)二月初九日范咸宗等主佃分成文书

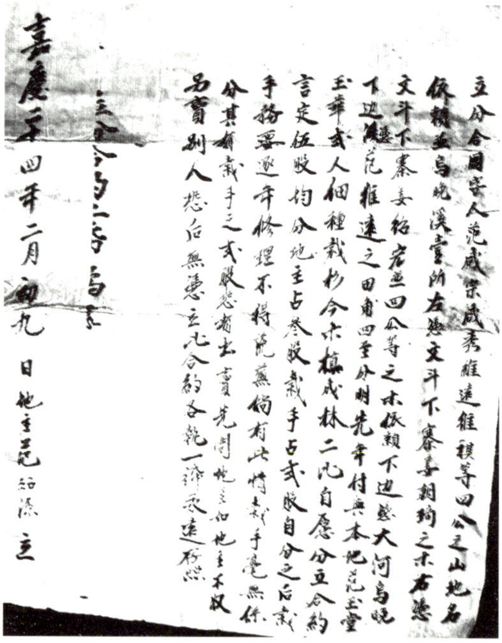

立分合同字人范咸宗、咸秀、维远、维祺等四公之山,地名依赖并乌晚溪一所,左凭文斗下寨姜朝□之木,右凭文斗下寨姜绍宏□四公等之木,依赖下边凭大河,乌晚下边凭范维远之田角,四至分明。先年付与本地范玉堂、玉华二人佃种栽杉,今木植成林,二比自愿分立合约,言定五股均分,地主占三股,栽手占二股,自分之后,栽手务要逐年修理,不得荒芜,倘有此情,栽手毫无系分,其有栽手之二股,恐有出卖,先问地主,如地主不□,另卖别人。恐后无凭,立此合约,各执一纸,永远存照。

立分合约二纸为据【半书】

嘉庆二十四年二月初九日　地主范绍源　立

解读:

除对山主与佃户之间的分成比例再次确认外,清水江流域的主佃分成文书仍需对佃户在幼林长成后的其他义务作出约定,这种义务主要是修理管业和防火防盗。例如本则文书就约定“自分之后,栽手务要逐年修理,不得荒芜,倘有此情,栽手毫无系分”,其他如“嘉庆十四年(1809 年)正月二十日黔阳县蒋胜才等主佃分成文书”、“嘉庆十九年(1814 年)十一月十七日□德珍等主佃分成文书”、“嘉庆二十四年(1819 年)二月三十日行溪县杨盈安父子等主佃分成文书”等均有类似的规定。就情理而言,对山场杉木的管护自应当是佃户的职责,需由佃户一力承担,与山主并无任何关系,如下文的“道光十八年

① 贵州省锦屏县志编纂委员会编:《锦屏县志》,贵州人民出版社 1995 年版,第 492 页。

(1838)五月十五日姜绍熊等主佃分成文书”中特别言明“不关地主之事”。

个别主佃分成文书中还再次强调了山主对山场的所有权，例如“嘉庆十七年(1812年)十二月十六日文斗寨姜举周等主佃分成文书”申明“木植长大发卖，地归原主”，佃户享有的仅是所栽种杉木出售后的分成，山场土地仍归山主所有。由于山林的成材期较长，栽杉20~25年后杉木才真正成材，方可砍伐下河。至此，该山场的一个经营周期才告结束。杉木采伐后的山场，由山主重新出租给佃户栽种，开始一个新的周期。考虑到如此长的山场经营周期，在主佃分成文书中再次申明山主对山场的所有权，也并非完全没有必要。

9. 光绪二十五年(1899年)十二月十九日姜永兴等主佃分成文书

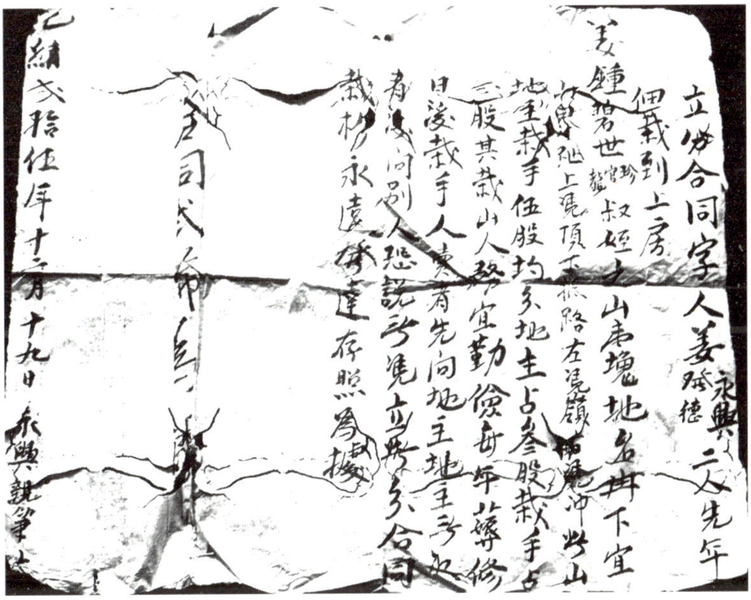

立分合同字人姜永兴、发德二人，先年佃到上房姜钟碧、世珍、世官、世龙叔侄之山一块，地名冉下宜山，界址：上凭顶，下抵路，左凭岭，右凭冲，此山地主栽手五股均分，地主占三股，栽手占二股。其栽山人务宜勤俭，每年薅修。日后栽手人卖者，先问地主，地主无收者，后问别人。恐说无凭，立此分合同栽杉永远发达存照为据。

合同二纸为据【半书】

光绪二十五年十二月十九日　永兴　笔立

解读：

本则文书中有“日后栽手人卖者，先问地主，地主无收者，后问别人”这样的表述，同样也是申明山主对佃户所佃栽山场所得分成有先买权。

10. 道光十八年(1838 年)五月十五日姜绍熊等主佃分成文书

立分合同契人姜绍熊、绍齐,因先年有地一块,土名冲黎。界至:上凭顶,下凭田,左右凭岭,佃与姜老方栽杉,面议五股均分,地主占三股,栽手占二股。姜老方栽手二股出卖与姜光照名下为业。至今木长大成林,均分合约。日后发卖砍伐下河,地主占三股,栽手二股,二比不得争论。其有蒿修栽手逐年修理,不关地主之事。今欲有凭,立分合同契二纸,各执一纸为据。

姜光宗　笔

立分发达合同二纸各执一张存照【半书】

道光十八年五月十五日

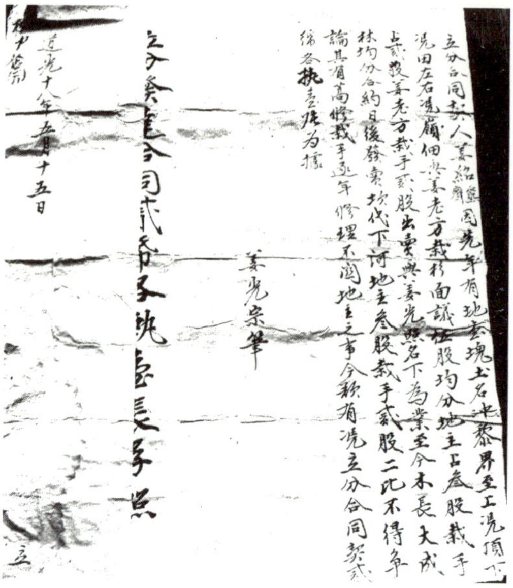

解读:

本则文书中,原佃户未能等到幼林长成重新与山主签订主佃分成文书,就已经将其成林后的预期收益(也即“栽手股”)转卖他人,买主姜光照实际上是承接了原佃户的权利和义务,因此原佃户应承担的对杉林的管理修护义务,同样由买主承接,与山主并无关系。

11. 嘉庆十三年(1808 年)十二月二十五日姜保魁等主佃分成文书

立合同字地主姜保魁,所有祖山,土名抱鬼,上凭德华,下凭文珍,右凭文珍,左凭文号,四至分明。今范腾高种地栽杉木。成林,二比自愿合意所分合约。前言二股均分,栽手占一股,地主占一股。日后杉木长大发卖,两家不得异言。如有异言,执字为据。

立合同为据【半书】

凭中:姜老包

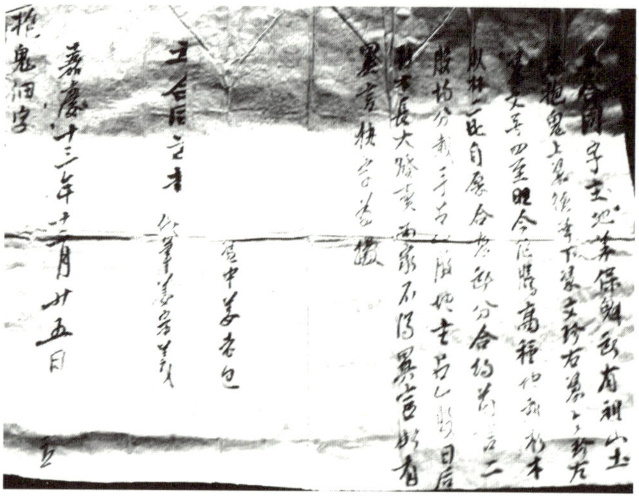

代笔:姜宗义

嘉庆十三年十二月廿五日　立

解读:

主佃分成文书以合同形式订立,但名义上的“立约人”究竟是山主,还是佃户,这较为灵活。例如本则文书及下文的“道光元年(1821 年)文斗寨姜绍祖等主佃分成文书”都是由山主所立,但考虑到几乎所有的主佃分成文书均以“合同”形式出现,山主与佃户双方都各应收执一份,实质上就是主、佃双方共同立约。先立山场租佃文书,待幼林长成后再立分成文书,这是对山主权益的一种保护。不过在另一方面,这也是对佃户权益的保障,因为虽然人工造林且负责山林管理维护的都是佃农,但杉木成材之后,却是由山主承包给木材商人砍伐的,也就是说收益归山主所有,再由山主负责分配,这一点与土地租佃的租金(租谷)交付方式是截然相反的。因为佃契是佃户出具交山主收执的,佃户在杉木砍伐收益之时,参与分成的唯一凭证即是这一纸分成合同。所以在这个意义上,主佃分成文书也可以起到保障佃户权益的作用。

12. 道光元年(1821 年)十月二十五日文斗寨姜绍祖等主佃分成文书

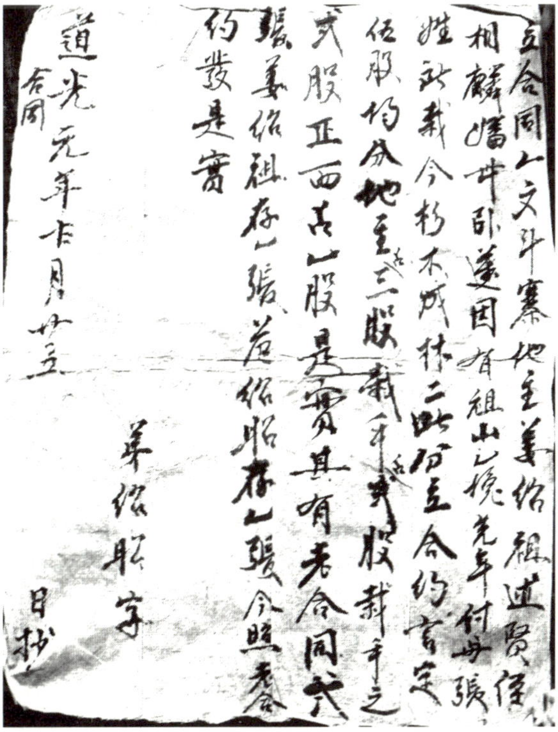
立合同人文斗寨地主姜绍祖、道贤、侄
相麟、[illegible]因有祖山一块,先年付与张
姓栽杉,今杉木成林,二比自立合约,言定
伍股均分,地主占三股,栽手占贰股,栽手之
贰股,正西占山股,是实。其有老合同贰
张,姜绍祖存一张,姜绍昭存一张,今照老合
约发是实
[illegible]字
合同
道光元年十月廿五日抄

立合同人文斗寨地主姜绍祖、述贤、侄相麟、婶母引述，因有祖山一块，先年付与张姓所栽，今杉木成林，二比分立合约，言定五股均分，地主占三股，栽手二股。栽手之二股，正西占一股是实，其有老合同二张，姜绍祖存一张，范绍联存一张，今照老合约业是实。

弟 绍联字

道光元年十月廿五日　抄

13. 道光十八年(1838 年)十二月初四日天柱县龙文典等主佃分成文书

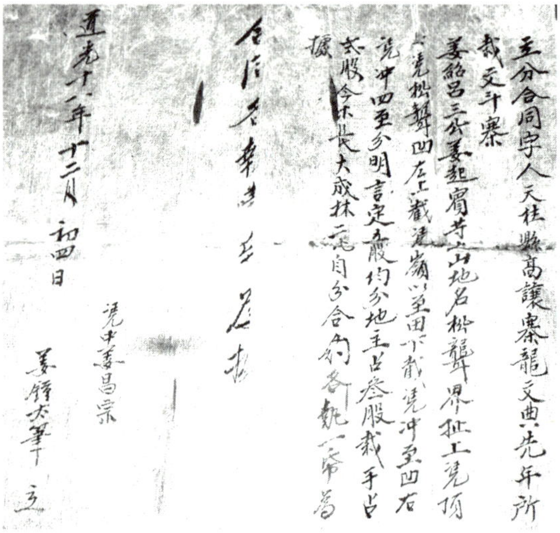

立分合同字人天柱县高让(酿)寨龙文典，先年所栽文斗寨姜绍吕、三公姜起宾等之山，地名松聋，界扯(址)：上凭顶，下凭松聋凹，左上截凭岭以至田，下截凭冲至凹，右凭冲，四至分明。言定五股均分，地主占三股，栽手占二股。今木植长大成林，二比自分。合约各执一纸为据。

合同各执一纸为据【半书】

凭中：姜昌宗

姜钟太　笔

道光十八年十二月初四日　立

14. 嘉庆二十五年(1820 年)九月二十八日姜光齐等主佃分成文书

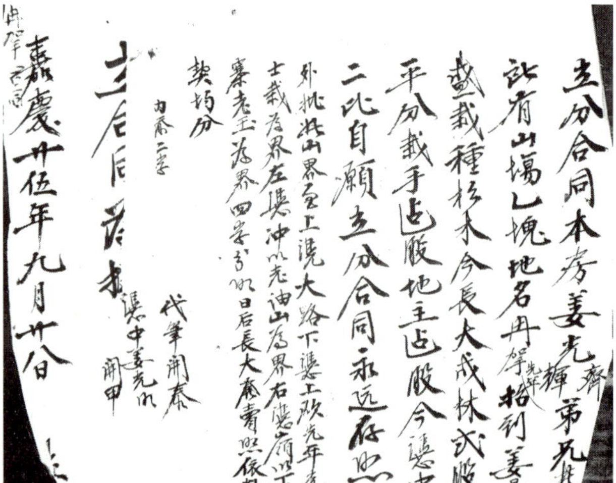

立分合同本房姜光齐、光辉弟兄等所有山场一块，地名冉加，先年招到姜昌盛栽种杉木，今长大成林，二股平分，栽手占一股，地主占一股，今凭中二比自愿立分合同永远存照。

外批：此山界至：上凭大路，下凭上坎先年光士栽为界，左凭冲以老油山为界，右凭岭以下寨老玉为界，四字(至)分明。日后长大发卖，照依此契均分。

内添二字

代笔：开泰

凭中:姜光明、开甲

立合同为据【半书】

嘉庆廿五年九月廿八日

15. 嘉庆十七年(1812 年)十二月十六日文斗寨姜宗礼等主佃分成文书

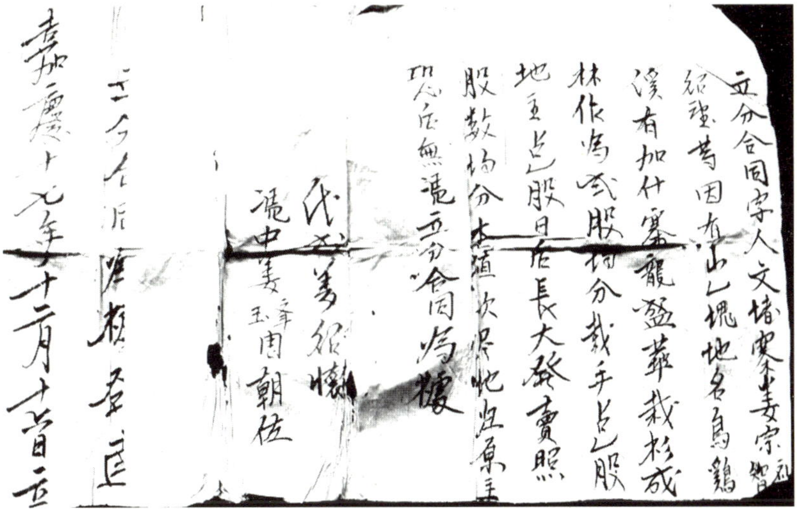

立分合同字人文堵(斗)寨姜宗礼、宗智、绍理等,因有共山一块,地名乌鸡溪,有加什寨龙盛华栽杉成林,作为二股均分,栽手占一股,地主占一股,日后长大发卖,股数均分。木植砍尽,地归原主。恐后无凭,立分合同为据。

代笔:姜绍怀

凭中:姜举玉、周朝佐

立分合同为据发达【半书】

嘉庆十七年十二月十六日　立

第二部分　山林买卖文书

山林买卖文书是清水江文书中数量最多的一个部分，其交易的标的物是山场和林木。不过在文书中，作为交易标的物的山林，几乎全是未能砍伐发卖的中幼林。一般而言，待杉树林成熟之后，山主联系好买家，即可砍伐发卖，这种买卖关系多以山主和买家"一手交钱、一手交货"的形式完成，在这一买一卖之后，交易双方即不再有任何关系，所以成熟林的买卖并不需要签订山林买卖文书。但对中幼林而言，在买卖交易成立的同时却并不能当即转移标的物的实际占有，必须等到树林成熟之后砍伐发卖，买受人才能真正获得收益，因此山林买卖文书实质上是买受人主张和保护自身权益的有效凭证。

本部分文书依山场的经营情形及出卖人的身份将清水江流域的山林买卖文书大致划分为三种：第一种，山主出卖自栽山场山林文书（又可细分为卖林不卖山文书、既卖林又卖山文书两种）；第二种，佃户出卖承租山场山林文书；第三种，山主出卖出租山场山林文书（又可细分为卖林不卖山文书、既卖林又卖山文书两种）。当然，这样的划分也并不是绝对的，在某些时候，出卖人兼具山主和佃户双重身份（关于这种现象，笔者在上文已经有所涉及）。而在另外的一些情景下，个别山主作为出卖人订立的山林买卖文书又语焉不详，很难判断其交易标的是否包含山场在内。此外，因油山（栽种油茶树）的具体情况与杉木山场又有很大差异，所以本册文书将油山（油树）买卖文书也单独列为一类进行解读研究。

一、山主出卖自栽山场山林文书

（一）既卖林木又卖山场文书

1. 乾隆十三年（1748 年）正月二十六日姜善宇兄弟卖林文书

立卖杉木地约人姜善宇、银花兄弟名二人，为因家下要银使用，自己将到分□所栽杉木一块，土名白皓山，承愿将半股出卖与本房姜启才、富宇、祖保、长保四人名下承买为业。当日凭中议定价银九两整，亲手领回应用，价银交足，分厘不欠。自卖之后，任从买主管业，卖主兄弟为不得异。如有不清，拘(俱)在卖理落，不与买主何干。今恐人信难凭，立此断卖杉地约远永存照。

凭中：姜老德、老初、柳古　[受]银五分

乾隆十三年正月二十六日立　卖主姜善宇、银花

依口代书人：姜启相　受银一分

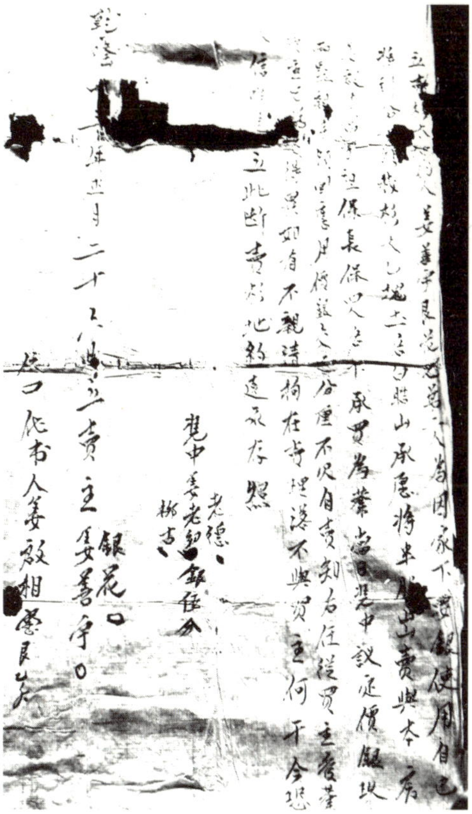

解读：

山林买卖文书一般使用单契的形式，以出卖人的名义订立，交由买受人收执。无论是何种类型的山林买卖文书，其文书程式并无二致，须载明以下内容：

其一，出卖人及买受人，如果出卖人或买受人有多人，则应一一罗列，有时还会标注交易双方的住址。

其二，出卖人出卖山林或者山场的主要原因，大多笼统说明"要银用度无出"或"缺少银用"，亦有详细说明原因的。

其三，买卖山林的具体情况，包括其来历、名称、坐落位置、四至界限等。如果山场是由多人合股经营，或者是出租经营的，还需注明其股数构成及出卖人所出卖的股数。

其四，成交价格。

其五，担保条款和违约责任，这些内容在订立文书时必须明确。担保条款大多属权利瑕疵担保或称追夺担保，要求出卖人应当对所出卖的标的物或其份额享有完整的权利。

其六，出卖人及中人的署名。如果出卖人请他人代为书写契约的，还要注明代书人姓名，并由出卖人画押。

2. 乾隆十六年(1751年)四月二十六日姜凤章卖林文书

立卖山人上寨六房姜凤章，为因手中空乏，自己问到富宇名下将山出卖，地名过河□故□。当日凭中议定价银一两三钱正。其山自卖之后，任凭富宇照契管业，日后不得异言争论。如有来路不明，俱在卖主理落，不与买主相干。恐后无凭，此约远永存照。

此山作两大股，分作六小股，此今得买凤章一股。

卖主：姜凤章

代书：姜□□　得中银五分

乾隆十六年四月廿六日 立

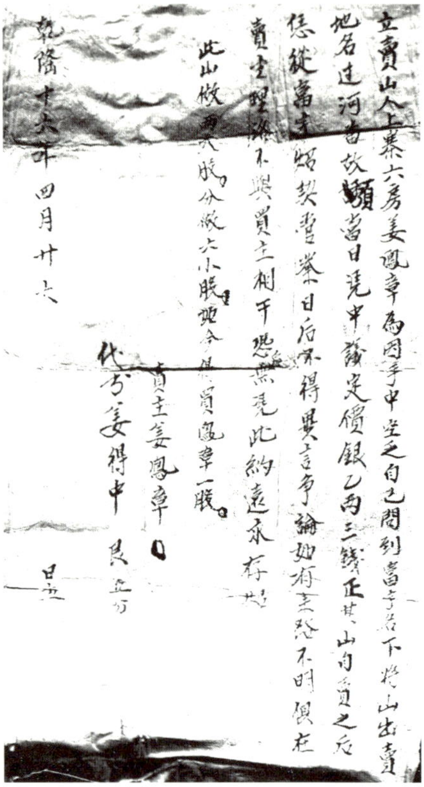

解读：

“中人”作为我国古代参与契约订立的第三方，一直活跃于古代民事活动中。早在春秋战国时期，就已经出现了以说合牛、马交易的职业中介人“驵”。唐代时出现了职业化的“牙郎”和“牙侩”。发展到明清时期，出现了须经由政府批准并发放执业凭证的“牙行”，清代锦屏的木行实则就是承担木材贸易中介的牙行。但在民间社会，非大规模商业性的交易却并不经由牙行参与，毕竟经由牙行促成的交易是必须纳税的。民间交易往往由当事人的亲邻作为中介人，反映在明清时期的契约文书中，他们往往被称为见人、见中人、凭中人、同中人、中证人、中见人、保人、中保人、居间、中间人、见立契人、见立合同人、中人等等。① 梁聪博士对文斗寨姜元泽老先生家收藏的清代道光年间的359份卖契中出现的中人进行了统计，结果发现有72人曾充当交易的中人，这说明当时民间基层社会的交易中并没有相对固定的中人，只要是能被交易双方接受、了解市场行情并在乡土社会具有一定社会威望的人，都可以充当中人。②

从山林买卖文书的内容来看，中人承担的作用较为多元。

首先，中人充当缔约双方之间的中介作用。文书中常会见到“请中问到”，这就是说中人帮助出卖人介绍与引见了买受人。本册文书收录的“嘉庆六年(1801年)六月十九日姜未乔卖林文书”，其中有“请中问到弟媳名唤楼凤、胞妹名唤姝蕃”，这说明即使是发生在近亲属之间的交易，某些时候也是由中人引见介绍的。当然，也并非是所有的交易都是由中人引见介绍的，例如本则文书就特别注明“自己问到富宇名下将山出卖”，前一则“乾隆十三年(1748年)正月二十六日姜善宇兄弟卖林文书”也是“自己将到”。

其次，中人承担议定价格的作用。本则文书中说“当日凭中议定”，即是说这一交易价款是在中人的主持下协商确定的。可以说，在整个交易活动中，中人在某种程度上左右着交易的过程。

最后，中人要作为交易的见证人记载于山林买卖文书中，以排除日后的争执。

作为中人，帮助出卖人寻找买家(“请中问到”)，在交易中平衡双方当事人的利益，议

① 参见李祝环：《中国传统民事契约中的中人》，载《法学研究》1997年第6期，138~140页。

② 梁聪：《清代清水江下游村寨的契约规范与秩序——以文斗苗寨契约文书为中心的研究》，人民出版社2008年版，119~120页。

定价格（"凭中议定"），同时还作为标的物和价款转移的见证人附署于文书中，甚至还负有调解日后可能发生纠纷的职责，可见中人在田产买卖中承担着重要的作用。因此，一般情况下当事人（多为出卖人）需向中人支付一定的报酬，一般为交易价款的3%左右，这称为"谢中"①，不过多不在文书中注明。本册文书的代书人姜□□同时也是中人，得中银五分，占交易价款的3.8%。前一则"乾隆十三年（1748年）正月二十六日姜善宇兄弟卖林文书"中，三位中人共得银五分，占交易价款的0.6%，另代书人也得银一分。

3. 乾隆三十九年（1774年）十月十四日朱国丙卖林文书

立卖杉木山场并清白约人朱国丙、姜祥宇，为因缺少黎平东门高店银，无处寻出，自愿将到土名皆休山场一块。左右凭冲，上凭田，下凭岩拜田。此山木祥宇一股，国丙一股，二人二股都同卖与姜得宇名下承买为业。蒙中处断价银二两正，亲领应用。其木如有不清，卖主理落。立此卖约清白存照。

凭中：姜清宇、九塘

代笔：姜廷珍

乾隆三十九年十月十四日　立

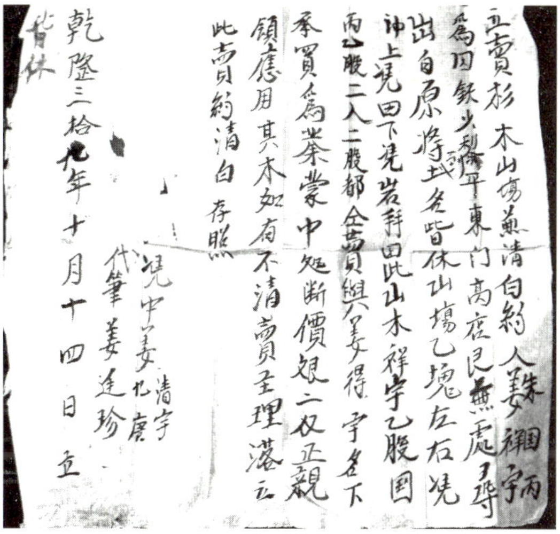

解读：

本则文书名为"卖杉木山场并清白约"，其中特意强调"清白"二字，应是针对该块山场的来历而言。买卖交易的前提是出卖人对交易标的有合法且完整的权利，因此出卖人应在文书中对所出卖标的物的来历予以清楚说明，这是保障交易安全的重要基础之一。如果是祖辈的遗产，则直接标注是"祖遗"之产；如果是买自他人，需要注明"先年得买"，例如"乾隆四十二年（1777年）十二月二十九日朱老连卖林文书"中注明"先年得买下寨姜乔堂杉木并山场一股"；如果是佃户出卖承租山场山林，则写作"亲手所栽"，例如"嘉庆二十五年（1820年）九月二十九日文斗寨姜昌盛父子卖林文书"中的"亲手所栽姜光齐、光辉弟兄等之山一块"。在表明交易标的物来历的同时，出卖人往往还需要在文书中对买受人声明"其木如有不清，卖主理落"，或是"其有来历不清，俱在卖主上前理落，不与买主相干"，即是买主为防后患，要求卖主言明所出卖产业来历清楚，对其出卖的财产进行担保，日后若有纷争，卖主须一力承担全部责任，与买主无关。

---

① 清代江苏的土地买卖文书中将付给中人的酬金称为"引领费"，详见杨国桢：《明清土地契约文书研究》，人民出版社1988年版，第238页。

4. 乾隆三十九年(1774年)正月十六日姜映交卖林文书

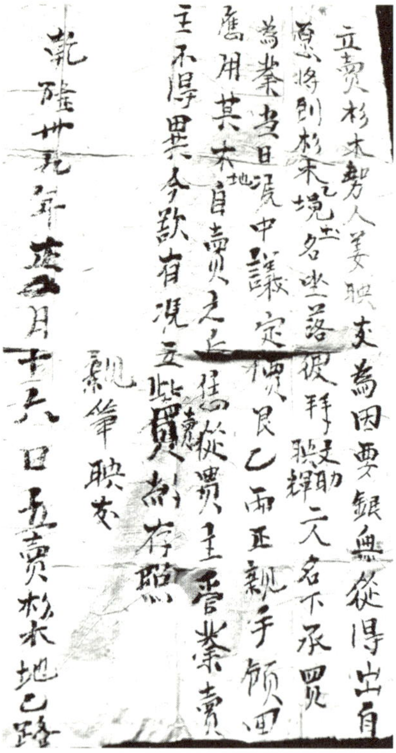

立卖杉木字人姜映交，为因要银无从得出，自愿将到杉木一块，土名坐落彼拜，[出卖到]文助、映辉二人名下承买为业。当日凭中议定价银一两正，亲手领回应用。其木地自卖之后，任从买主管业，卖主不得异[言]。今欲有凭，立此卖约存照。

亲笔　映交

乾隆卅九年正月十六日 立卖杉木地一块

解读：

本则文书名为“卖杉木字”，似乎是一则只卖林木不卖山场的文书，但文书中注明有“其木地自卖之后，任从买主管业”，这说明山场的所有权已经一并出卖给买受人。

5. 乾隆四十二年(1777年)十二月二十九日朱老连卖林文书

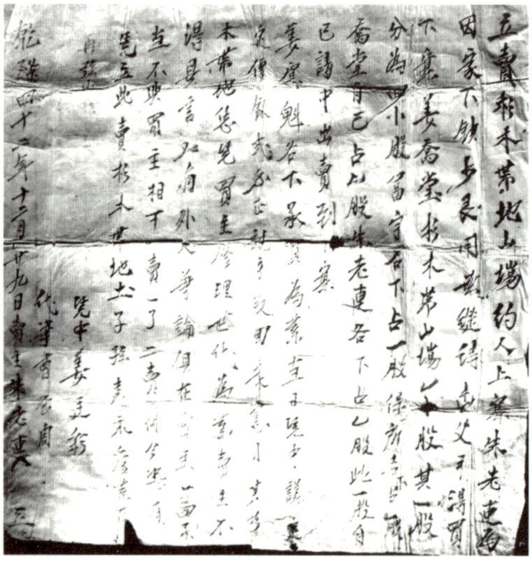

立卖杉木带地山场约人上寨朱老连，为因家下钱少银用，无从得出，先年得买下寨姜乔堂杉木并山场一股，其一股分为四小股，富宇名下占一股，保所名下占一股，乔堂自己占一股，朱老连名下占一股，此一股自己请中出卖到下寨姜应魁名下承买为业。当日凭中议定价银二钱正，亲手取回应用。杉木并地，任凭买主修理，世代为业，卖主不得异言。如有外人争论，俱在卖主一面承当，不与买主相干。一卖一了，二卖二休。今恐有(无)凭，立此卖杉木并地土子孙远永管业存照。

凭中：姜廷彩

代笔：曹辰周

乾隆四十二年十二月廿九日　卖主朱老连　立

解读：

明清时期的不动产交易一般区分为活卖、绝卖两种情形。“活卖”又称为“典卖”，“典”是只转移占有权和使用权而不转移所有权的法律行为，典卖相连，可见是一种附有条件的卖，所谓“一典活千年”，出典人有回赎的权利，甚至出典人还可以在田价上涨等情形下向承典人找贴。至于“绝卖”，则表明出卖人丧失了回赎的权利。

正因为在不动产买卖中存在这样的区分，所以明清时期的不动产买卖文书有活契、找贴契和绝卖契的区分。活契是土地没有卖绝的文契，出卖人以活卖形式将不动产交付给买受人，但出卖人保留回赎的权利。找贴契是活卖原主未以绝卖方式出让不动产，如果在活卖契规定的回赎期内无力回赎，向买受人索取地价差额（此种做法称为“找贴”）。有的在找贴后需要另立绝卖契，将出卖人与该不动产的关系全部断绝；但也有找贴后，未立绝卖契的，这样出卖人仍然保留赎回的权利，此时所立文书即为“找贴契”。

明清时期民间盛行多次加找的惯例，甚至出现了因找价而引发无休止的纷争。明代的一个故事说某桑姓者在1663年以四两银子将一亩地典卖给沈家，1680年沈家又额外支付了贴银四两，1701年二两，1716年二两。原典交易70年后的1733年，沈家后人最后又支付了二两四钱的绝买银。这一亩地的交易，前后竟历经了70年时间，先后四次加找，交易价格从最初的四两累积到十四两四钱。这种找贴、加找的习俗对民间交易造成了极大的困扰。清雍正八年（1730年）户部在议复侍郎王朝恩的条奏事项时，对田宅等不动产卖出后能否找价和回赎以及有关亲邻优先购买权问题，给予了明确的答复，这一答复后经过皇帝批准成为法律。户部的这一答复对“活卖”、“绝卖”进行了界定，规定凡是标明“绝卖”且未注有找贴字样的，则视为“绝卖”，同时确定了一找杜绝制度。但民间多次找贴的惯例仍然保存下来，“一典活千年”的习惯仍长期盛行，一次卖绝的极少，多要加找2～3次，土地买卖“卖而不断”、“断而不死”。① 福建等地甚至有“一卖百休”、“一典九尽”的习俗。所谓九尽，就是典期满后可以再立契、续议年限，谓之“凑尽”。限满仍无力回赎，还可以再“凑尽”，子孙不限，以至有的续期竟超过百年之久。又如，湖北省规定：凡是未订立回赎期限者，不限时日均可回赎，故有“一典活千年”之说。②

笔者在《土地关系及其他事务文书》一书中曾谈及清水江流域民间基层社会虽然也存在不动产交易先典后卖的现象，但这种由“典”到“卖”法律关系的转变，与“找贴”有着本质的不同。③ 在书立买卖文书之后，出卖人即丧失了对产业享有的所有权利，不再有“找贴”的可能。本则“乾隆四十二年（1777年）十二月二十九日朱老连卖林文书”中即注明“一卖一了，二卖二休”，清水江流域的山林买卖是绝不能允许出现诸如“找贴”、“加找”这类做法的。

---

① 详见杨国桢：《明清土地契约文书研究》，人民出版社1988年版，第248页。

② 详见张晋藩：《清代民法综论》，中国政法大学出版社1998年版，119～120页。

③ 详见潘志成、吴大华编著：《清水江文书研究》丛书之《土地关系及其他事务文书》，贵州民族出版社2011年版，10～11页。

6. 乾隆四十六年(1781 年)闰五月十三日姜国政卖林文书

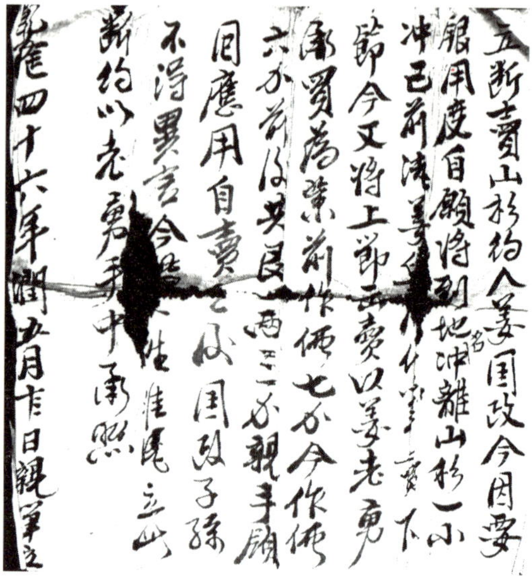

立断卖杉山约人姜国政,今因要银用度,自愿将到地名冲离山杉一小冲,以前请姜□□□□□□卖下截,今又将上截出卖与姜老勇承买为业。前作价七钱,今作价六钱,前后共银一两三钱,亲手领回应用。自卖之后,国政子孙不得异言。今恐后无凭,立此断约以老勇手中承照。

乾隆四十六年闰五月十三日　亲笔立

7. 乾隆四十九年(1784)闰三月二十四日姜国政卖林文书

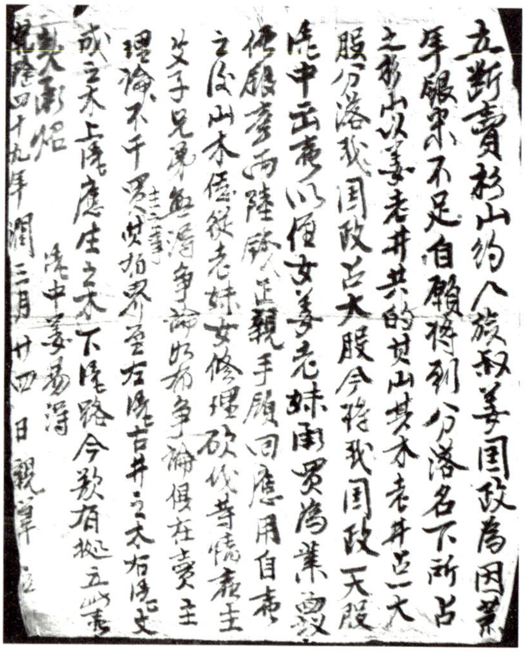

立断卖杉山约人族叔姜国政,为因荒年银宋不足,自愿将到分落名下所占之杉山,以(与)姜老井共的,其山其木老井占一大股分落,我国政占[一]大股,今将我国政一大股凭中出卖以(与)侄女姜老妹承买为业。面议价银一两六钱正,亲手领回应用。自卖之后,山木任从老妹女修理砍伐等情,卖主父子兄弟无得争论。如有争论,俱在卖主理论,不干买主之事。其山界至:左凭古井之木,右凭文成之木,上凭应生之木,下凭路。今欲有据,立此卖契承(存)照。

凭中:姜易得

乾隆四十九年闰三月廿四日亲笔立

解读：

前述“乾隆四十六年(1781年)闰五月十三日姜国政卖林文书”与本则文书，均是姜国政卖林文书。前一则订立于乾隆四十六年(1781年)，其中提及这块山场已有半截出卖，价款为七钱，现出卖下半截，作价六钱。后一则订立于三年后，作价一两三钱。姜国政在这几年内频繁出卖山场，两则山林买卖文书透露其原因为“要银用度无出”。山场林木是人们赖以养家糊口的生存之本，若非是遇上天灾人祸陷入窘境，断然是不肯出手的。一般情况下，清水江流域的山林买卖文书大多要注明山林出卖的原因，有些笼统写作“为因家下要银用度无出”，有说明具体原因的，或是“家中缺少粮食”，或是“为因债务”(如“为因缺少黎平东门高店银”)，或是“所费埋葬应用之资无银赔还”等等。同时，林木的生产周期较长，往往没有等到林木长大，人们就已经将山林出卖以应对不时之需。“乾隆四十二年(1777年)十二月二十九日朱老连卖林文书”中说“先年得买下寨姜乔堂杉木并山场一股，……今出卖于……”，“嘉庆十七年(1812年)四月十八日龙氏母子卖林文书”也表明“自己将到先年得买姜老衡之山场一块，……出卖于……”等内容，说明同一批林木在十数年的时间里数易其主，足见交易之频繁普遍。

8.乾隆四十九年(1784年)八月初四日巫香科卖林文书

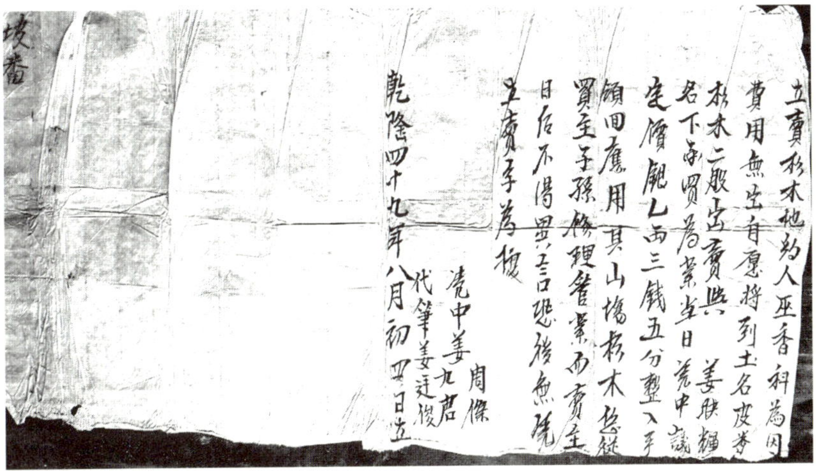
立賣杉木地約人巫香科爲因
費用無出自愿將到土名皮番
杉木二股出賣與　姜映輝
名下承買爲業當日凴中議
定價銀乙两三錢五分整入手
領回應用其山場杉木任從
買主子孫修理管業而賣主
日后不得異言恐後無憑
立賣字爲據
凴中姜周傑　姜九唐
代筆姜廷俊
乾隆四十九年八月初四日立

立卖杉木地约人巫香科，为因费用无出，自愿将到土名皮番杉木二股，出卖与姜映辉名下承买为业。当日凭中议定价银一两三钱五分整，入手领回应用。其山场杉木任从买主子孙修理管业，而卖主日后不得异言。恐后无凭，立卖字为据。

凭中：姜周杰、姜九唐

代笔：姜廷俊

乾隆四十九年八月初四日　立

9. 嘉庆十七年(1812年)四月十八日龙氏母子卖林文书

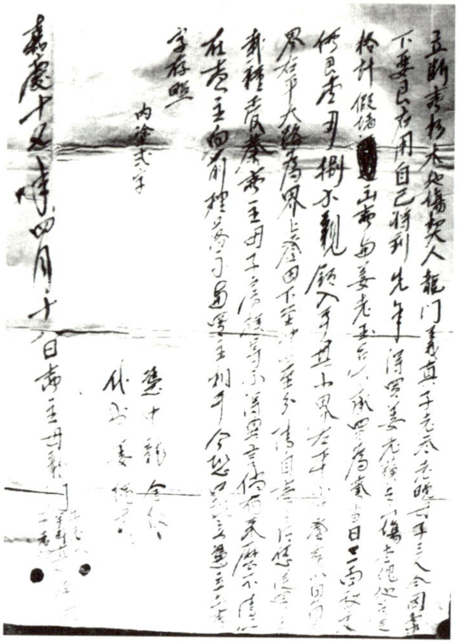

立断卖杉木地场契人龙门义真、子老三、老晚母子三人，今因家下要银应用，自己将到先年得买姜老衡之山场一块，地名洪格计假堵，出卖于姜老玉名下承买为业。当日三面议定价银一两八钱，亲领入手。其山界：左凭小冲登岭以田角为界，右凭大路为界，上登田，下至冲，四至分清。自卖之后，任凭买主栽种管业，卖主母子房族等不得异言。倘有来历不清，俱在卖主向前理落。不与买主相干。今恐口说无凭，立此卖字存照。

内涂二字

凭中：龙金绞

代笔：姜绳武

嘉庆十七年四月十八日　卖主母龙门义真、子老三、老晚　今立

10. 道光二十四年(1844年)三月初五日姜氏等卖林文书

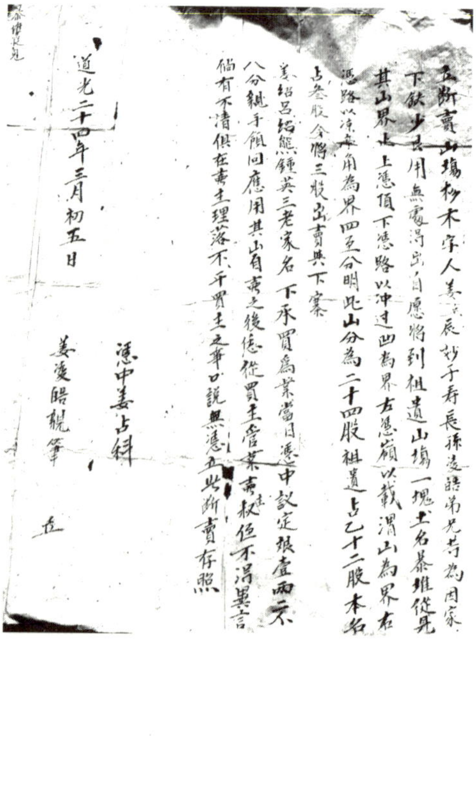

立断卖山场杉木字人姜氏臣妙、子寿长、孙凌皓弟兄等，为因家下缺少银用，无处得出，自愿将到祖遗山场一块，土名暴堆从见，其山界址：上凭顶，下凭路以冲过凹为界，左凭岭以载渭山为界，右凭路以凉亭角为界，四至分明。此山分为二十四股，祖遗占一十二股，本名占三股，今将三股出卖与下寨姜绍吕、绍熊、钟英三老家名下承买为业，当日凭中议定银一两二钱八分，亲手领回应用。其山自卖之后，任从买主管业，卖主叔侄不得异言。倘有不清，俱在卖主理落，不干买主之事。口说无凭，立此断卖约存照。

凭中：姜占科

道光二十四年三月初五日　姜凌皓　亲笔立

解读：

清代的民间交易当事人一般应为男性，但是如果当事人一家并无成年男性时，往往由女性缔约，本则文书与前一则“嘉庆十七年（1812年）四月十八日龙氏母子卖林文书”都是由女性及其子孙共同作为立契人的。

（二）卖林木不卖山场文书

1. 乾隆五十八年（1793年）十一月二十六日姜启章卖林文书

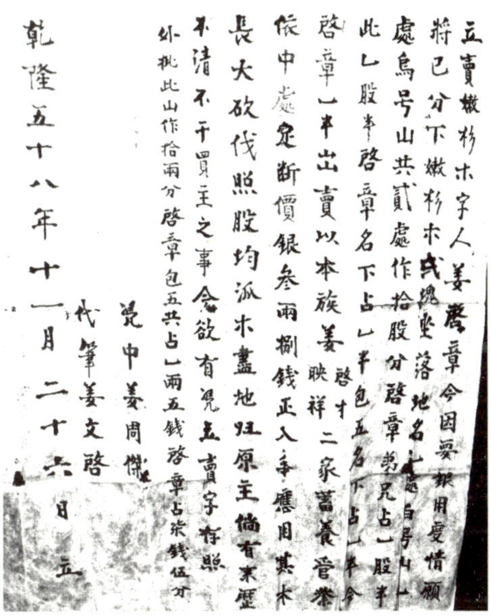

立卖嫩杉木字人姜启章，今因要银用度，情愿将已分下嫩杉木二块，坐落地名一处白号山，一处乌号山，共二处作十股，分启章弟兄占一股半，此一股半启章名下占一半，包五名下占一半。今启章一半出卖以（给）本族姜启才、映辉二家蓄养管业。依中处定断价银三两八钱整，入手应用。其木长大砍伐，照股均分。木尽，地归原主。倘有来历不清，不干买主之事。今欲有凭，立卖字存照。

外批：此山作十两分，启章、包五共占一两五钱，启章占七钱五分。

凭中：姜周杰

代笔：姜文启

乾隆五十八年十一月二十六日　立

解读：

本则文书名为“卖嫩杉木字”，交易的标的物即为“杉木”，不含山场在内，文书中也明确说明“木尽，地归原主”，说明在林木砍伐发卖后，山场土地仍归原山主所有。

2. 乾隆五十九年（1794年）三月初八日姜相周父子卖林文书

立断卖嫩杉木字人下文斗寨姜相周、子老领，今因要银用度，自愿将己所栽之木一团，坐落地名皆攸，请中卖与李安远、正绅、巫香远、华远夥计名下承买蓄禁管业。二比依中处定断价银□两二钱正，［亲领］入手应用。其山界限：上凭田，下凭田，左凭众木，右凭田。砍尽之后，地退卖主。无地租，任从买主管业。倘有不清，不干买主之事。今欲有凭,立断契存照。

外批:冲头□田小木系姜老四另栽。

凭中:姜周杰、玉周、宗智

代笔:姜文启

乾隆五十九年三月初八日　立

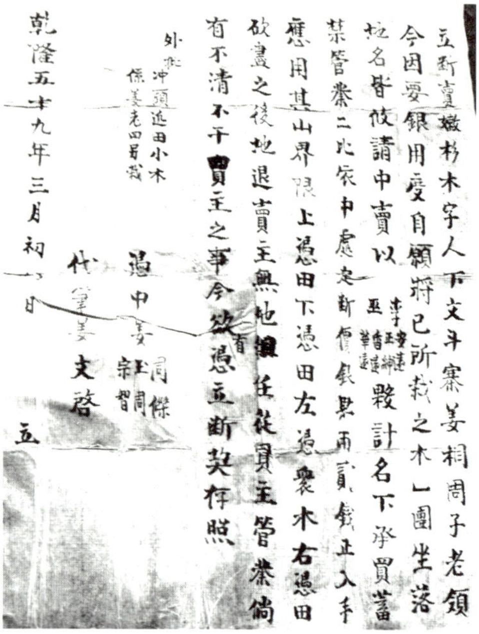
立斷賣嫩杉木字人下文斗寨姜科周子老領
今因要銀用度自願將已所栽之木一團坐落
地名皆故請中賣以　股計名下承買蓄
禁管業二比憑中處定斷價銀　兩　錢正入手
應用其山界限上憑田下憑田左憑衆木右憑田
砍盡之後地退賣主無地損任從買主管業倘
有不清不干買主之事今欲有憑立斷契存照
外批　冲頭延田小木係姜老四另栽
憑中　姜周傑　宗智
代筆　姜文啓
乾隆五十九年三月初八日　立

解读:

本则文书与前一则“乾隆五十八年(1793年)十一月二十六日姜启章卖林文书”均名为“卖嫩杉木字”,说明出卖的均是没有成熟的中幼林。引用农民卖青苗之意,卖中幼林的行为被称为“卖青山”①。同时需要注意的是,乾隆年间清水江流域的山场经营采用的几乎都是合股形式,例如前述“乾隆十三年(1748年)正月二十六日姜善宇兄弟卖林文书”、“乾隆十六年(1751年)姜凤章卖林文书”、“乾隆三十九年(1774年)十月十四日朱国丙卖林文书”所出卖的山场均是以合股方式经营的。正是缘于林业经营多采取合伙形式进行,因此绝大多数山林买卖文书交易的标的物都是出卖人所占的山场或者林木的股数,更准确地说是林木经营收益的分配份额。人工林业属于长周期的产业,尽管清水江流域的杉木以速生林为主,但其生长周期仍长达20年左右,经济收益的实现要经历一个较为长期的过程。同时,人工林业生产必须经受火灾和盗伐两大隐患的考验,而山林买卖的交易标的物并不能实际转移占有。在林木漫长的生长期内,山林买受人甚至等不到山林长大发卖即已经故去,预期的收益也只能留给后代去获取,所以在一定程度上通过山林的买卖以获得收益的预期是一种需要花费较长时间的高风险经济活动。在这样一种情形下,人们的经济收益在相当程度上要依靠契约文书来保障。中国人传统上把契约看成是产权交易的凭证,《治浙成规》中一份清代乾隆三十八年的文告称:“民间执业,全以契券为凭。”②这就是说契约文书即是执契人证明自己对产业所有权最为重要的凭证。

3. 嘉庆六年(1801年)六月十九日姜未乔卖林文书

立断卖山场杉木约人姜未乔,为因家中缺少用度,情愿将本名所占之山木一股,坐落地名鸠其出卖,请中问到弟媳名唤楼风、胞妹名唤妹蕃,姑媳二家承买为业。当日凭中议

---

① 参见贵州省编辑组编:《侗族社会历史调查》,贵州民族出版社1988年版,第13页。

② 《治浙成规》卷一“严禁验契推收及大收诸弊以除民累”。

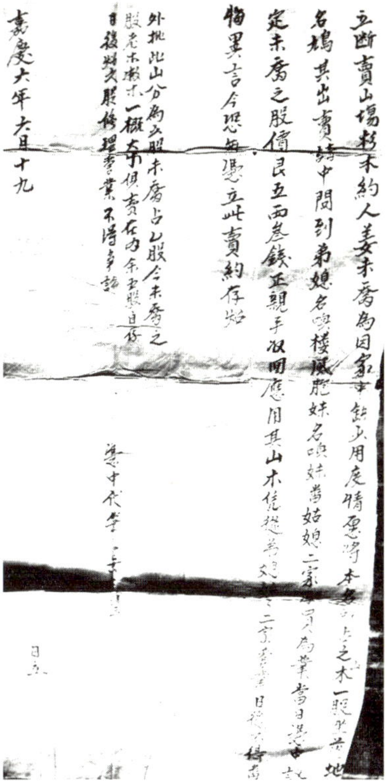

定未乔之股，价银五两三钱整，亲手收回应用。其山木任从弟媳、妹妹二家管业。日后不得翻悔异言。今恐无凭，立此卖约存照。

外批：此山分为六股，未乔占一股。今未乔之股老木嫩木一概大小俱卖在内。余五股，自存。日后照六股修理管业，不得争执。

凭中、代笔：……

嘉庆六年六月十九日　立

解读：

本则文书尽管没有明确说明在木材砍伐之后山场仍归原主，但从契约文书的名称"断卖山场杉木约"来看，交易标的物应为"杉木"，且文书中也说明是将本名所占之山木一股出卖，自然不包含林木所在的山场。

4. 嘉庆十六年（1811 年）闰三月十一日姜兼九父子卖林文书

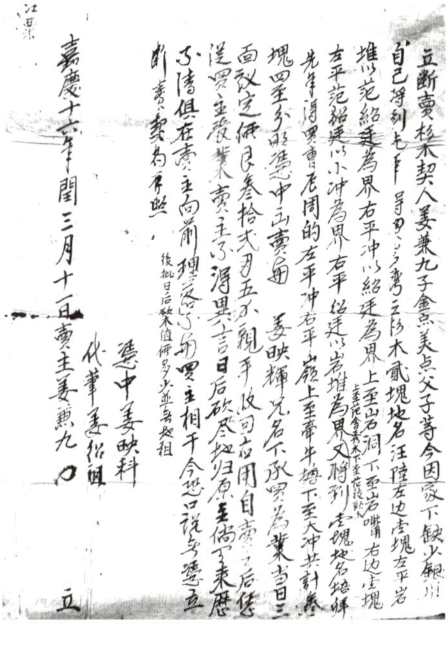

立断卖杉木契人姜兼九、子金点、美点父子等，今因家下缺少银用，自己将到先年得买岩湾之杉木二块，地名汪陆。左边一块，左平（凭）岩堆以范绍廷为界，右平（凭）冲以绍廷为界，上至岩洞，下至岩嘴；右边一块，左平（凭）范绍廷以小冲为界，右平（凭）绍廷以岩堆为界，上至范含秀木，下至范绞头木；又将到地名一块培摆，先年得买姜老周的，左平（凭）冲，右平（凭）岭，上至牵牛塘，下至大冲。共计三块，四至分明，凭中出卖与姜映辉兄名下承买为业。当日三面议定价银三十二两五钱，亲手收回应用。其山自卖之后，任凭买主修理管业，卖主不得异言。日后砍尽，地归原主。倘有不清，俱在卖主上前理落，不与买主相干。今欲有凭，立此断卖契约存照。

后批：日后砍木植价多少，并无地租。

凭中：姜映科

代笔:姜绍祖

嘉庆十六年闰三月十一日　卖主姜兼九【押】　立

解读:

本则文书名为“断卖杉木契”,且注明“日后砍尽,地归原主”,这是一则只卖林木不卖山场的文书。就笔者收集到的清代清水江流域的山林买卖文书而言,乾隆年间的山林买卖文书几乎都是山场与林木一同出卖,直到乾隆晚期才出现只卖林木不卖山场的现象,例如前述“乾隆五十八年(1793 年)十一月二十六日姜启章卖林文书”、“乾隆五十九年(1794 年)三月初八日姜相周父子卖林文书”等。尽管在乾隆以后也有部分山场与林木一同出卖的现象,但乾隆前后林木与山场一同出卖的文书在名称上有明显的差异,乾隆时林木与山场一同出卖的文书大多名为“卖杉木地”、“卖山”、“卖杉木山场”、“卖杉木地场”,而乾隆以后林木与山场一同出卖的文书则需注明“卖杉木带山场”。此外,乾隆以后如果出卖人出卖的仅仅是林木,则大多会采用本则文书的做法,在文书中特别注明“日后砍尽,地归原主”,可见在乾隆以后人们已经逐步认识到山场的价值,除非已窘迫不堪,否则山场主人是断然不可能将山场与林木一道出卖的。

此外,文书中特别注明“并无地租”,表明此块山场系出卖人自有,山林也是由出卖人自栽,并非是由栽手栽种的山林。下一则“嘉庆二十二年(1817 年)十月二十四日姜相周父子卖林文书”也有类似的约定。乾隆以后山林买卖文书中作出“并无地租”这种特别说明,在某种程度上也表明乾隆以后山场出租的现象已经较为普遍。

5. 嘉庆二十二年(1817)十月二十四日姜相周父子卖林文书

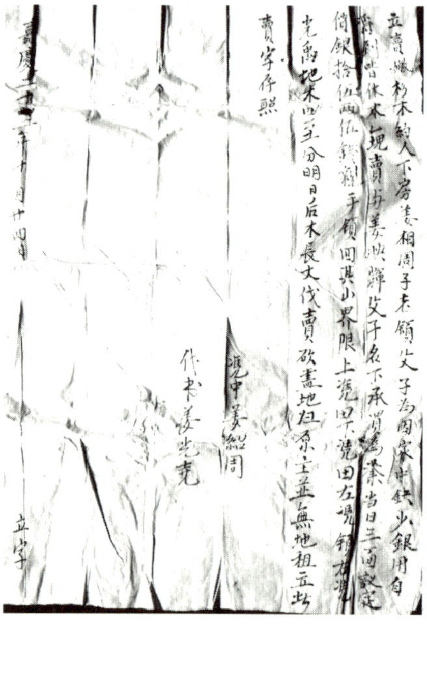

立卖嫩杉木约人下房姜相周、子老□父子,为因家中缺少银用,自愿将到皆休木一块,卖与姜映辉父子名下承买为业。当日三面议定价银十五两五钱,亲手领回。其山界限:上凭田,下凭田,左凭岭,右凭光禹地木,四至分明。日后木长大伐卖砍尽,地归原主,并无地租。立此卖字存照。

凭中:姜绍周

代书:姜光尧

嘉庆二十二年十月廿四日　立字

6. 道光三年(1823年)四月二十六日岩湾寨范宗尧父女卖林文书

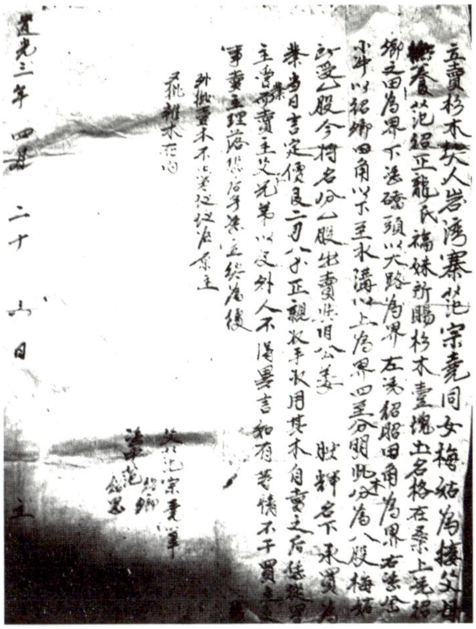

立卖杉木契人岩湾寨范宗尧同女梅姑，为接父母抚养范绍正、龙氏福妹所赐杉木一块，土名格在桑，上凭绍乡之田为界，下凭桥头以大路为界，左凭绍昭田角为界，右凭岔小冲以绍乡田角以下至水沟以上为界，四至分明。此木分为八股，梅姑所受一股，今将名分一股出卖于旧(舅)公姜映辉名下承买为业。当日言定价银二两八钱正，亲收手收用。其木自卖之后任从买主管业，而卖主父子兄弟以及外人不得异言。如有等情，不干买主之事，卖主理落。恐后无凭，立契为据。

外批：卖木不卖地，地归原主。

又批：杂木在内。

执笔：父范宗尧

凭中：范绍乡、绍思

道光三年四月二十六日　立

7. 道光九年(1829年)六月初四日姜朝胡卖林文书

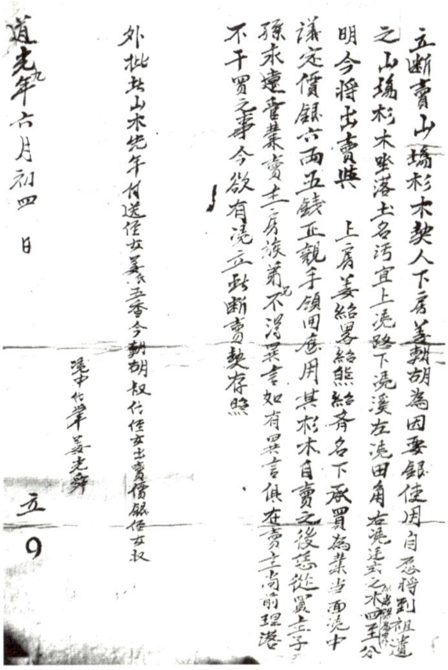

立断卖山场杉木契人下房姜朝胡，为因要银使用，自愿将到祖遗之山场杉木，坐落土名污宜。上凭路，下凭溪，左凭田角，右凭廷式之木以岩梁为界，四至分明。今将出卖与上房姜绍略、绍熊、绍齐名下承买为业。当面凭中议定价银六两五钱正，亲手领回应用。其杉木自卖之后，任从买主子孙永远管业，卖主房族弟兄不得异言。如有异言，俱在卖主上前理落，不干买主之事。今欲有凭，立此断卖契存照。

外批：此山木先年自送侄女姜氏玉香，今朝胡叔代侄女出卖，价银侄女收。

凭中、代笔：姜光舜

道光九年六月初四日　立

二、佃户出卖承租山场山林文书

佃户所能出卖的，仅是根据与山主签订的主佃分成合同所确定的本人名下分占林木，也即是所谓的"栽手股"，一般这样的山林买卖文书被称为"卖栽手杉木字"。笔者前文已经谈及，山主与佃户之间并没有截然的身份区别，把山场租佃给他人栽种而自己同时又向他人承佃山场"栽杉种粟"的现象也较为普遍。不过，确实也存在部分潦倒穷困、无以为生的佃户，特别是从外地流落至此的破产农民，他们往往等不到自己栽种的林木长大发卖，就不得不出卖青山以解燃眉之急。《侗族社会历史调查》曾对民国时期锦屏县卦治林农龙远富屡卖青山的悲惨遭遇有这样的描述：民国初年，龙远富曾佃栽卦治山主龙云兰在兰靛冲的山场50多亩，议定主佃五五分成。至民国13年，龙远富因生活困难，被迫将栽手股全部卖于龙云兰，只得钱30多吊；民国10年左右，龙远富又佃龙云兰在平冲的山场一块40余亩，约定主三佃二，至民国20年树已长成中林，但为饥饿所迫，只得再次卖青山，得钱30多吊，合谷400多斤；民国20年左右，龙远富仍佃龙云兰一块位于岑背乌盘沟脚的山场十二三亩，栽杉1000余株，但仍没有等到树木砍伐，至民国31年不得不再卖青山，得钱仅16吊小毫。另一位林农吴通贵一辈子佃山栽杉，曾佃栽山主龙云兰在岑东的一块山场，栽杉1600株，约定主三佃二分成，但未能等到树木砍伐发卖，吴通贵没有饭吃，只得将栽手股卖给山主龙云兰，仅得200斤稻谷。①

1. 嘉庆二十五年（1820年）九月二十九日文斗寨姜昌盛父子卖林文书

立卖栽手杉木契人上寨六房姜昌盛同子福绞父子，为因家下缺少用度无出，情愿将到亲手所栽姜光齐、光辉弟兄等之山一块，地名冉加。其木界至：上凭大路，下凭光士，左凭冲，右凭岭，与下寨姜宗玉之木为界，四至分明。凭中出卖与下寨姜映辉大爷名下承买为业。当日议定价银二两整，亲手领用。其木自卖之后，任凭买主修理管业，卖主父子不得异言。今欲有凭，立此卖杉木契存照。

外批：界右下凭坎，与光士为界。

凭中：姜光明

代笔：姜开甲

嘉庆二十五年九月二十九日　立

① 贵州省编辑组编：《侗族社会历史调查》，贵州民族出版社1988年版，第20页。

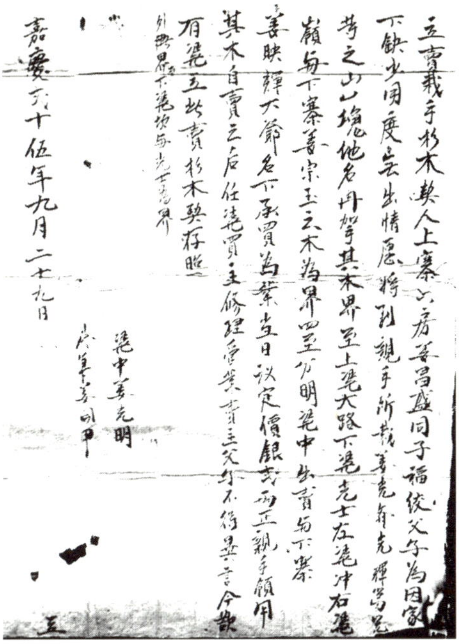

2. **道光十八年(1838年)闰四月初一日文斗寨姜光照卖林文书**

立断卖栽手杉木字人文堵(斗)寨姜光照，为因要银用度无出，自己将到先年得买姜志方栽手之股，地名风黎山。其木界至：上凭顶，下凭水沟，左右凭岭。杉木地主栽手分为五股，地主占三股，栽手占二股，今请中先问地主、亲房叔侄，无人承买，自己请中将栽手二股问到蒋日快大爷名下承买为业。当日凭中三面议断价纹银四两七钱五分，亲手收回应用。自卖之后，任凭买主修理管业，卖主弟兄外人并不得争论。如有不清，拘(俱)在卖主上前理落，不关买主之事。今欲有凭，立断卖栽手字为据。

内添二字

外批：日[后]木长大砍发(伐)下河，地归地主

凭中：薛正元、兄姜光宗

道光十八年又(闰)四月初一日 亲笔

解读：

笔者前文已经谈及，山主对佃户所佃栽山场林木的“栽手股”享有先买权，部分山场

租佃文书中还要予以特别注明。例如前述“光绪二十一年(1895年)九月初二日范有保等佃山文书”中约定“倘有出卖,先问地主,不收后问别人”,“光绪三十二年(1906年)八月三十日张以文四人佃山文书”约定“如有栽手出卖,定要先问地主,后问他人”等。因此,在佃户出卖承租山场山林时,也应在同等条件下先出卖给山主,而事实上相当部分的“栽手股”确实也是出卖于山主,例如本册收录的“道光二十五年(1845年)五月初八日岩湾寨范长春等卖林文书”、“道光二十五年(1845年)七月十七日王乔生等卖林文书”及“同治二年(1863年)七月二十七日舒昌麒叔侄卖林文书”。本则文书中,栽手股并未出卖于山主,文书记载了出卖人佃户姜光照先请中人问山主和自己的近亲属,均表示不买后,才请中人联系到买主蒋日快,这说明先问山主和亲房是一个重要的必经步骤。本则文书还特意注明“卖主弟兄外人并不得争论”,这就是表明出卖人的房亲已经放弃了先买权,日后不得再借故生事,其他的山林买卖文书中也多有类似的表述。例如下文的“同治二年(1863年)七月二十七日舒昌麒叔侄卖林文书”中也注明“卖主房族弟兄不得异言。若有异言,卖主上前理落,不干买主之事”。诸如此类的表述也看做是出卖人向买受人声明承诺其出卖行为没有侵犯山主和亲邻先买权,如果出卖人有所隐瞒,就由出卖人自身承担责任。

3. 道光二十五年(1845年)五月初八日岩湾寨范长春等卖林文书

立卖栽手杉木契人岩湾[寨]范长春、富乔二人,因粮食不足,自愿将到所栽文堵下寨姜绍齐、绍熊弟兄之山,土名南晚。界限:上凭田,下凭荒坪,左右凭冲,四至分清。其木分为三股,地主占二股,栽手占一股。此栽手之一股分为三股,绍钦占二股,本名二人占一股,今凭中出卖与地主姜绍齐、绍熊弟兄承买为业,凭中议价银当日实受谷一百六十斤。其木自卖之后,任从买主修理蓄禁管业。如有不清,卖主向前理落。恐后无凭,立此卖契存照。

凭中:范锡龄

代笔:范绍明

道光二十五年五月初八日　立

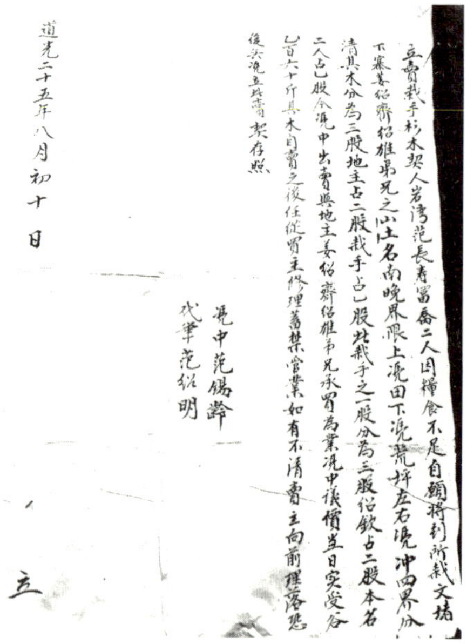
立賣栽手杉木契人岩湾范長春富喬二人因糧食不足自願將到所栽文堵
下寨姜紹齊紹熊弟兄之山土名南晚界限上凴田下凴荒坪左右凴冲四界分
清其木分為三股地主占二股栽手占乙股此栽手之一股分為三股紹欽占二股本名
二人占乙股今凴中出賣與地主姜紹齊紹熊弟兄承買為業凴中議價是日實受谷
乙百六十斤其木自賣之後任從買主修理蓄禁管業如有不清賣主向前理落恐
後無凴立此賣契存照
凴中范錫齡
代筆范紹明
道光二十五年八月初十日
立

解读:

尽管佃户在人工造林的最初几年可以通过林粮间作获得部分口粮,不过这也仅仅是三四年时间。几年之后,口粮无法解决,佃户只得将辛苦栽种的山林出卖,相当部分出卖山林文书中所说的“为因无银用度”背后隐含着的实际上多是缺少粮食度日。罗康隆在锦屏县文斗寨收集到一份名为万宝归宗的抄本，记录了其中一支姜姓家族自嘉庆十五年（1810 年）至道光二十一年（1841 年）山场山林的买卖情况，其中姜述盛在这 30 年间买下的 110 块山场中，有 90 块买的是佃户出卖的栽手股，占总数的 81.82%；另购买栽股与租栽的山林 14 块，占总数的 12.73%，由此可见佃户出卖承租山场山林之普遍。①

4. 道光二十五年（1845 年）七月十七日王乔生等卖林文书

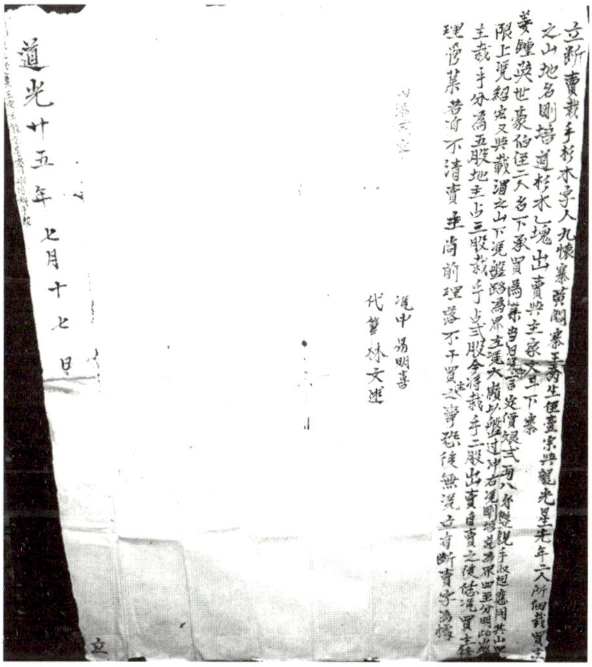

立断卖栽手杉木字人九（鸠）怀寨、黄闷[1]寨王乔生侄一宗与龙光星，先年二人所佃栽买主之山，地名刚培道杉木一块，出卖与主家文斗下寨姜钟英、世豪伯侄二人名下承买为业。当日凭中言定价银二两八钱整，亲手收回应用。其山界限：上凭绍宏又与载渭之山，下凭盘路为界，左凭大岭，以盘过冲，右凭刚培道为界，四至分明。此山地主、栽手分为五股，地主占三股，栽手占二股。今将栽手二股出卖，自卖之后，任凭买主修理管业。若有不清，卖主尚（上）前理落，不干买主之事。恐后无凭，立有断卖字为据。

内添二字

凭中：易明喜

代笔：林文述

道光廿五年七月十七日 立

……九怀寨王乔生、龙光星卖刚培栽手契[2]

注：

【1】旧称“黄闷寨”，侗语称“gaeml wangc”，今锦屏县彦洞乡黄门村黄门自然寨，与锦屏县河口乡文斗寨隔河相望。

【2】此段文字应是契约收执人后加的批注标记内容。

① 详见罗康隆：《侗族传统人工营林业的青山买卖》，载《贵州民族学院学报（哲学社会科学版）》2006 年第 6 期。

5. 同治二年(1863 年)七月二十七日舒昌麒叔侄卖林文书

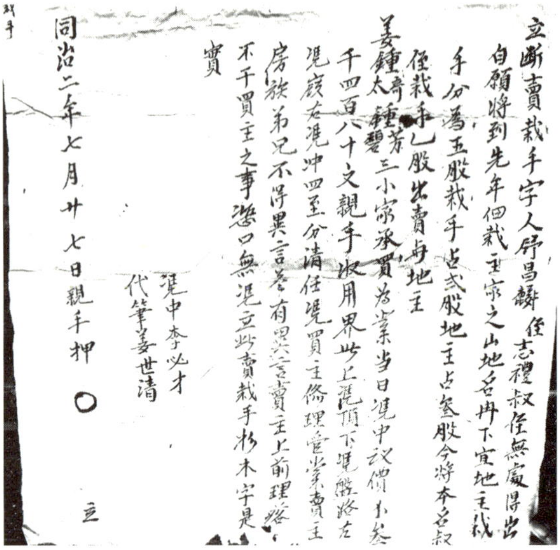

立断卖栽手字人舒昌麟、侄志礼叔侄，[要银度用]无处得出，自愿将到先年佃栽主家之山地名冉下宜，地主栽手分为五股，栽手占三股，地主占二股，今将本名叔侄栽手一股，出卖与地主姜钟奇、钟太、钟芳、钟碧三小家承买为业。当日凭中议价钱三千四百八十文，亲手收用。界至：上凭顶，下凭盘路，左凭岭，右凭冲，四至分清。任凭买主修理管业，卖主房族弟兄不得异言。若有异言，卖主上前理落，不干买主之事。空口无凭，立此卖栽手杉木字是实。

凭中：李必才

代笔：姜世清

同治二年七月廿七日亲手押　立

6. 同治四年(1865 年)六月十三日李老明父子卖林文书

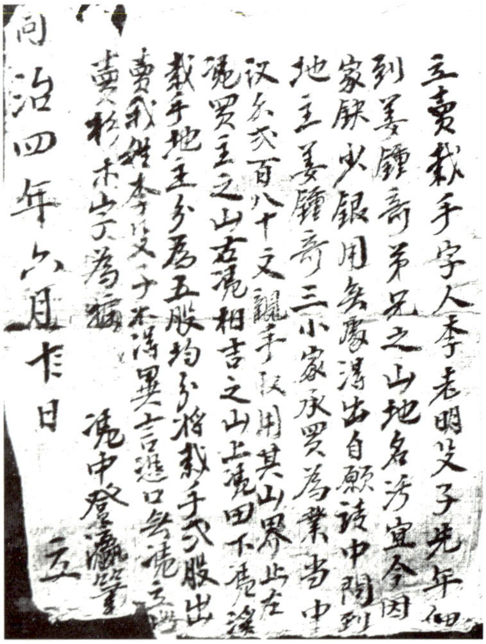

立卖栽手字人李老明父子，先年佃到姜钟奇弟兄之山，地名污宜，今因家缺少银用，无处得出，自愿请中问到地主姜钟奇三小家承买为业。当中议钱二百八十文，亲手收用。其山界址：左凭买主之山，右凭相吉之山，上凭田，下凭溪。栽手地主分为五股均分，将栽手二股出卖，我姓李父子不得异言。空口无凭，立此卖杉木字为据。

凭中登瀛　笔

同治四年六月十三日　立

三、山主出卖出租山场山林文书

1. 嘉庆十四年(1809 年)十一月二十日姜昌连叔侄等卖林文书

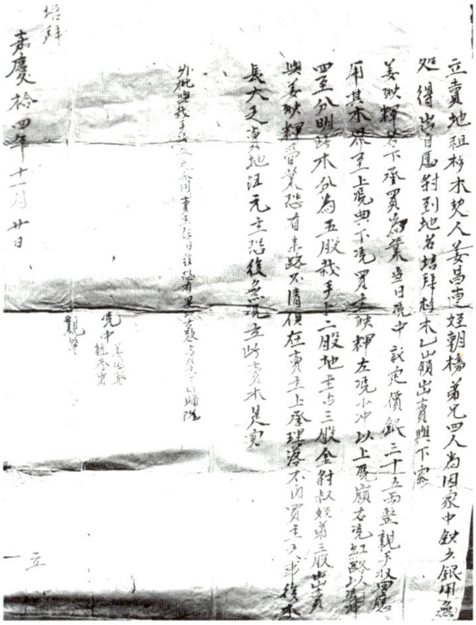

立卖地租杉木契人姜昌连、侄朝榜弟兄四人,为因家中缺少银用无处得出,自愿将到地名培拜杉木一岭,出卖与下寨姜映辉名下承买为业。当日凭中议定价银三十五两整,亲手收回应用。其木界至:上凭典(顶),下凭买主映辉,左凭小冲以上凭岭,右凭红路以凭冲,四至分明。此木分为五股,栽手占两股,地主占三股,今将叔侄弟三股出卖与姜映辉管业。恐有来路不清,俱在卖主上承理落,不关买主之事。候木长大发卖,地归原主。恐后无凭,立此卖木是实。

外批:与栽手立分之合同卖主存。日后恐有异,股数卖主不得反悔。

凭中:姜国华、龙香岩

亲笔

嘉庆十四年十一月廿日　立

解读:

山主出卖出租山场山林文书较佃户出卖承租山场山林文书更为复杂,山主可以出卖的标的物,既包括了依据主佃分成文书取得的对林木的分成,也包括了对山场土地拥有的所有权。从笔者收集到的清水江文书来看,山主出卖出租山场山林文书主要分为只卖林木不卖山场文书和既卖林木又卖山场文书两种。虽然理论上也存在只卖山场不卖林木这种类型,不过山场所有权是一切之根本,既然已经到了不得不变卖山场之时,林木自然也会一道变卖。当然,也正是因为山场相较于林木本身拥有更高的价值,也是山主可以遗留给后代安身立命之所在,所以山主出卖出租山场山林文书大多属于只卖林木不卖山场这一类型。本则文书即属于此类,文书中明确说明等日后林木砍伐发卖之后,山场土地仍然归原主,买受人不得过问,山主将再次招揽新的佃户前来栽杉种粟,这种文书一般都会被称为“卖地主杉木”、“卖地租杉木”或“卖地主股”。

2. 嘉庆十四年(1809年)九月二十日姜光前等卖林文书

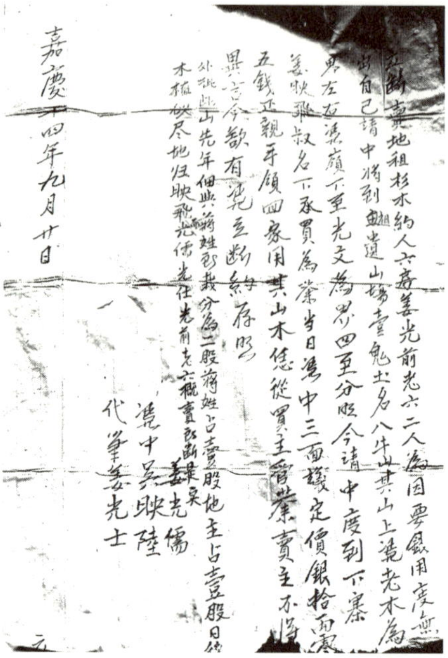

立断卖地租杉木约人六房姜光前、老六二人，为因要银用度，无出，自己请中将到祖遗山场一块，土名八牛山。其山上凭老木为界，左右凭岭，下至光文为界，四至分明。今请中度到下寨姜映飞叔名下承买为业。当日凭中三面议定价银十两零五钱，亲手领回家用。其山木任从买主管业，卖主不得异言。今欲有凭，立断约存照。

外批：此山先年佃与蒋姓，所栽分为二股，蒋姓占一股，地主占一股，日后木植砍尽，地归映飞，而光儒、光任、光前、老六概卖，所断是实。

凭中：姜光儒、吴映陆

代笔：姜光士

嘉庆十四年九月廿日　立

解读：

此则文书名为“卖地租杉木约”，似乎出卖的标的物仅是山主对林木所占的分成比例，并不包括其对山场土地的所有权。但该则文书的批注中明确写有“日后木植砍尽，地归映飞，而光儒、光任、光前、老六概卖”，这就是说连山场土地的所有权也一并出卖于买受人姜映辉。

3. 嘉庆二十五年(1820年)三月二十日岩湾寨范咸宗等卖林文书

立断卖杉木契人岩湾寨范咸宗、文澜、绍廉、绍源、绍培等，为因缺少银用，自愿将到杉木一块，地名依赖。东抵乌晚维远田角，西抵依赖大河，左凭姜朝琦之木，右凭姜连合之木为界，四至分明。此木五股均分，地主占三股，栽手占二股，地主之三股分为十六股，绍纯占一股。今将绝户绍纯之股，凭中出卖与文斗下寨姜绍略、绍熊、绍齐弟兄名下承买为业。价银七两五钱，亲领应用。自卖之后，任凭买主管业，卖主房族以及外人不得异言。倘有此情，卖主理落，不干买主之事。日后杉木砍伐，地归原主。恐后无凭，立此卖契存照。

内添二字

凭中：范绍奇

绍源 亲笔

嘉庆二十五年三月二十日　立

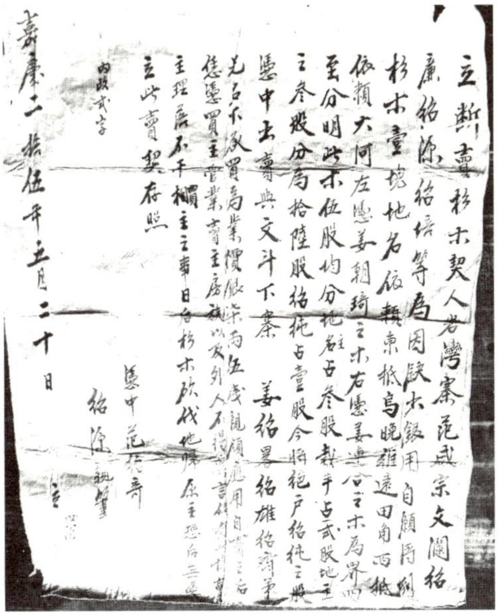

解读：

本则文书的立契人范咸宗等并非是交易标的物的所有人。这一块山场名为依赖，所栽林木分为五股，山主占其中的三股，而范绍纯占山主三股中的1/16。范绍纯没有亲生儿子，生前也未曾过继兄弟之子或立养子、招赘婿为继承人，其死后就会成为所谓的“绝户”。同时，笔者推测范绍纯也没有留下寡妻，否则出卖山林的文书应可由其寡妻订立，且事实上清水江文书中也有相当部分文书由女性订立，如本册收录的“嘉庆十七年（1812 年）四月十八日龙氏母子卖林文书”、“道光二十四年（1844 年）三月初五日姜氏等卖林文书”等。从本则文书的处理来看，该块山场的其他山主将绝户范绍纯对林木拥有的分成比例出卖于文斗下寨的姜绍略兄弟三人，卖林所得的价款由山场的其他山主领用。因该则文书出卖的仅是林木分成，并未涉及山场所有权，无法得知绝户范绍纯对山场土地的所有权是如何处置的。

4. 道光元年（1821 年）五月初八日岩湾寨范绍田卖林文书

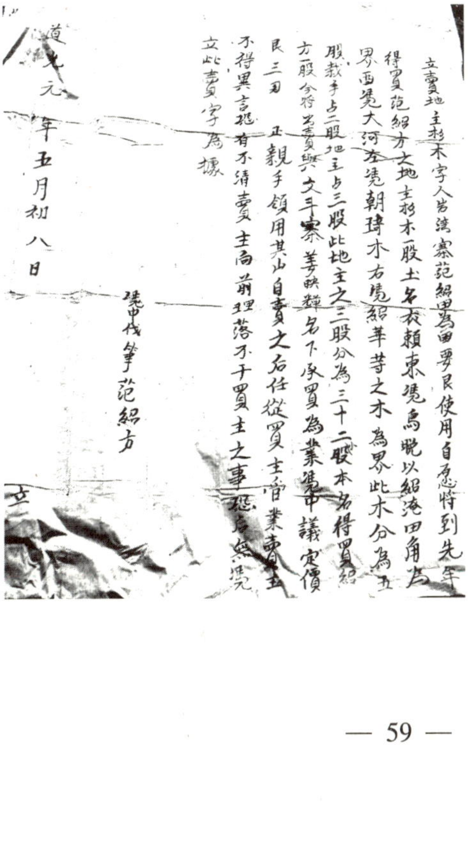

立卖地主杉木字人岩湾寨范绍田，为因要银使用，自愿将到先年得买范绍方之地主杉木一股，土名衣赖。东凭污晚以绍淹田角为界，西凭大河，左凭朝琦木，右凭绍华之木为界。此木分为五股，栽手占二股，地主占三股。此地主之三股分为三十二小股，本名得买绍方一股，今将出卖与文斗寨姜映辉名下承买为业。凭中议定价银三两正，亲手领用。其山自卖之后，任从买主管业，卖主不得异言。恐有不清，卖主向前理落，不干买主之事。恐后无凭，立此卖字为据。

凭中、笔：范绍方

道光元年五月初八日　立

5. 道光八年（1828 年）三月十六日姜宗智卖林文书

立卖木并地契人姜宗智，为因要银用度，自愿将到先年得买宗德、宗元木地□□□松。上凭大岭，下抵犁嘴，左凭……，右凭冲至兕。栽手地主分为四股，栽手占二股，地主占二股。今将地主二股出卖与上下二房南岳菩萨先年卖皆粟木银承买蓄业。当日三面公议价银八两二钱三分，亲手领回应用。其业自卖之后，卖主不得异言。恐来历不清，卖主理落。今欲有凭，立此卖契永远为据。

地主二股卖，栽手二股在。

二房公中姜春发、姜绍齐

凭中：光舜

道光八年三月十六日　亲笔

解读：

本则文书既然名为“卖木并地”，山场自然是被包含在交易标的内，尽管文书提及的多是“地主二股”（即山主对林木的分成），但文书中并未注明林木砍伐后地归原主，可以说是一则典型的既卖林木又卖山场的山林买卖文书。

需注意的是文书中称“出卖与上下二房南岳菩萨先年卖皆粟木银承买蓄业”，是说出卖人将山林出卖与姜姓上房、下房两房的“南岳菩萨”承买，价款是用其先年发卖皆粟山场山林所得支付的。“南岳菩萨”应是上下两房建立的祭祀南岳菩萨的钱会组织，类似于前文提及的“凉亭土地会”、“祭祀会”、“灯笼会”等组织。

6. 道光二十一年（1841 年）二月二十日姜熙翱卖林文书

立卖杉木字人姜熙翱，为因凉亭土地会银因父借用，今无银填还，自愿将到杉木地租一块，地名假堵。其界上凭路，下凭水沟，左凭冲，右凭岭，四至分明。今将出卖栽手、地租杉木与会上众人为业。日后木大，砍尽发卖，地归原主，另招别人佃栽。又一处刚培道，栽手二股出与会上众等管业。又一处菜非，昌明所栽，栽手占二股，地主占三股，今将地主三股出卖与会上众等管业。会友姜述圣、绍齐、钟英、钟泰（太）、相弼、李正通、熙华众等管业，四至分明。今请中议定价银六两七钱正。其杉木自卖之后，任凭会友修理管业，卖主不得反悔。今欲有凭，立此卖字存照。

内添四字。

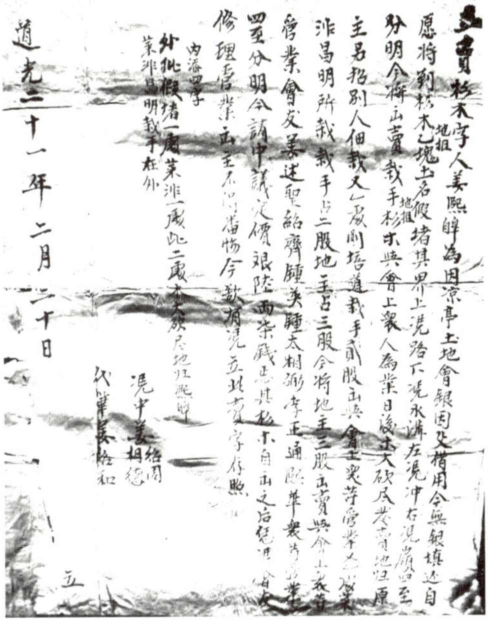

外批：假堵一处、菜非一处，此二处木大砍尽，地归熙翱。菜非昌明栽手在外。

凭中：姜绍周、姜相德

代笔：姜绍和

道光二十一年二月二十日　立

解读：

姜熙翱的父亲借凉亭土地会会银无力偿还，姜熙翱将其在假堵、菜非两块出租山场上所栽种林木的分成（即“地主股”）出卖给凉亭土地会的会众，文书的批注表明姜熙翱出卖的仅仅是林木，山场土地不包含在内，待日后林木砍伐发卖后，山场土地仍归姜熙翱。其中名为菜非的山场，其林木由昌明佃栽，其享有的栽手股并未出卖。而名为假堵的山场，也应是佃户佃栽，但文书中称“今姜出卖栽手、地租杉木”，就是说这块林木的栽手股已于此之前出卖给姜熙翱，姜熙翱现将该栽手股与山主股一同出卖。

7. 道光二十三年（1843 年）二月十八日姜门李氏等卖林文书

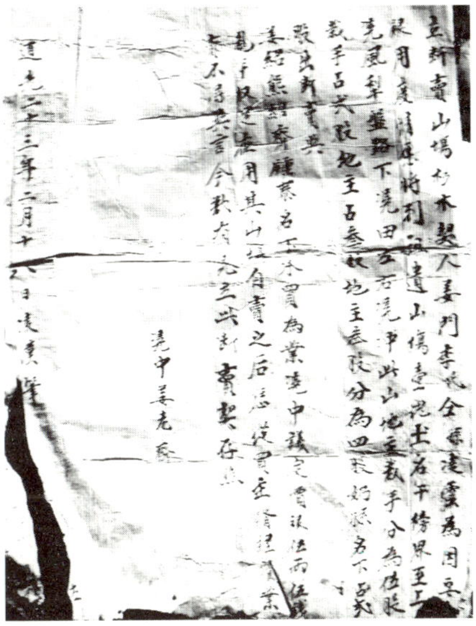

立断卖山场杉木人姜门李氏同孙凌云，为因要银用度，情愿将到祖遗山场一块，土名干榜，界至：上凭风梨盘路，下凭田，左右凭冲，此山地主栽手分为五股，栽手占二股，地主占三股。地主三股分为四股，奶孙名下占二股，出断卖与姜绍熊、绍齐、钟泰名下承买为。凭中议定价银五两五钱，亲手收足应用。其山场自卖之后，任从买主耕种管业，卖不得异言。今欲有凭，立此断卖契存照。

凭中：姜老齐

道光二十三年二月十八日　凌汉　笔 立

8. 道光二十五年(1845 年)三月初三日姜凌青兄弟卖林文书

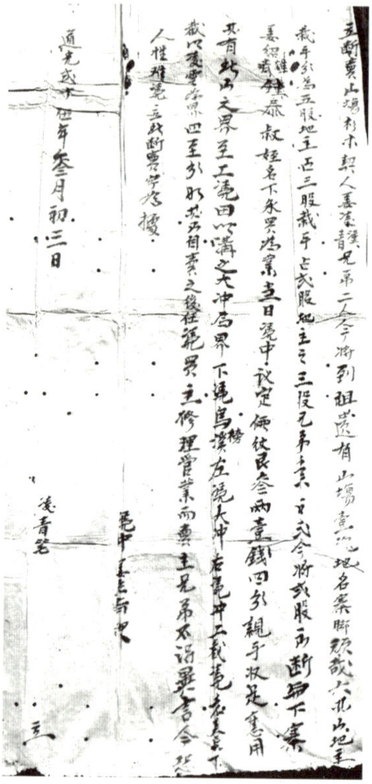

立断卖山场杉木契人姜凌汉、凌青兄弟二人,今将到祖遗有山场一块,地名寨脚顽在哉六。此山地主、栽手分为五股,地主占三股,栽手占二股,地主之三股,兄弟名下占二[股]。今将名下二股,出断与下寨姜绍熊、绍齐、钟泰叔侄名下承买为业。当日凭中议定价纹银三两一钱四分,亲手收足应用。其有此山之界至:上凭田以沟之大冲为界,下凭乌榜溪,左凭大冲,右凭冲,上截凭□□□,下截以凌云为界,四至分明。其山自卖之后,任凭买主修理管业,而卖主兄弟不得异言。今恐人性(信)难凭,立此断卖字为据。

凭中:姜□□

道光二十五年三月初三日　凌青　笔立

四、油山(油树)买卖文书

清水江流域的人工林业所经营的树种,除杉木外,还包括有桐树、樟树和油茶树,其中尤以油茶树较为普遍。据民国政府《关于贵州林业的调查报告》记载:"油茶在清水江流域,以锦屏境内栽培最盛,天柱县次之,发育颇佳。"①与杉木相比,桐树的周期短,三年即可小收,四年即可大收,见效快,主要作用在于榨油。当时锦屏下游的湖南洪江榨油业已发展起来,至民国时其生产的茶油甚至远销国外。

笔者收集到的契约文书中有几十份油山(油树)买卖文书,其大致类型及文书的具体内容与一般的杉木山林买卖文书并无太大差异。不过,相对于杉木山林,油茶树林的种植量小,且成林时间短,所以油山出租给他人佃栽的现象并不多见。

① 转引自贵州省编辑组编:《侗族社会历史调查》,贵州民族出版社 1988 年版,第 26 页。

1. 嘉庆十年(1805 年)三月十三日姜国英卖油山文书

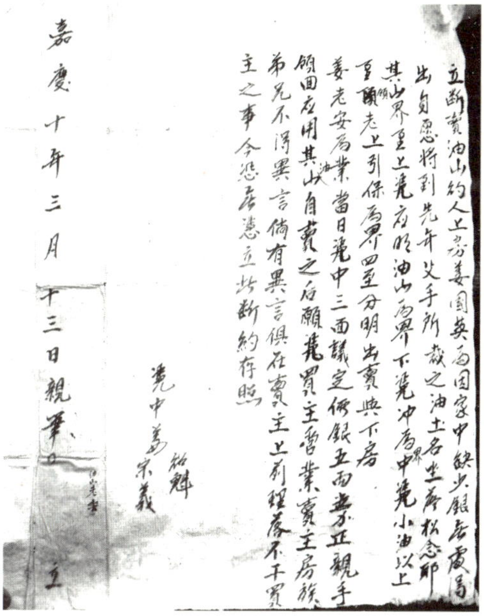

立断卖油山约人上房姜国英,为因家中缺少银,无处得出,自愿将到先年父手所栽之油(山),土名坐落松念邱。其山界至:上凭应明油山为界,下凭冲为界,中凭小油以上至岭老上引保为界,四至分明。出卖与下房姜老安为业。当日凭中三面议定价银五两五钱正,亲手领回应用。其油山自卖之后,愿凭买主管业,卖主房族弟兄不得异言。倘有异言,俱在卖主上前理落,不干买主之事。今恐无凭,立此断约存照。

凭中:姜绍魁、宗义

嘉庆十年三月十三日　亲笔立

2. 嘉庆十四年(1809 年)六月十五日姜光士卖油树文书

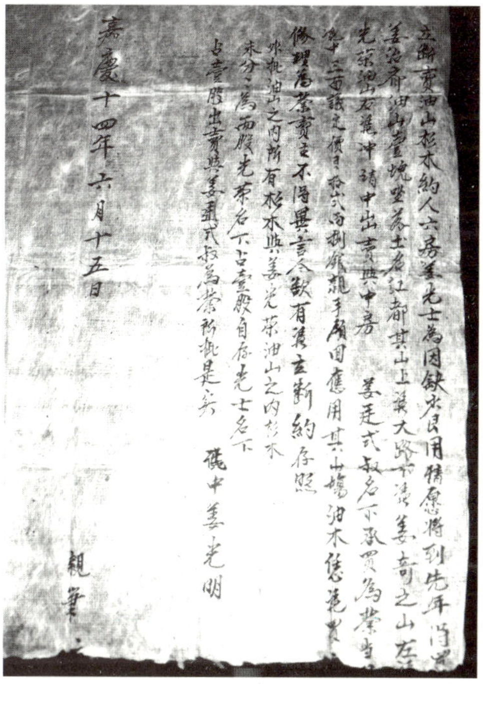

立断卖油山杉木约人六房姜光士,为因缺少艮(银)用,情愿将到先年得买姜治齐油山一块,坐落地名红都。其山上凭大路,下凭姜奇之山,左凭光荣油山,右凭冲。请中出卖与中房姜廷式叔名下承买为业。当日凭中三面议定价艮(银)十二两八钱[整],亲手领回应用。其山场油木任凭买主修理为业,卖主不得异言。今欲有凭,立[此]断约存照。

外批:油山之内所有杉木与姜光荣油山之内杉木未分□两股,光荣名下占一股自存,光士名下占一股出卖与姜廷式叔为业,所批是实。

凭中:姜光明

嘉庆十四年六月十五日　亲笔立

3. 嘉庆二十五年(1820年)十二月初八日姜保富卖油山文书

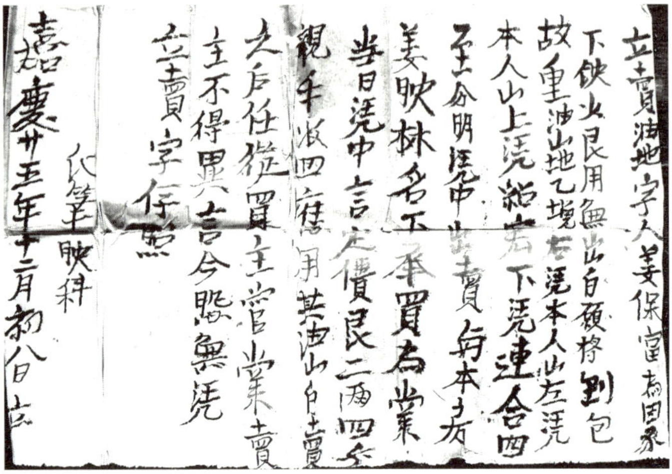

立卖油地字人姜保富，为因家下缺少银用，无出，自愿将到包故重油山地一块。右凭本人山，左凭本人山，上凭绍宏，下凭连合，四至分明。凭中出卖与本房姜映林名下承买为业。当日凭中言定价银二两四钱，亲手收回应用。其油山自卖之后，任从买主管业，卖主不得异言。今恐无凭，立卖字存照。

代笔：映科

嘉庆廿五年十二月初八日　立

4. 道光十一年(1831年)六月二十七日龙文彪卖油树文书

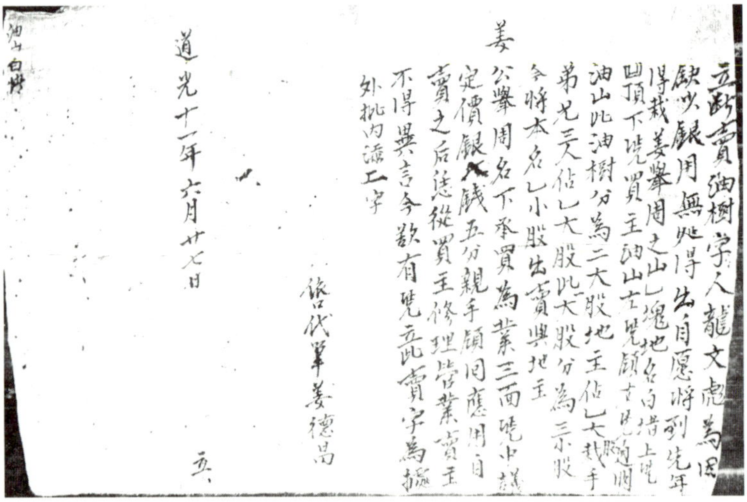

立断卖油树字人龙文彪，为因缺少银用，无处得出，自愿将到先年得栽姜举周之山一块，地名白堵。上凭凹顶，下凭买主油山，左凭岭，右凭通明油山。此油树分为二大股，地主占一大股，栽手弟兄三人占一大股，此一大股分为三小股，今将本名下一小股出卖与地主姜公举周名下承买为业。三面凭中议定价银七钱五分，亲手领回应用。自卖之后，任从买主修理管业，卖主不得异言。今欲有凭，立此卖字为据。

外批：内添二字

依口代笔:姜德昌

道光十一年六月廿七日　立

解读:

这是一则佃户出卖承租山场林木的文书,这种佃栽油茶树林的现象并不多见。

5. 道光十五年(1835 年)六月初九日姜朝广叔侄卖油山文书

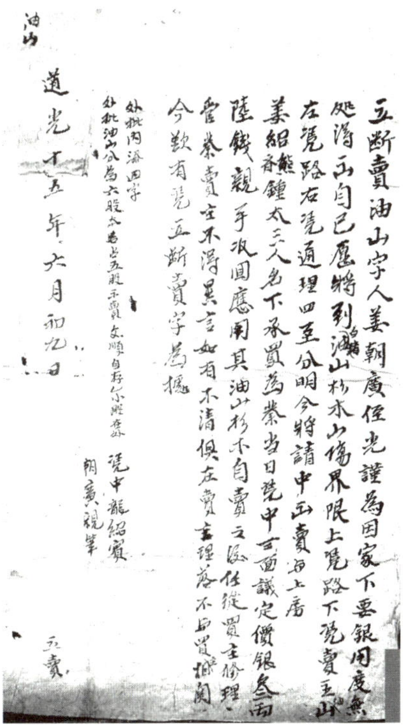

立断卖油山字人姜朝广、侄光谨,为因家下要银用度,无处得出,自己愿将到白堵油山杉木山场。界限:上凭路,下凭卖主油山,左凭路,右凭通理,四至分明。今将请中出卖于上房姜绍熊、绍齐、钟太三人名下承买为业。当日凭中三面议定价银三两六钱,亲手收回应用。其油山杉木自卖之后,任凭买主修理管业,卖主不得异言。如有不清,俱在卖主理落,不与买主相关。今欲有凭,立断卖字为据。外批:内添四字。

外批:油山分为六股,本名占五股出卖,文顺自存一小股在外

凭中:龙绍宾

朝广 亲笔

道光十五年六月初九日　立卖

6. 道光二十三年(1843 年)二月二十日姜朝广卖油山文书

立断卖油山契人姜朝广，为因家下要银用度无出，自己愿将到坐落地名白堵油山一块，今分为两块，侄姜先璜占一块卖与姜光谷名下，叔姜朝广占一块。今将请中出卖与姜绍熊、绍齐、侄姜钟泰父子三人名下，承买为业。当[日]三面议定价银八钱四分，入手收足。其油山自卖之后任从买主管业，卖主子孙并房下不得异言。如有不清，卖主理落。今恐无凭，立此断卖契为据。

外批：油山界限，上凭买主油山，下凭姜连杉木，左凭姜连木，右凭姜光本油山□□□为凭，四至分明。其有油山杉木俱在内。

凭中：姜绍清

姜朝广 亲笔

道光二十三年二月二十日　立卖

7. 道光二十三年(1843 年)七月初八日姜朝广卖油山文书

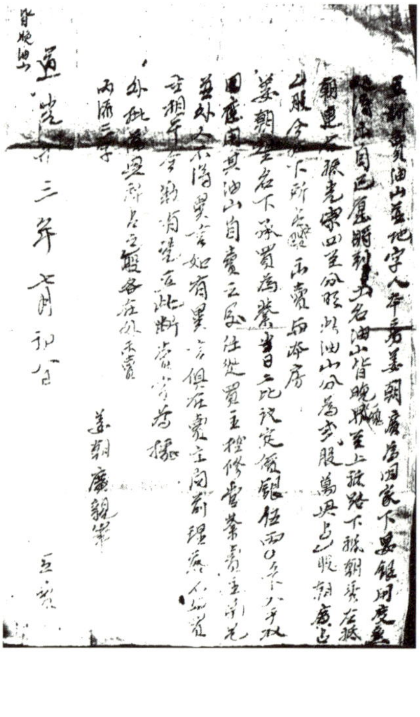

立断卖油山并地字人本房姜朝广，为因家下要银用度，无处得出，自己愿将到土名油山皆晚一块。界至：上抵路，下抵朝秀，左抵朝连，右抵光宗，四至分明。此油山分为二股，万兴占一股，朝广占一股。今名下所占之股出卖于本房姜朝望名下承买为业。当日二比议定价银五五分，入手收回应用。其油山自卖之后，任凭买主控修管业，卖主弟兄并外人不得异言，如有异言，俱在卖主向前理落，不与买主相干。今欲有凭，立此断卖字为据。

外批：万兴所占之一股各在外，未卖。

内添三字。

姜朝广　亲笔

道光廿三年七月初八日　立卖

第三部分　山场管理事务相关文书

一、山场清册

（一）杉山簿

乾隆四十九年（1784 年）到光绪八年（1882 年）文斗寨姜姓杉山簿[1]

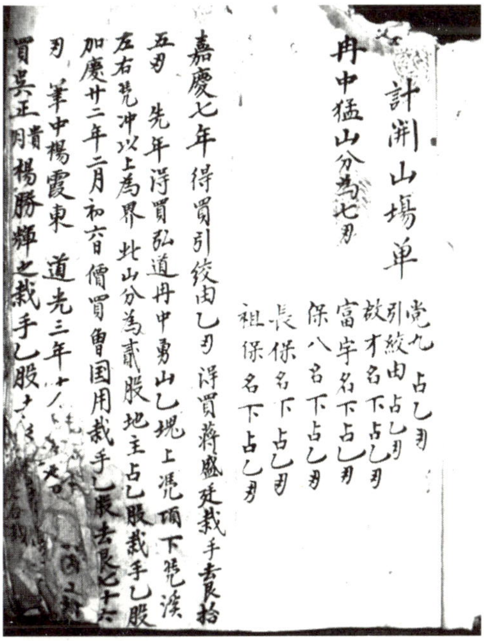

計開山場单
冉中猛山分為七股
党九占乙股
引絞由占乙股
故才名下占乙股
富宇名下占乙股
保八名下占乙股
長保名下占乙股
祖保名下占乙股
嘉慶七年得買引絞由乙股 得買蔣盛廷栽手壹股拾五股 先年得買弘道冉中勇山乙塊 上憑項 下憑溪 左右憑冲以上為界 此山分為貳股 地主占乙股 栽手乙股 加慶廿二年二月初五日價買曾国用栽手乙股 去艮乙十六股 筆中楊霞東 道光三年十八……
買吳正明楊勝輝之栽手乙股……

杉山簿

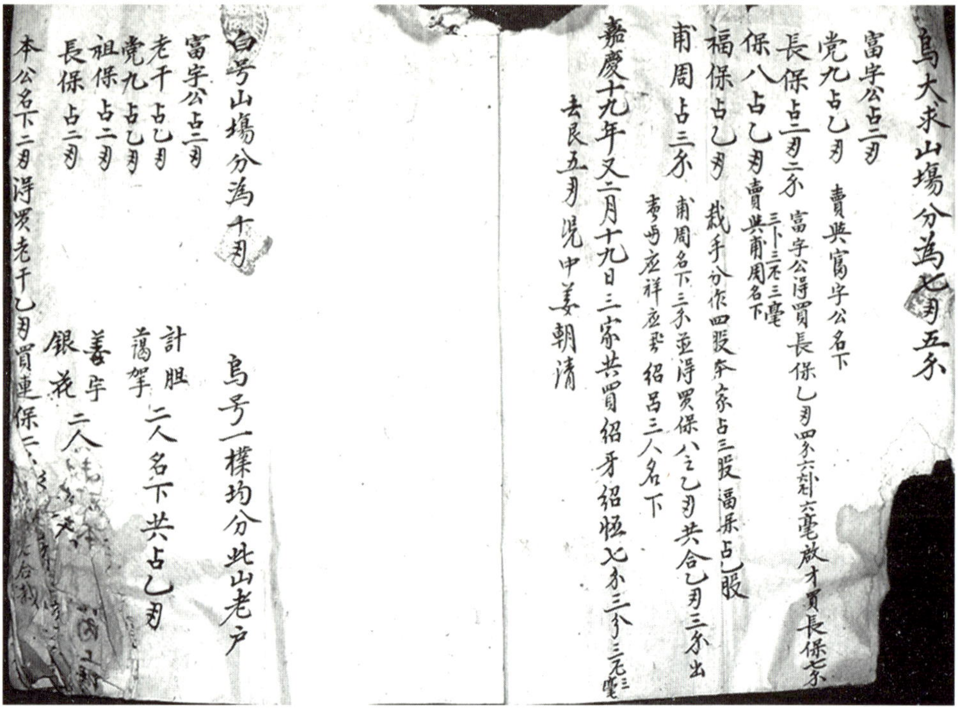
烏大求山場分為七月五分
富宇公占二月
党九占乙月 賣與富宇公名下
長保占二月二分 富宇公得買長保乙月四分六厘六毫 啟才買長保七分
保八占乙月賣與甫周名下 三分三厘三毫
福保占乙月
甫周占三分 栽手分作四股本家占三股福保占乙股
甫周名下三分並得買保八之乙月共合乙月三分出
賣與應祥應登紹呂三人名下
嘉慶十九年又二月十九日三家共買紹芽紹恆七分三分三厘三毫
去艮五月 凭中姜朝清

白号山場分為十月
富宇公占二月
老千占乙月
党九占乙月
祖保占二月
長保占二月
本公名下二月得買老千乙月買連保二…合栽
烏号一樸均分此山老户
計胆 藹孥 二人名下共占乙月
善宇 銀花 二人…

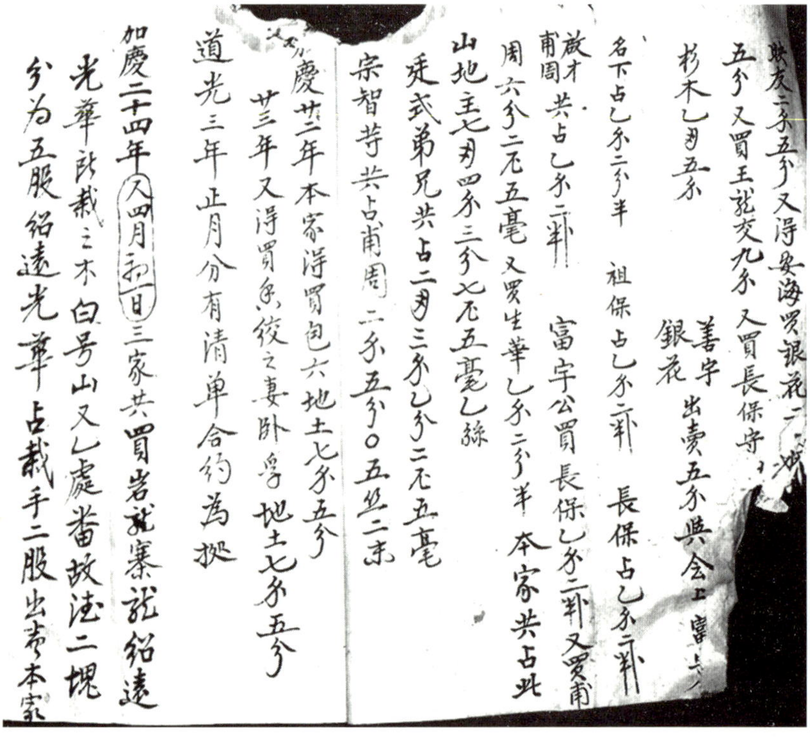
耿友二分五分又得安海買銀花二…
五分又買王龍交九分 又買長保守…
杉木乙月五分
善宇 銀花 出賣五分與会上 富…
名下占乙分二分半 祖保占乙分二半 長保占乙分二半
啟才 甫周 共占乙分二半
周六分二厘五毫 又買生華乙分二分半 富宇公買長保乙分二半又買甫
山地主七月四分三分七厘五毫乙絲 本家共占此
廷武弟兄共占二月三分乙分二厘五毫
宗智等共占甫周二分五分〇五絲二末

慶廿三年本家得買包六地土七分五分
廿三年又得買系彼之妻卧孚地土七分五分
道光三年正月分有清单合约為拠
加慶二十四年又四月初日三家共買岩龍寨龍紹遠
光華所栽之木白号山又乙處番故溇二塊
分為五股紹遠光華占栽手二股出賣本家

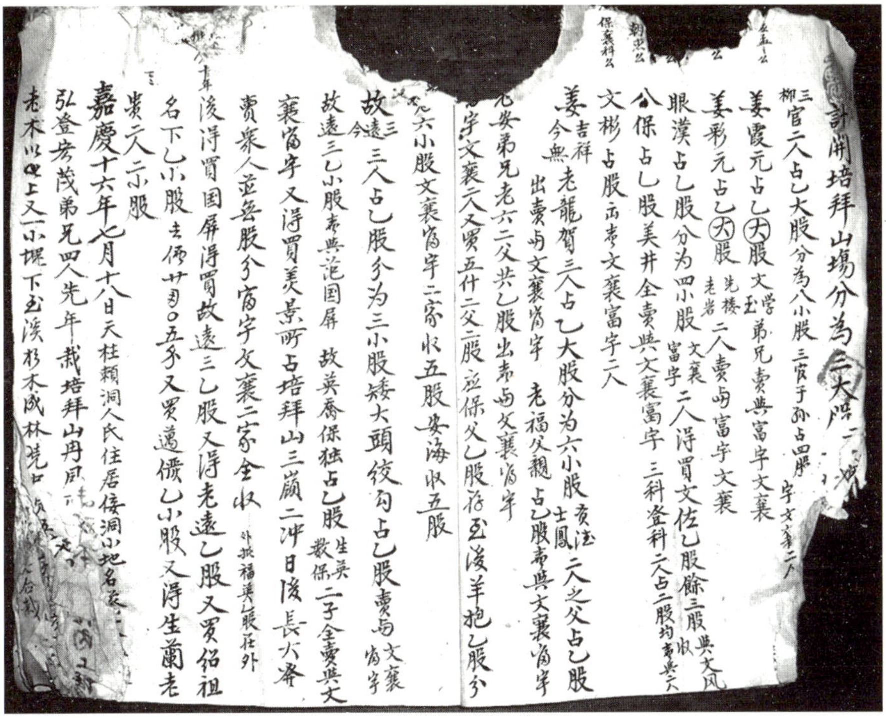

計開培拜山場分為二大股
三官二人占乙大股分為八小股 三官子孫占四股 宇文等二人
姜霞元占乙(大)股文學玉弟兄賣與富宇文襄
姜彩元占乙(大)股 先楼 老岩 二人賣與富宇文襄
眼漢占乙股分為四小股 文襄 富宇 二人得買文佐乙股餘三股賣與文凤
公保占乙股美井全賣與文襄富宇 三科 登科 二人占二股均賣與文
文彬占股亦賣文襄富宇二人
姜吉祥 今無 老龍智三人占乙大股分為六小股 貴法 士鳳 二人之父占乙股
出賣與文襄富宇 老福父親占乙股亦賣與文襄富宇
光安弟兄老六二父共乙股出賣與文襄富宇
宇文襄二人又買五什二父二股 应保父乙股存至後羊抱乙股分
六小股文襄富宇二家收五股 安海收五股
故遠 三人占乙股分為三小股矮大頭彼分占乙股賣與文襄富宇
故遠三乙小股亦典范国屏 故英喬保独占乙股 生英 欺保 二子全賣與文
襄富宇又得買美景所占培拜山三巔二冲日後長大番
賈聚人並無股分富宇文襄二家全收 外批福英乙股在外
後得買国屏得買故遠三乙股又得老遠乙股又買紹祖
名下乙小股去価廿两〇五分又買邁價乙小股又得生蘭老
貴二人乙股
嘉慶十六年七月十八日天柱賴洞人氏住居倭洞小地名
弘登宏茂弟兄四人先年栽培拜山冉
老木以上又一小塊下至溪杉木成林

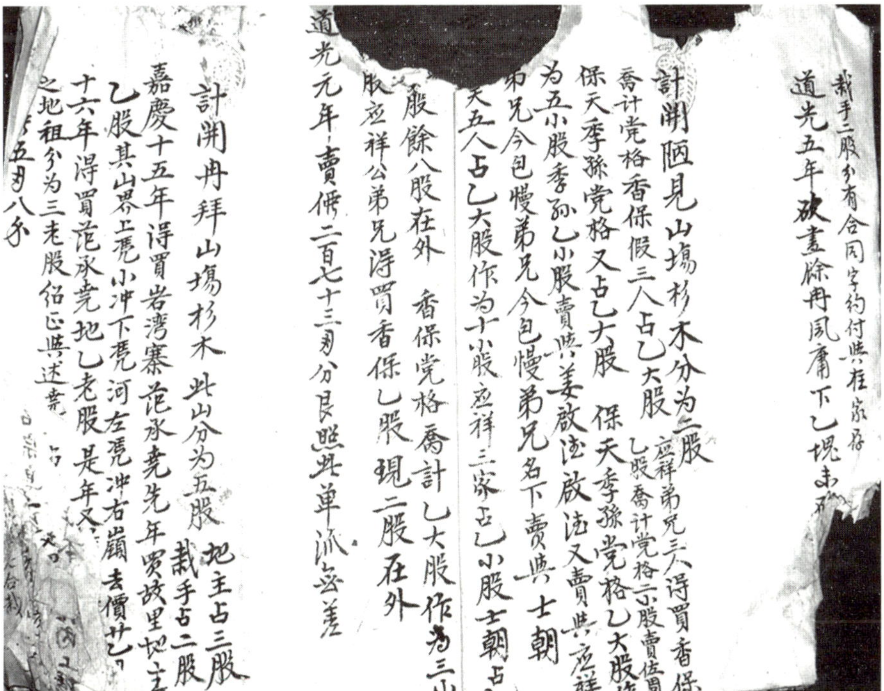

栽手二股分有合同字約付與在家存
道光五年砍盡餘冉鳳庸下乙塊未砍
計開陋見山場杉木分為二股
喬計党格香保假三人占乙大股 应祥弟兄三人得買香保乙股喬計党格亦股賣佐周
保天季孫党格又占乙大股 保天季孫党格乙大股作
為五小股季孫乙小股賣與姜啟法啟法又賣與应祥
弟兄今包慢弟兄今包慢弟兄名下賣與士朝
天五人占乙大股作為十小股应祥三家占乙小股士朝占乙
股餘八股在外 香保党格喬計乙大股作為三小
股应祥公弟兄得買香保乙股 現二股在外
道光元年賣價二百七十三两分良照此單派差

計開冉拜山場杉木 此山分為五股 地主占三股 栽手占二股
嘉慶十五年得買岩湾寨范承尭先年買故里地主
乙股其山界上憑小冲下憑河左憑冲右巔 去價廿乙
十六年得買范承尭地乙老股 是年又
之地租分為三老股紹與述
五两八分

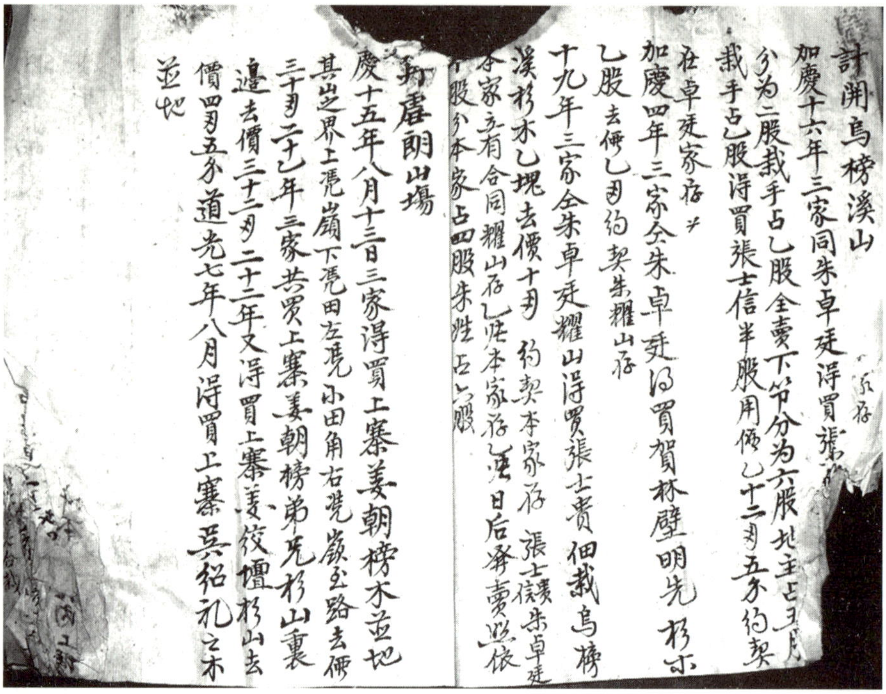

計開烏榜溪山
加慶十六年三家同朱卓廷得買張…
分為二股栽手占乙股 全賣下節分為六股 地主占五股
栽手占乙股得買張士信半股用價乙十二兩五分 約契
在卓廷家存
加慶四年三家仝朱卓廷得買賀林壁明先杉木
乙股去價乙兩 約契朱耀山存
十九年三家仝朱卓廷耀山得買張士貴佃栽烏榜
溪杉木乙塊去價十兩 約契本家存 張士儀朱卓廷
本家立有合同耀山存乙張本家存乙張 日后登賣照依
十股分本家占四股朱姓占六股

新寨朗山場
慶十五年八月十三日三家得買上寨姜朝榜木並地
其山之界上憑岩嶺下憑田左憑小田角右憑嶺至路去價
三十兩二十七年三家共買上寨姜朝榜弟兄杉山裏
邊去價三十二兩 二十二年又得買上寨姜筱壇杉山去
價四兩五分 道光七年八月得買上寨吳紹禮之木
並地

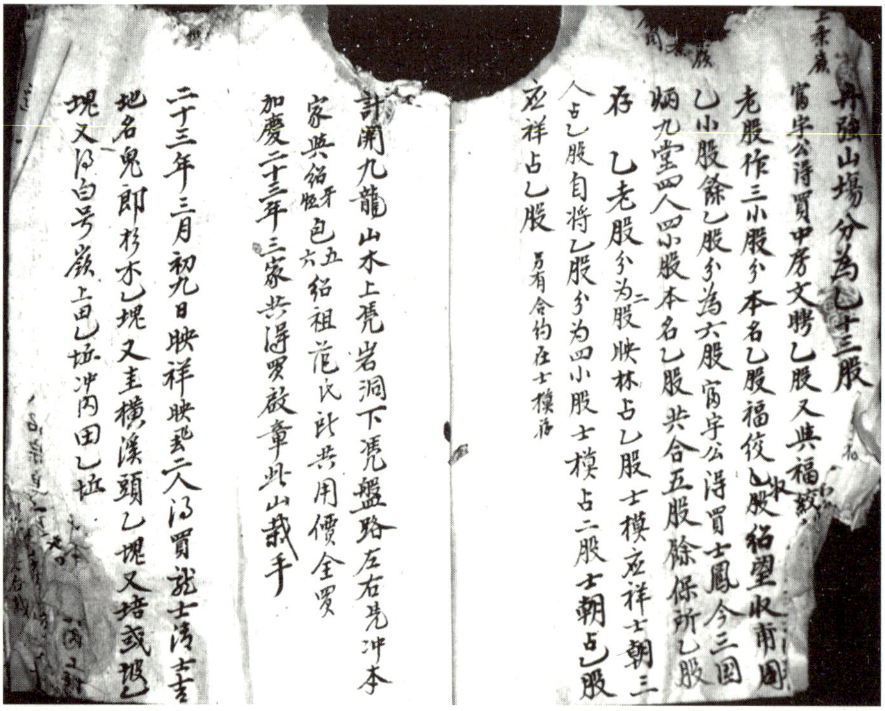

井強山場分為乙十三股
富宇公得買中房文騁乙股 又典福..
老股作三小股分本名乙股福筱乙股 紹望收甫國
乙小股餘乙股分為六股 富宇公得買士鳳今三國
炳九堂四人四小股本名乙股 共合五股 餘保所乙股
存 乙老股分為二股 映林占乙股 士模應祥士朝三
人占乙股 自將乙股分為四小股 士模占二股 士朝占乙股
應祥占乙股 另有合約在士模存

計開九龍山木上憑岩洞下憑盤路左右憑沖本
家典紹牙恆包五六 紹祖范氏 訖共用價全買
加慶二十三年三家共得買啟章此山栽手
二十三年三月初九日映祥映飛二人得買龍士清士
地名鬼郎杉木乙塊又圭橫溪頭乙塊又培…乙
塊又得白号嶺上田乙坵沖內田乙坵

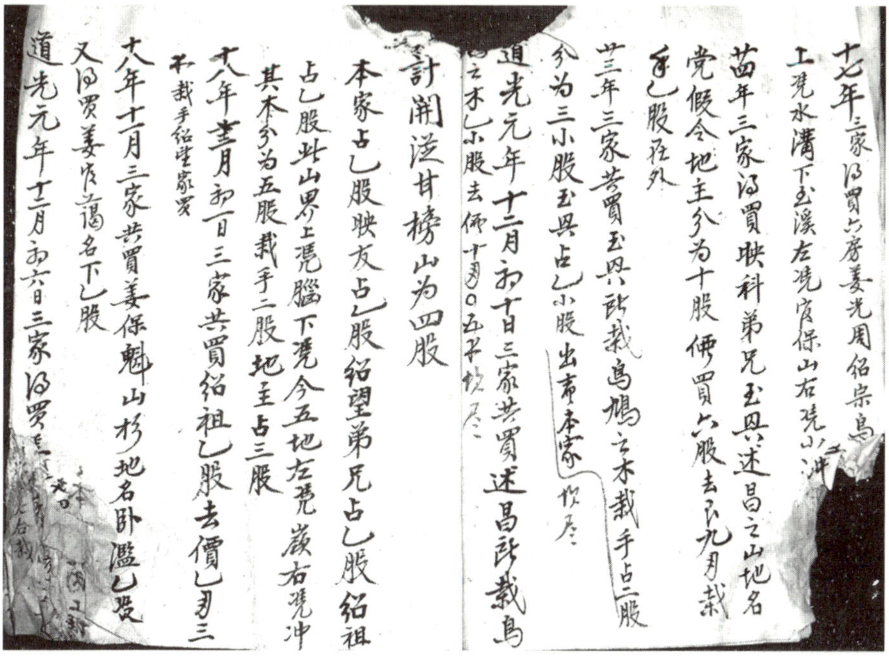
十七年三家得買六房姜光周绍宗鳥…
上抵水溝下抵溪左憑姜保山右憑小冲
苗年三家得買映科弟兄玉與述昌之山地名
党假今地主分為十股俌買六股去艮九月栽
手乙股在外
廿三年三家共買玉與所栽鳥鳩之木栽手占二股
分為三小股玉與占乙小股出賣本家 收尽
道光元年十二月初十日三家共買述昌所栽鳥
之木乙小股去価十月○五早收尽
計開溪甘榜山為四股
本家占乙股映友占乙股绍望弟兄占乙股绍祖
占乙股此山界上憑腦下憑今五地左憑嶺右憑冲
其木分為五股栽手二股地主占三股
十八年臘月初一日三家共買绍祖乙股去價乙月三
不栽手绍望家買
十八年十月三家共買姜保魁山杉地名卧溢乙股
又得買姜俊高名下乙股
道光元年十二月初六日三家得買…

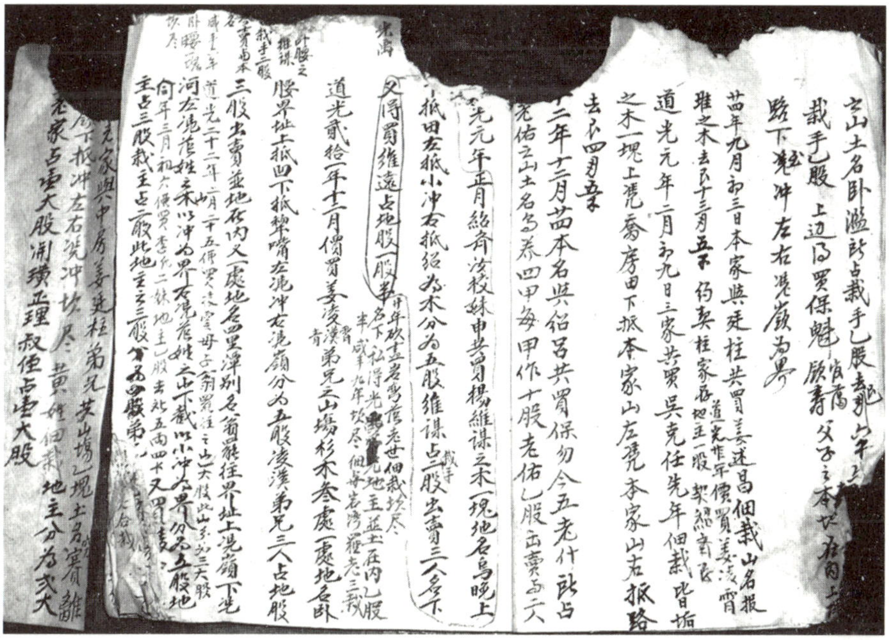
之山土名卧溢所占栽手乙股去艮…
栽手乙股 上边得買保魁 廣壽父子之本…
路下憑冲左右憑嶺為界
苗年九月初三日本家與廷柱共買姜述昌佃栽山名报
雅之木去艮十三月五不
道光元年二月初九日三家共買吴克任先年佃栽皆垢
之木一塊上憑喬房田下抵本家山左憑本家山右抵路
去艮四月五不
二年十二月苗本名與绍呂共買保初今五老什所占
老佑之山土名烏养四甲每甲作十股老佑乙股出賣与六
光元年正月绍奇汝校妹申共買楊維謀之木一塊地名烏晚上
抵田左抵小冲右抵绍為木分為五股維謀占二股出賣三人名下
又得買維遠占地股一股
道光貳拾一年十二月價買姜凌漢弟兄之山場杉木叁處一處地名卧
腰界址上抵四下抵犂嘴左憑冲右憑嶺分為五股凌漢弟兄三人占地股
三股出賣並地在内又一處地名四里凈别名翁嶽往界址上憑嶺下憑
河左憑姜姓之木以冲為界右憑姜姓之山下截以小冲為界分為五股地
主占三股栽主占二股此地主之三股分為四股弟…
…家與中房姜廷柱弟兄共山場一塊土名…
…下抵冲左右憑冲坎尽 黄姓佃栽 地主分為贰大
老家占壹大股 渊續正理叔侄占壹大股

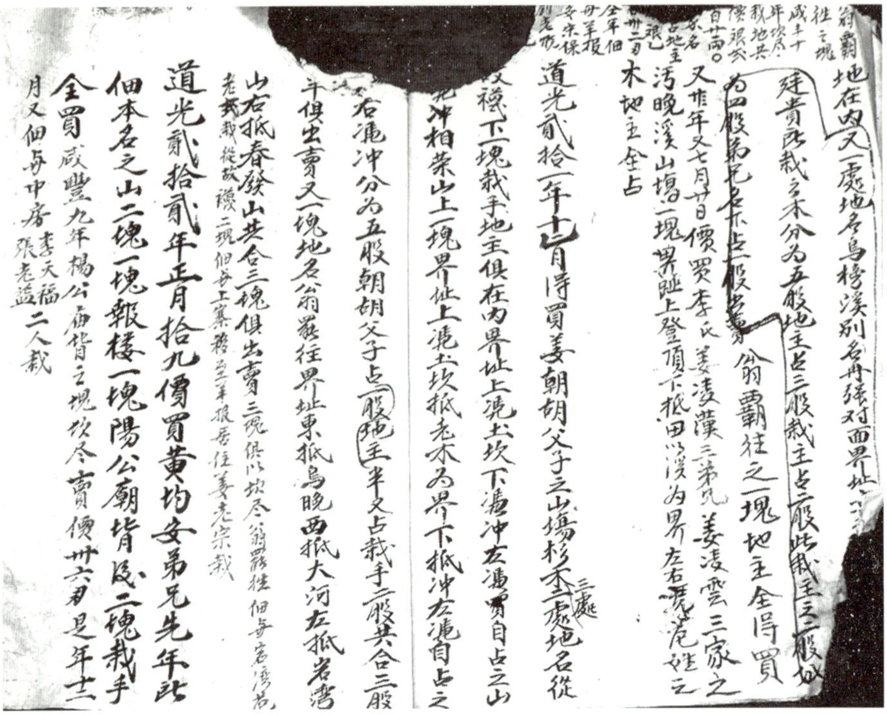

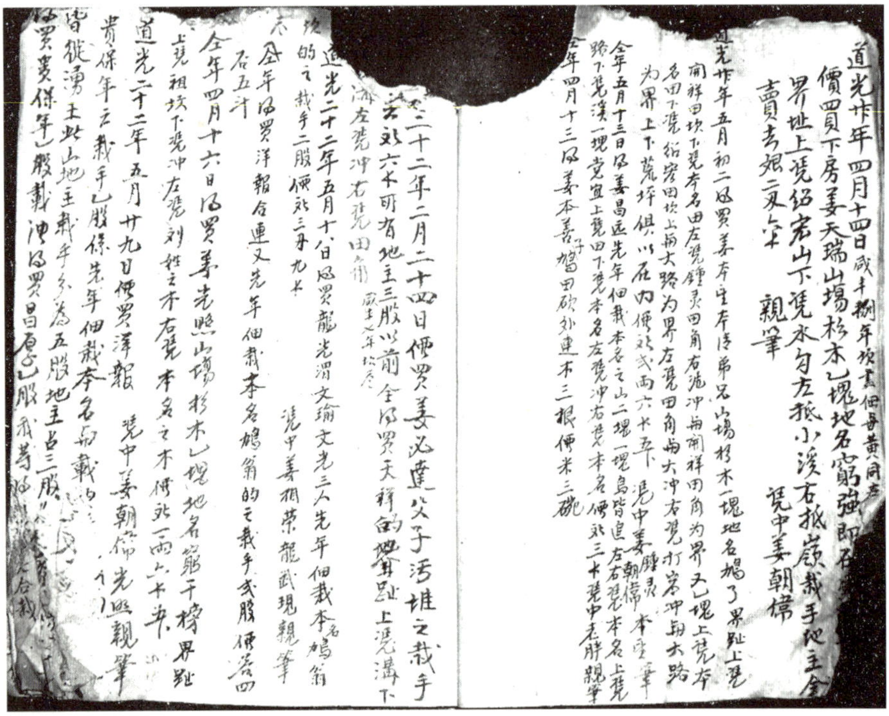

壅 推 之 山 塋錯

乾隆五十年十月初六日本名得買姜義〔?〕
翁的上荒路下荒冲 今佃與福保栽 分为五股 本名占〔?〕
股福保栽手二股 前與名下 扒尽佃與合連栽 今賣與名下
加慶廿五年三月十七日得買者寨屯鄧有訓先年得買就
廷彩之木 界址上登頂下抵田並大路 左抵買主 右抵光
禹弟兄之山 去艮七十七兩 木於在内 龍木刊載
道光五年六月十二日又得買姜光禹光宗光兆儲之木二塊
界至上登路下至河 左憑本名買鄧姓之木 右憑冲
又一塊土名假壅上憑紹恒以土為界下至烏𡍞溪
左右憑冲 去價三百二十五兩 扒尽
慶十九年五月初十日本名得買姜宗元鳩翁悠杉木一塊
光宗義木下憑河 左冲右嶺憑宗法木為界 去價十五兩

乾隆四十九年十一月初六日
祖父映祥私買姜包岩之杉山土名党宜上憑田下
憑水溝 左憑朝瑾 右憑嶺 五十八年得買老元之杉山
一塊 與包岩共去艮一兩零五分

先年砍尽
乾隆五十九年十一月廿一日得買稅平高珩之山地名
皆知分为九股 價買五股 去艮六兩 地主
祥宇占三股 老宗占一股 本名占栽手一股 述昌占一股
再賣與映科保富玉興映林姜卓半股 述昌作為五股半
本名得買玉宏先年所買映科一股 保富一股 又得買玉興一
股 除映林姜卓共占一股半在外 扒尽〔?〕合栽

廿三年四月十二日得買六房姜光〔?〕之杉山一塊土名〔?〕

嘉慶三年二月十八日得買紹牙之杉山一塊地名烏泥上下憑
田 左嶺右冲 此塊砍尽佃與紹富栽 廿年七月初十日又得買保富與紹牙所
共之山地名烏泥上抵田下抵溪 左右憑冲 此山分為二
股 紹牙占一股 賣與本名 去艮五兩 五年木扒尽佃與合連又栽

嘉慶七年十月廿日得買姜晚三之杉山地名冉樓卡上憑嶺
下憑冲 左憑本名 右憑述奎 去艮九兩三分
十四年十二月廿六日得買姜廣豢之山木地名冉樓卡 去艮一下
一兩 廿四日得買下房姜登榮佃栽補兩股與之木二股
慶廿年得買六房姜朝幹弟兄杉山二塊 土名冉陋卡
面左右二塊木地在内 去艮九兩三分
十二月十四日得買姜紹敏之山木土名誹耳 九分為二股 本名買
一股 紹岩存一股 道光廿年紹宏之一股賣與名下

前作半 總姓二栽
十一月廿日得買主貴紹姬烏券之山分為四甲 每甲作十股
偏買主貴四股半
此山相鄰鍾六家平分
十年二月十六日得買紹牙風離之山 左邊分為四股 買紹牙
一股半 右边分为二股 又買紹牙一股 此山天祥之股賣與相鄰 又分賣與名下 此山相鄰鍾英家平
四月十二日得買映網弟兄四人之山木土名冉𢐝一塊 党假今
一塊分四甲 每甲作十股 映網弟兄占一股 又烏券一塊
每甲作十股 山壹一股 與名下 去價六十兩

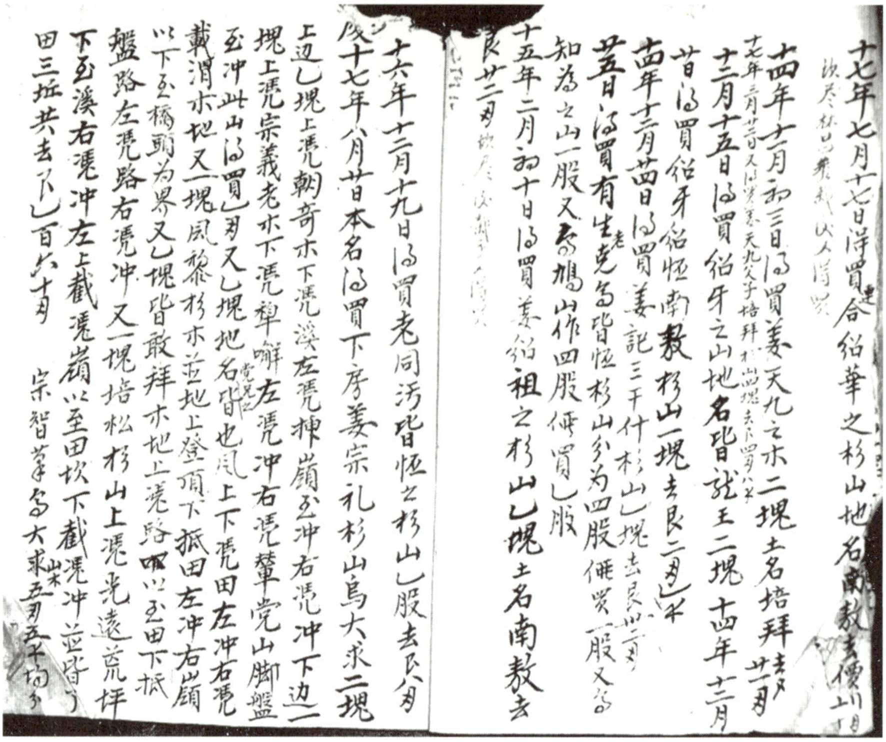

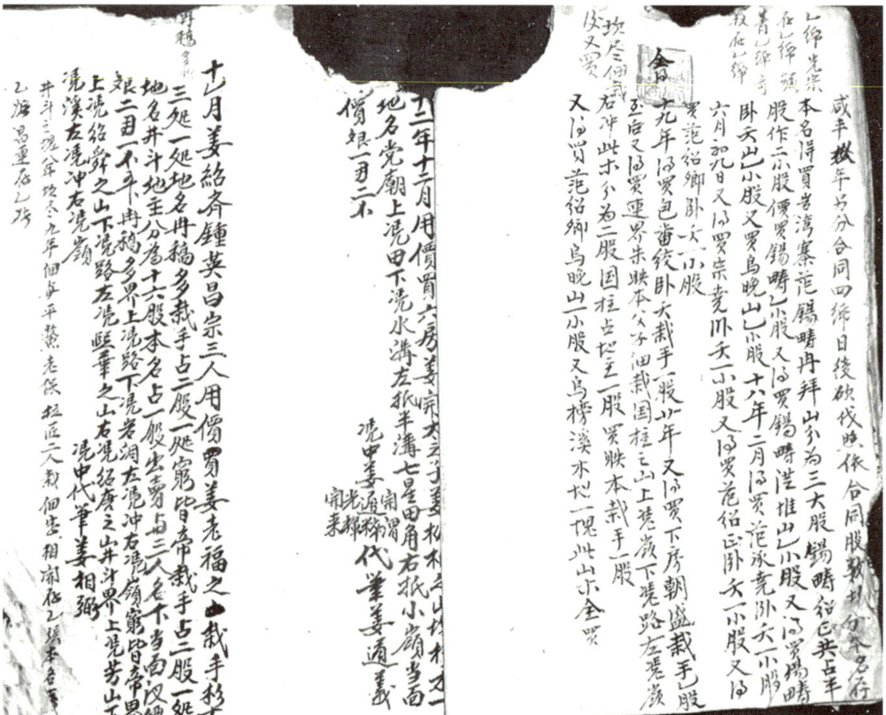

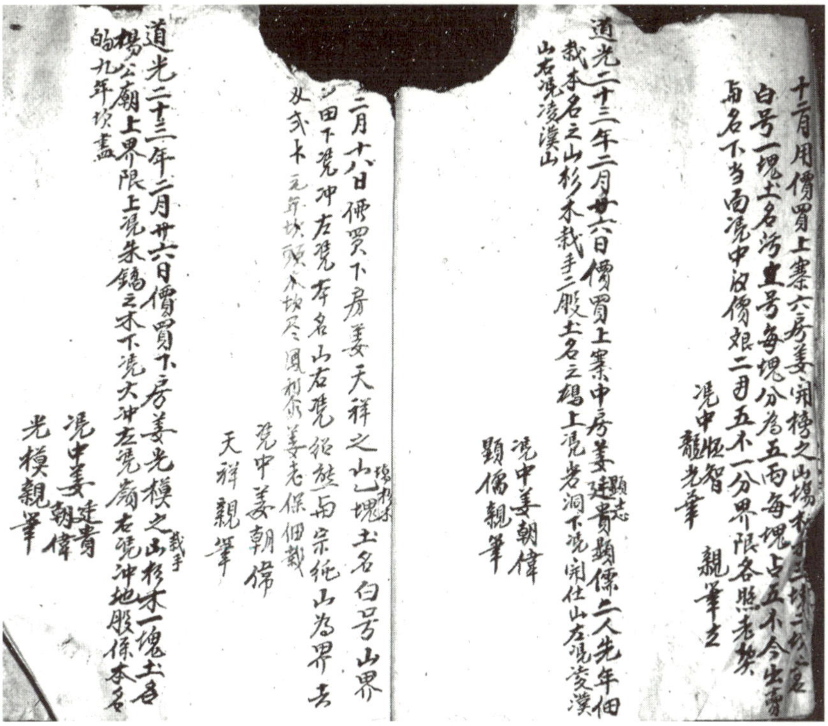

十二月用價買上寨六房姜開榜之山場杉木三塊二股之
白号一塊土名汚[illegible]号每塊分爲五兩每塊占五不今出賣
與名下為兩憑中的價艮二兩五不一分界限各照老契
憑中姬智 龍光筆 親筆立

道光二十三年二月廿六日價買上寨中房姜廷貴顯儒二人先年佃
栽本名之山杉木栽手二股土名之鳩上憑岩洞下憑開仕山左憑凌漢
山右憑凌漢山
憑中姜朝偉
顯儒親筆

二月十八日價買下房姜天祥之山場杉木一塊土名白号山界
[illegible]田下憑沖左憑本名山右憑紹熊兩宗純山為界去
艮式卡 元年坎頭木坎尽風刮系姜老保佃栽
憑中姜朝偉
天祥親筆

道光二十三年二月廿六日價買下房姜光模之山杉木栽手一塊土名
楊公廟上界限上憑朱錫之木下憑大沖左憑嶺右憑沖地股係本名
的九年坎盡
憑中姜廷貴 朝偉
光模親筆

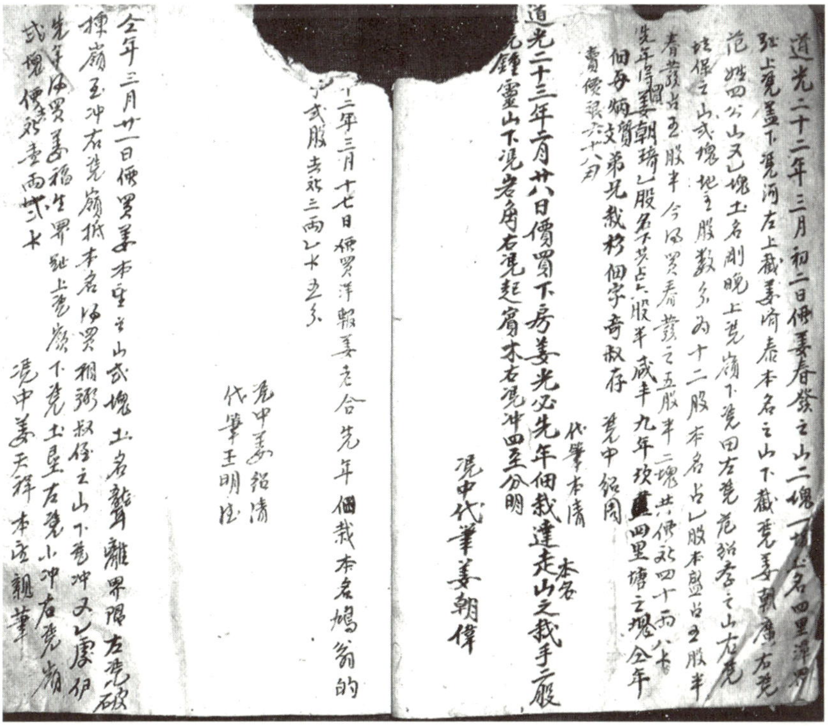

道光二十二年三月初二日價姜春發之山二塊一塊土名四里塘界
趾上憑蓋下憑河左上截姜崎泰本名之山下截憑姜朝廣右憑
范姓四公山又一塊土名剛晚上憑嶺下憑田左憑范紹孝之山右憑
姓保之山式塊地主股數分為十二股本名占一股本盟占五股半
春發占五股半今得買春發之五股半二塊共價銀四十兩八卡
先年得買姜朝琦一股名下共占六股半 咸丰九年坎盡四里塘之塊仝年
佃每炳賢文弟兄栽杉佃字奇叔存
賣價銀六十八兩
憑中紹周
代筆本清

道光二十三年二月廿八日價買下房姜光必先年佃栽達走山之栽手二股
土名鍾靈山下憑岩角右憑起窩木左憑沖四至分明
憑中代筆姜朝偉

[illegible]二年三月十七日價買洋報姜老合先年佃栽本名鳩翁的
[illegible]式股去銀三兩一卡五分
憑中姜紹清
代筆王明桂

仝年三月廿一日價買姜本堂之山式塊土名鰲背離界限左憑破
棟嶺至沖右憑嶺抵本名得買相粥叔侄之山下憑沖又一塊伊
先年得買姜福生界趾上憑嶺下憑土星右憑小沖右憑嶺
式塊價銀壹兩式卡
憑中姜天祥 本底親筆

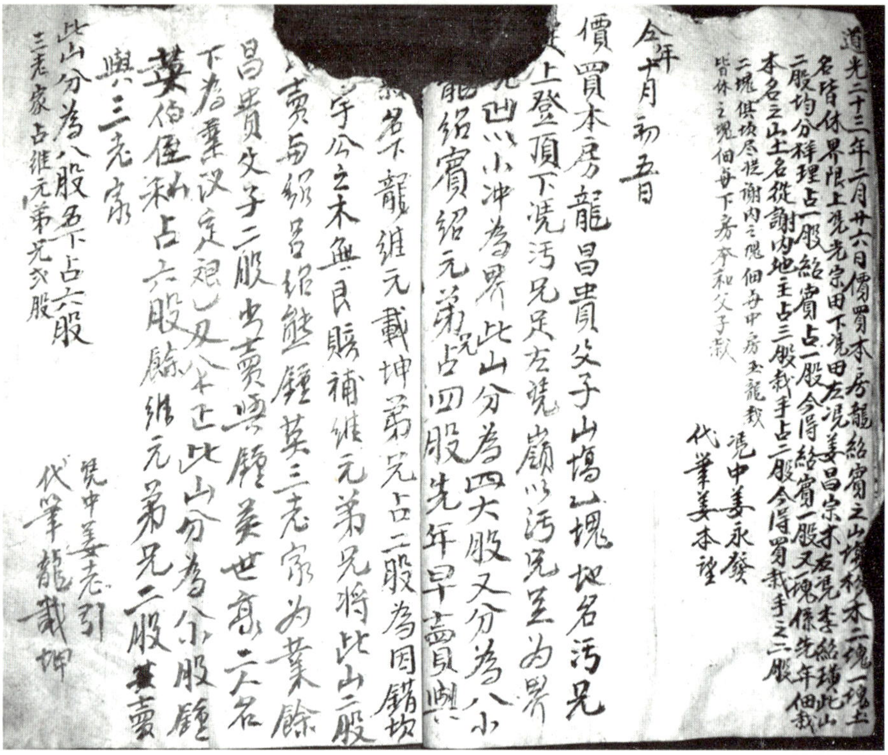

道光二十三年二月廿六日價買本房龍紹賓之山塲杉木二塊一塊土名皆休界限上凴宗田下凴田左凴姜昌宗右凴李紹璜此山二股均分梓理占一股紹賓占一股今得紹賓一股又一塊係先年佃栽本名之山土名從謝內地主占三股栽手占二股今得買栽手之二股
二塊供塲尽從謝內之塊佃每中房玉龍栽
皆休之塊佃每下房李和父子栽
凴中姜永發
代筆姜本望

今年十月初五日
價買本房龍昌貴父子山塲一塊地名汚兄
[illegible]上登頂下凴汚兄足左凴嶺以汚兄至為界
[illegible]凶以小冲為界此山分為四大股又分為八小
龍紹賓紹元弟兄占四股先年早賣與
姜名下龍維元載坤弟兄占二股為因錯坎
字公之木無艮賠補維元弟兄將此山二股
賣與紹昌紹鍾姜世高二人名
昌貴父子二股出賣與[illegible]英三老家為業餘
下為業汶定退山又不正此山分為八股
葉伯侄私占六股餘維元弟兄二股業賣
與三老家
此山分為八股名下占六股
三老家占維元弟兄弍股
凴中姜老引
代筆龍載坤

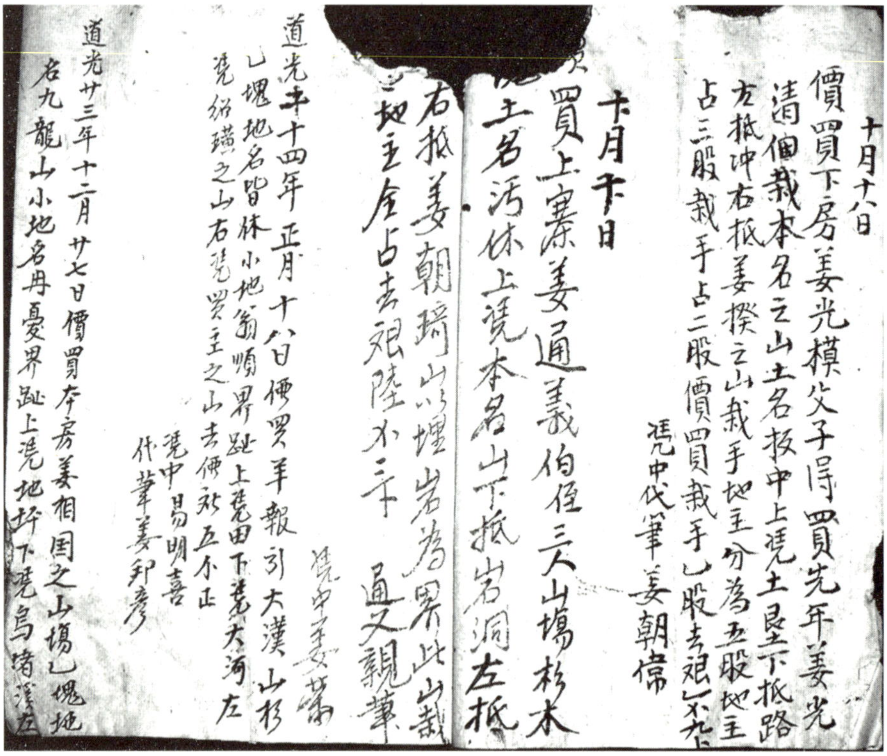

十月十六日
價買下房姜光模父子得買先年姜光
清佃栽本名之山土名板中上凴土艮上下抵路
左抵冲右抵姜揆之山栽手地主分為五股地主
占三股栽手占二股價買栽手之股去退[illegible]
凴中代筆姜朝儒

十月廿日
[illegible]買上寨姜通義伯侄三人山塲杉木
[illegible]土名汚休上凴本名山下抵岩洞左抵
右抵姜朝琦山以埋岩為界此山栽
[illegible]地主全占去退陸不干
通文親筆
凴中姜[illegible]

道光廿四年正月十八日價買羊報引大漢山杉
山塊地名皆林小地名順界趾上凴田下凴大河左
凴紹璜之山右凴買主之山去価九五不正
凴中易明喜
代筆姜邦彥

道光廿三年十二月廿七日價買本房姜相国之山塲乙塊地
名九龍山小地名冉[illegible]界趾上凴地坪下凴烏猪溪左

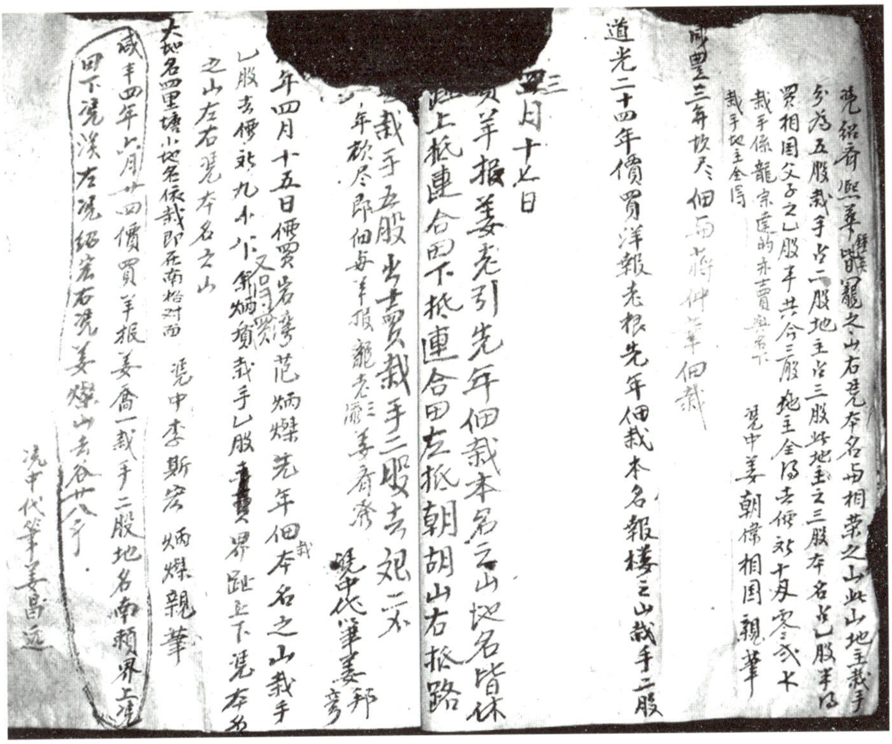

凭绍齐与华朕龍之山右凭本名与相荣之山此山地主栽手
分为五股栽手占二股地主占三股此地主之三股本名占山股半又
买相国父子之山股半共合三股地主全得去價艮十两零三钱
栽手係龍宗虞的未賣與名下
栽手地主全得
凭中姜朝儒 相国 亲笔
咸丰三年砍尽 佃与蒋仲华佃栽
道光二十四年價買洋報老根先年佃栽本名報楼之山栽手二股
三 四月十七日
買羊报姜老引先年佃栽本名之山地名皆休
上抵連合田下抵連合田左抵朝胡山右抵路
栽手五股出賣栽手二股去艮一两
年砍尽即佃与羊报龍老三 姜喬齐
凭中代笔姜邦彦
年四月十五日價買岩湾范炳爍先年佃栽本名之山栽手
山股去價艮九分八厘又得买炳鑽栽手山股賣 界趾上下凭本名
之山左右凭本名之山
大地名四里塘小地名依栽即在南枱对面 凭中李斯宏 炳爍亲笔
咸丰四年六月廿四價買羊报姜喬一栽手二股地名南赖界上凭
田下凭溪左凭绍宏右凭姜爍山去谷廿八了
凭中代笔姜昌运

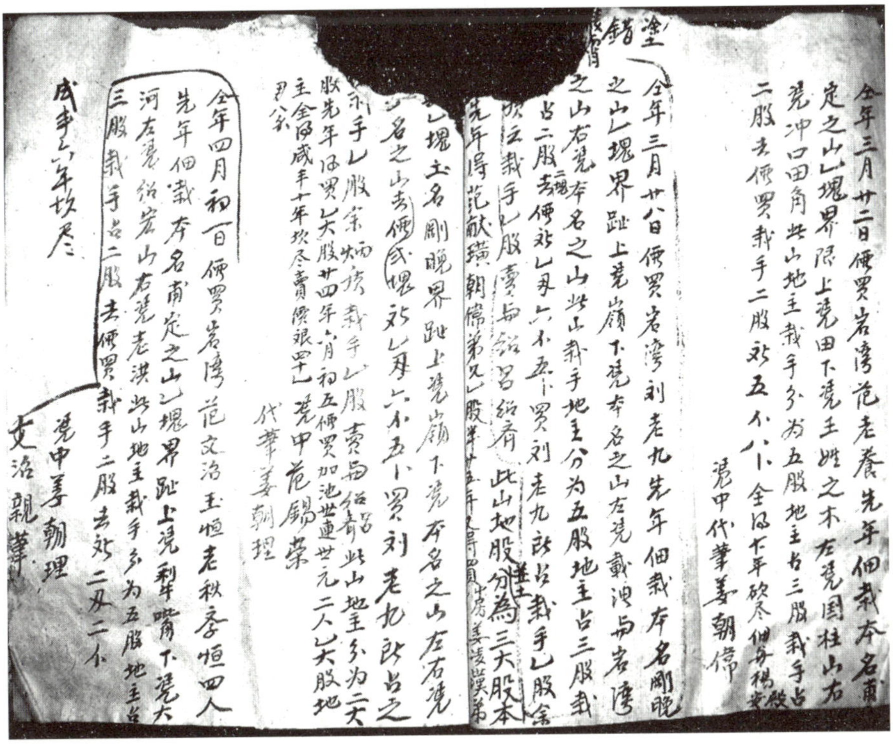

仝年三月廿二日價買岩湾范老養先年佃栽本名甫
定之山一塊界限上凭田下凭王姓之木左凭国柱山右
凭冲口田角此山地主栽手分为五股地主占三股栽手占
二股去價買栽手二股艮五分八厘 全日十年砍尽佃与楊安發
凭中代笔姜朝儒
仝年三月廿八日價買岩湾刘老九先年佃栽本名剛晚
之山一塊界趾上凭山嶺下凭本名之山左凭載冲与岩湾
之山右凭本名之山此山栽手地主分为五股地主占三股栽
占二股去價艮山丑六分五厘買刘老九占栽手山股余
又以栽手山股賣与绍昌绍齐 此山地股分為三大股本
先年得范献璜朝儒弟兄山股半廿五年又得買叶房姜凌汉弟
塗 錯
山塊土名剛晚界趾上凭山嶺下凭本名之山左右凭
山名之山去價或塊於山丑六分五厘買刘老九占之
栽手山股余炳鑽栽手山股賣与绍昌绍齐此山地主分为二大
股先年得買山大股廿四年六月初五價買加池世連世元二人山大股地
主全得咸丰十年砍尽賣價艮四十山 凭中范锡荣
丑八分
代笔姜朝理
仝年四月初一日價買岩湾范文治玉恒老秋李恒四人
先年佃栽本名甫定之山一塊界趾上凭刹年嘴下凭大
河左凭绍宏山右凭老洪此山地主栽手分为五股地主占
三股栽手占二股去價買栽手二股去艮二两二分
凭中姜朝理
文治亲笔
咸丰六年砍尽

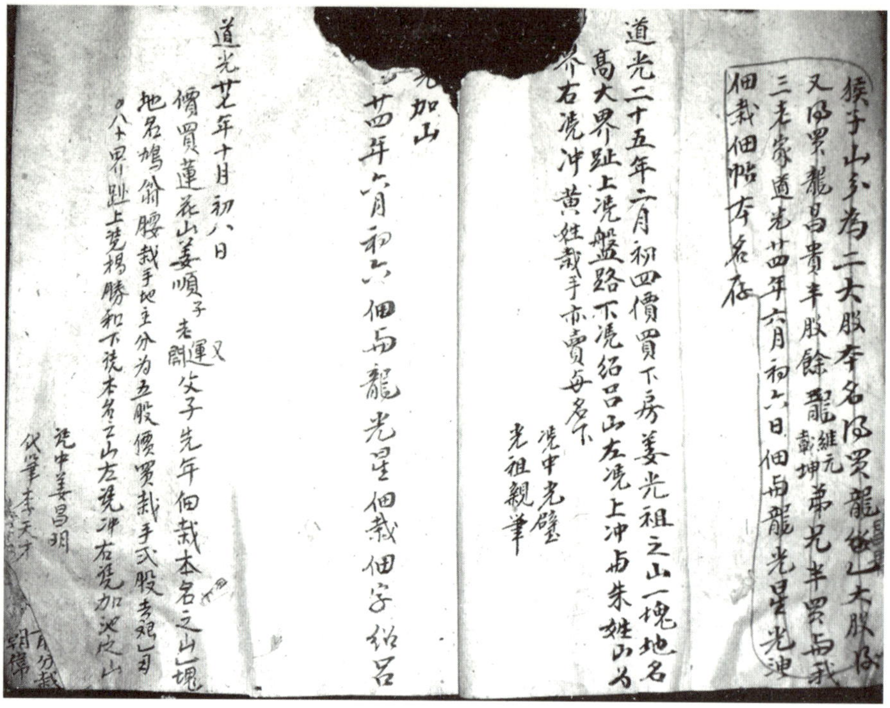

猴子山分為二大股本名收買龍䜣山大股收
又收買龍昌貴半股餘龍維元載坤弟兄半買與栽
三老家道光廿四年六月初六日佃與龍光星光迪
佃栽佃帖本名存

道光二十五年六月初四價買下房姜光祖之山一塊地名
高大界趾上憑盤路下憑绍吕山左憑上冲與朱姓山為
界右憑冲黄姓栽手亦賣與本名下
憑中光璧
光祖親筆

[illegible]加山
廿四年六月初六佃與龍光星佃栽佃字绍吕

道光廿七年十月初八日
價買蓮花山姜順子老開運又父子先年佃栽本名之山一塊
地名鳩翁腰栽手地主分为五股價買栽手弍股[illegible]山[illegible]
〇八十界趾上憑楊勝和下憑本名之山左憑冲右憑加池之山
憑中姜昌明
代筆李天才

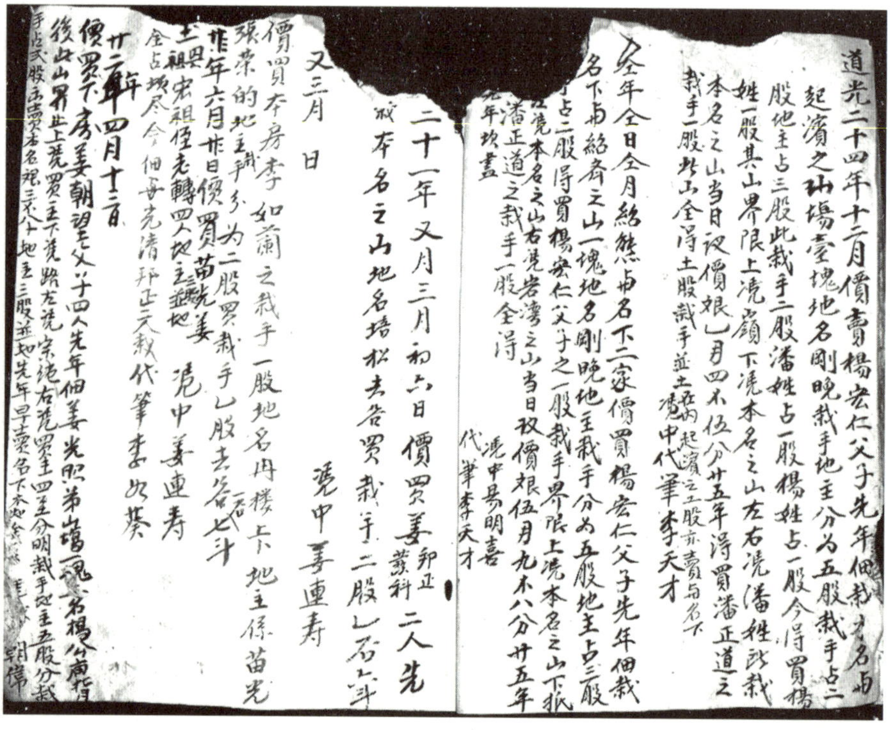

道光二十四年十二月價賣楊宏仁父子先年佃栽本名與
起濱之山場壹塊地名剛晚栽手地主分為五股栽手占二
股地主占三股此栽手二股潘姓占一股楊姓占一股今得買楊
姓一股其山界限上憑嶺下憑本名之山左右憑潘姓所栽
本名之山当日收價艮一月四不伍分廿五年得買潘正道之
栽手一股此山全得土股栽手並土在內起濱之土股亦賣與名下
憑中代筆李天才

本年仝日仝月紹熊與名下二家價買楊宏仁父子先年佃栽
名下與紹裔之山一塊地名剛晚地主栽手分為五股地主占三股
[illegible]手占二股得買楊宏仁父子之一股栽手界限上憑本名之山下抵
[illegible]憑本名之山右憑岩灣之山当日收價艮伍月九不八分廿五年
[illegible]潘正道之栽手一股全得
先年坎盡
憑中楊明喜
代筆李天才

二十一年又月三月初六日價買姜卯正蕊科二人先
栽本名之山地名堷松去各買栽手二股山石六斗
憑中姜連寿

又三月　日
價買本房李如蘭之栽手一股地名冉樓上下地主係苗光
張榮的地主栽手分为二股買栽手山股去谷一石七斗
非年六月非日價買苗光姜
玉恩祖宏祖侄老轉四人地主並地
全占地尽今佃與光清邦正二人栽代筆李如葵
憑中姜連寿

廿二年四月十二日
價買下房姜朝望之父子四人先年佃姜光熙弟山塲一塊名楊公廟脊
後此山界止上憑買主下憑路左憑宗統右憑買主四至分明栽手地主五股分栽
手占弍股與賣本名[illegible]地主三股並地先年早賣名下[illegible]
朝偉

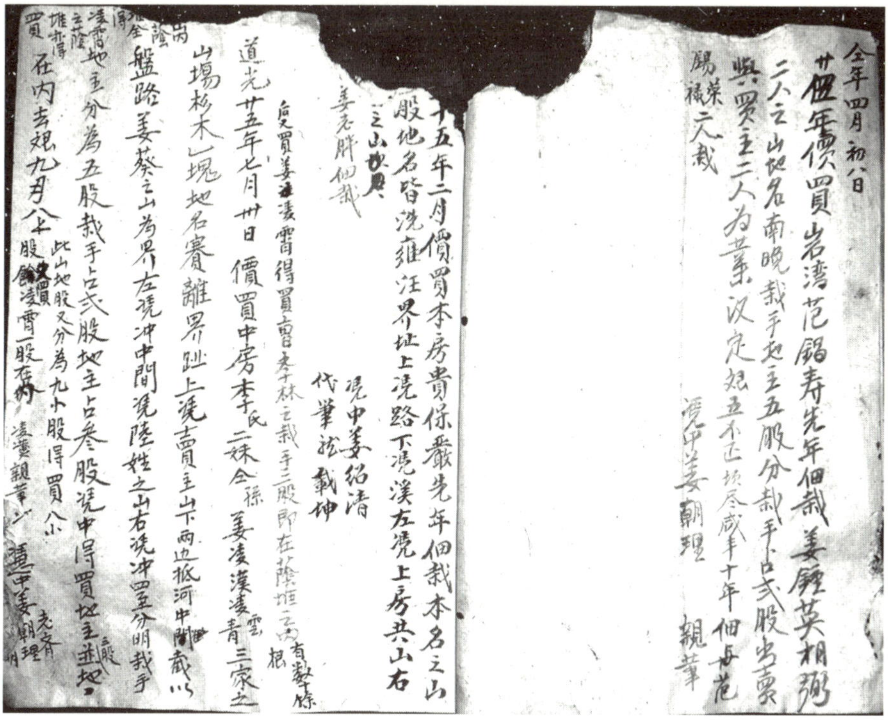

仝年四月初八日
廿伍年價買岩灣范錫寿先年佃栽姜廷英相弼
二人之山地名南晚栽手地主五股分栽手占弍股出賣
與買主二人為業汉定艮五……咸丰十年佃与范
賜禄六人栽
憑中姜朝理　親筆

十五年二月價買本房貴保蕃先年佃栽本名之山
股地名皆洸雍汪界址上凭路下凭溪左凭上房共山右
之山……
姜老胖佃栽
乞買姜凌霄得買本房曹老林之栽手三股即在蔭堆之内　有契據
凭中姜紹清
代筆　載坤
道光廿五年七月廿日價買中房李氏二妹仝孫姜凌漢凌雲青三家之
山場杉木一塊地名賽離界址上凭古貢主山下兩边抵河中間截以
盤路姜葵之山為界左凭冲中間凭陸姓之山右凭冲四至分明栽手
凌霄地主分為五股栽手占弍股地主占叁股凭中得買地主壹股
買在内去艮九月八十
此山地股又分為九小股得買八小股凌霄一股在内
凌漢親筆
凭中姜朝理

十六年十月初二日得買中房張老益弟光元栽手二股去艮
八月初二日價買姜凌霄賽離岩内之蔭堆一股價艮……親筆
十二月十二日又價買龍合錦先年得買姜凌霄之
山股去價艮二両八十　此山地股並土仝得
凌漢筆
凭中姜老脊
八月初二日價買王老宋父子先年佃栽本名之山地二処
一処地加什塘上下左右凭姜之毫之木一処稿藹道上凭岩
下凭河左凭冲右凭姜明遠之山栽手地主分為五股栽手
占弍股出賣与名下價艮弍両七
憑中姜開泗　李天祥
代筆李天才
四月十八日價買中房姜凌雲山場杉木一塊地名培番小

咸豐三年二月初六日得買姜凌霄先年得買楊老麻之栽手二股
地名冉夭界址上下凭水溝左凭岩以土坎為界右凭本名
之大冲為界此山栽手地主分為五股地主占三股栽手占二股
價買地主三股並地在内去艮三両三錢八分　親筆
凭中姜老脊
七月十七日價買九怪寨黄閎寨王喬生侄壹宗與龍
光星先年佃栽本名之山地名剛培道杉木界址上凭绍
宏載渺之山下凭盤路左凭大嶺右凭大路栽手地主分
為五股地主占三股栽手占二股今將栽手二股出与名
下為業去艮二两八十
凭中易明喜
代筆林文述
二月廿五日價買李至宗先年佃栽本名之山名東

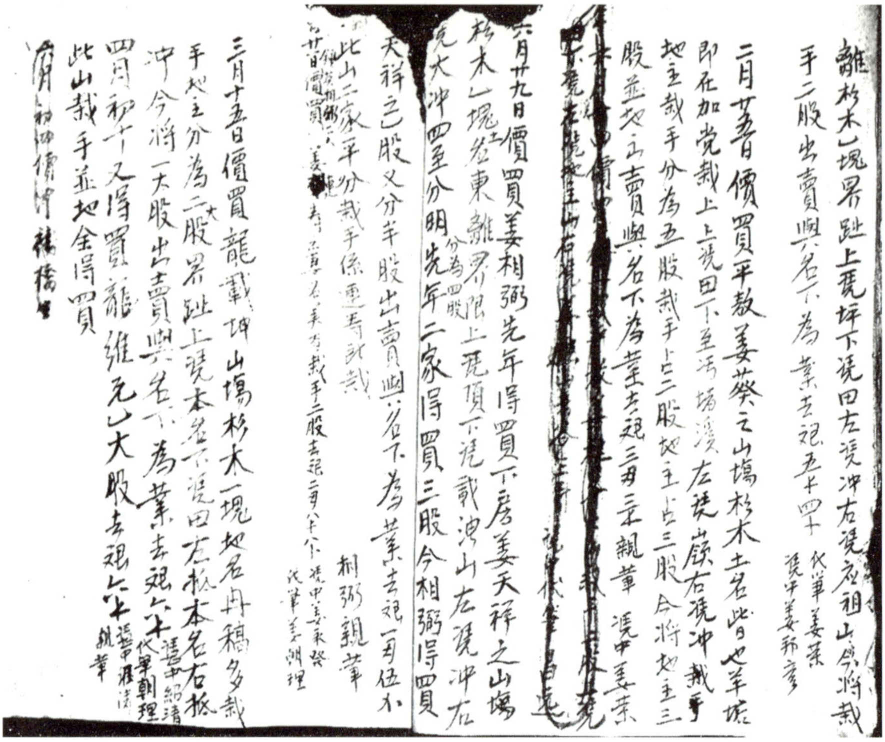

離杉木山壹塊界趾上憑坪下憑田左憑冲右憑屯祖山今將栽
手二股出賣與名下為業去艮五十四十　代筆姜荣　憑中姜邦彦
二月廿五日價買平敖姜葵之山場杉木土名皆也羊坑
即在加党栽上上憑田下至汚榜溪左憑山嶺右憑冲栽手
地主栽手分為五股栽手占二股地主占三股今將地主三
股並栽手出賣與名下為業去艮三兩二錢　親筆　憑中姜荣
[illegible]
六月廿九日價買姜相弼先年得買下房姜天祥之山場
杉木山壹塊土名東離界限上憑頂下憑載溲山左憑冲右
憑大冲四至分明先年二家得買三股分為四股今相弼得買
天祥之股又分半股出賣與名下為業去艮一兩伍分
此山二家平分栽手係憑壽就栽　相弼親筆
[illegible]
三月十五日價買龍載坤山場杉木一塊地名丹稿多栽
手地主分為二大股界趾上憑本名下憑田左抵本名右抵
冲今將一大股出賣與名下為業去艮六十　代筆朝理　憑中紹清
四月初十又得買龍維元山大股去艮六十　憑中照清　親筆
此山栽手並地全得買
四月初四價買林橋

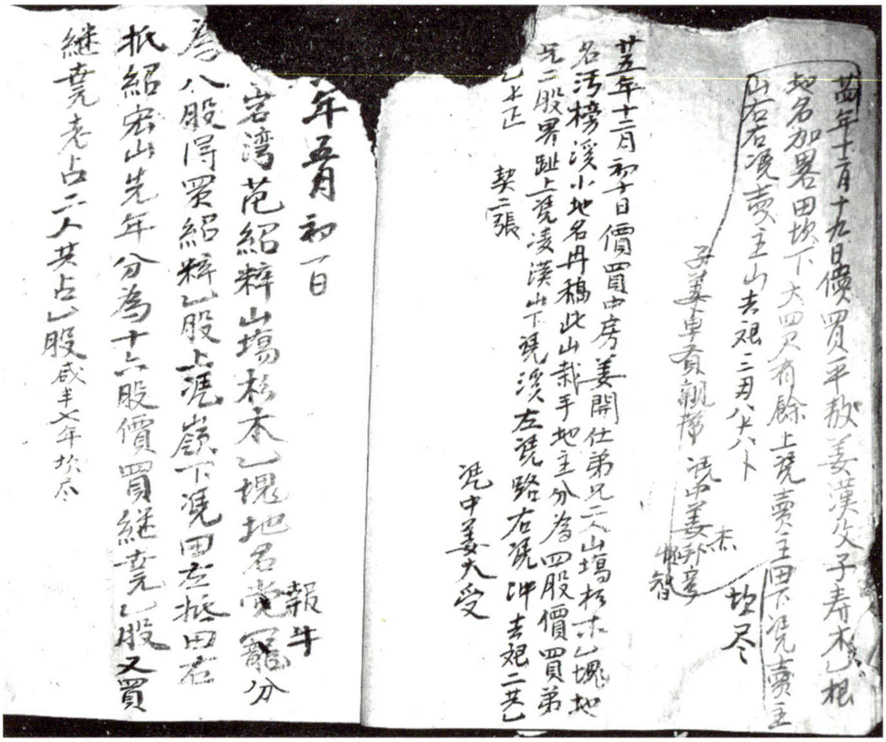

廿四年十一月十九日價買平敖姜漢文子壽木山根
地名加暑田坎下大田只有餘上憑賣主田下憑賣主
山右憑賣主山去艮二兩八分八
子姜卓貴親筆　憑中姜邦彦　坎盡
廿五年十二月初十日價買中房姜開仕弟兄二人山場杉木山塊地
名汚榜溪小地名丹稿此山栽手地主分為四股價買弟
兄二股界趾上憑凌漢山下憑溪左憑路右憑冲去艮二兩二
七正　契二張　憑中姜大受
年五月初一日
宕灣范紹粹山場杉木山塊地名党報牛龍分
為八股得買紹粹山股上憑嶺下憑田左抵田右
抵紹宏山先年分為十六股價買繼堯山股又買
繼堯老占二人共占山股　咸丰六年坎尽

五月廿九日
價買中房姜凌雲山塲杉木一塊地名塝番洛眼
夭(?)界限上凴水溝下凴水溝左凴上截凴昰祖
與本名之山下边凴范姓木右凴買本名木為界四
至分明此山木分為五股地主占三股栽手占弍股
今得買地股三股並地去艮三両〇八分
凌雲親筆
凴中姜朝理
昌明

六月初一日
價買中房姜凌雲山塲杉木一塊地名污晚界限上
山嶺下凴溪左凴范健堯與本名之山右凴范紹滂山
界四至分明其山木分為五股地主占叁股栽手
弍股今得買地股並地去艮一両六分五厘
凌雲親筆
凴中姜朝理

道光廿六年九月初三日范氏饒氏二人得買下房姜光璧先年佃栽本名三山
二処一処地名扠中栽手二股得買一股又一処地冉路卡栽手二股全得四買
扠中之栽手一股先年已買姜老月一股
凴中代筆姜朝理

七月初十日價買中房姜凌霄山塲一塊地名污楼溪上凴盤路下凴楊姓之田左
抵老唐木右抵冲地主分為六股弟兄占三股出賣一股又先年得姜
抵尽 開必開仕弟兄三股合四股 去艮一両四十 親筆凴中昌明書

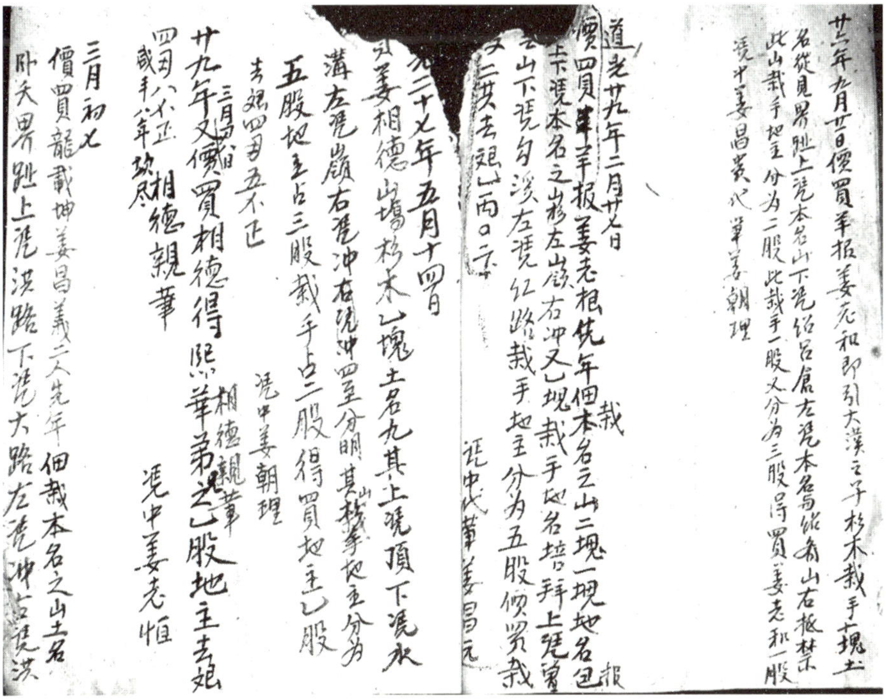

廿六年九月廿日價買華振姜先和即引大漢之子杉木栽手一塊土
名從見界趾上凴本名山下凴绍吕倉左凴本名与绍斋山右抵禁
此山栽手地主分為二股此栽手一股又分為三股得買姜老和一股
凴中姜昌貴代筆姜朝理

道光廿九年二月廿七日
價買華振姜老根先年佃本名之山二塊一塊地名包
上下凴本名之山杉左山嶺右冲又一塊栽手地名培拜上凴習
之山下凴分溪左凴红路栽手地主分為五股價買栽
又二共去艮一両〇二[illegible]
凴中代筆姜昌元
裁
報

道光二十七年五月十四日
買姜相德山塲杉木一塊土名九其上凴頂下凴水
溝左凴嶺右凴冲右凴冲四至分明其山栽手地主分為
五股地主占三股栽手占二股得買地主一股
去艮四両五不正
凴中姜朝理

廿九年三月初四日又價買相德得照華弟兄之一股地主去艮
四両八分正 栽手八年砍尽 相德親筆
凴中姜老恒

三月初七
價買龍戴坤姜昌義二人先年佃栽本名之山土名
卧夭界趾上凴洪路下凴大路左凴冲右凴洪

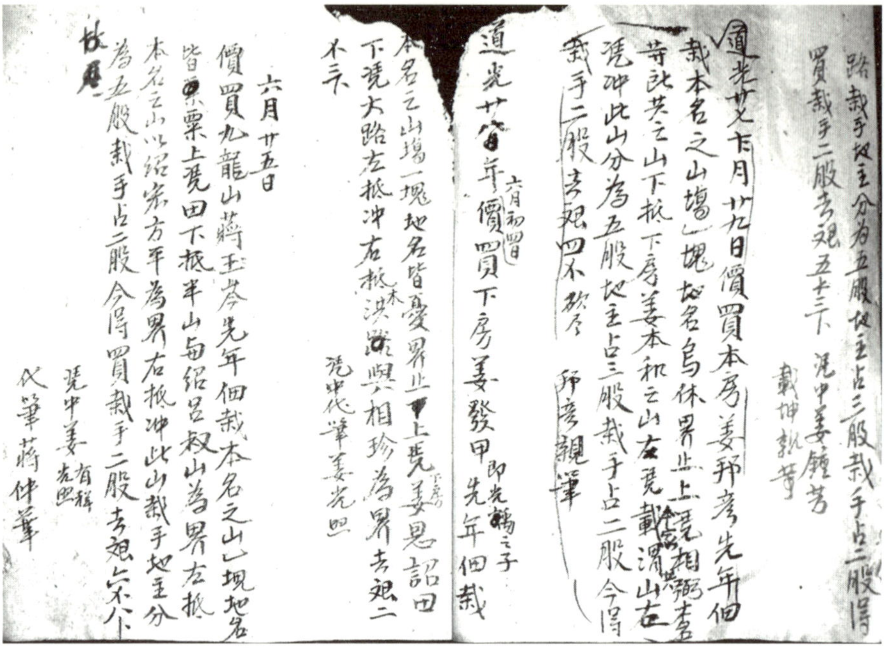

路栽手地主分為五股地主占三股栽手占二股得
買栽手二股去銀五十三下 凭中姜鍾芳
栽坤執筆
道光廿七年十月廿九日價買本房姜邦彦先年佃
栽本名之山塲一塊地名烏休界止上凭相鄰[illegible]
苛訖共之山下抵下房姜本和之山右凭載渭山左
凭冲此山分為五股地主占三股栽手占二股今得
栽手二股去銀四不
邦彦親筆
道光廿八年六月初四日價買下房姜發甲即光鹏之子先年佃栽
本名之山塲一塊地名皆憂界止上凭下房姜恩詔田
下凭大路左抵冲右抵林洪[illegible]與相珍為界去銀二
不六
凭中代筆姜光照
六月廿五日
價買九龍山蔣玉岑先年佃栽本名之山一塊地名
皆[illegible]栗上凭田下抵半山每绍吕叔山為界左抵
本名之山以绍宗方平為界右抵冲此山栽手地主分
為五股栽手占二股今得買栽手二股去銀六不八下
凭中姜有祥 光照
代筆蔣仲華
故[illegible]

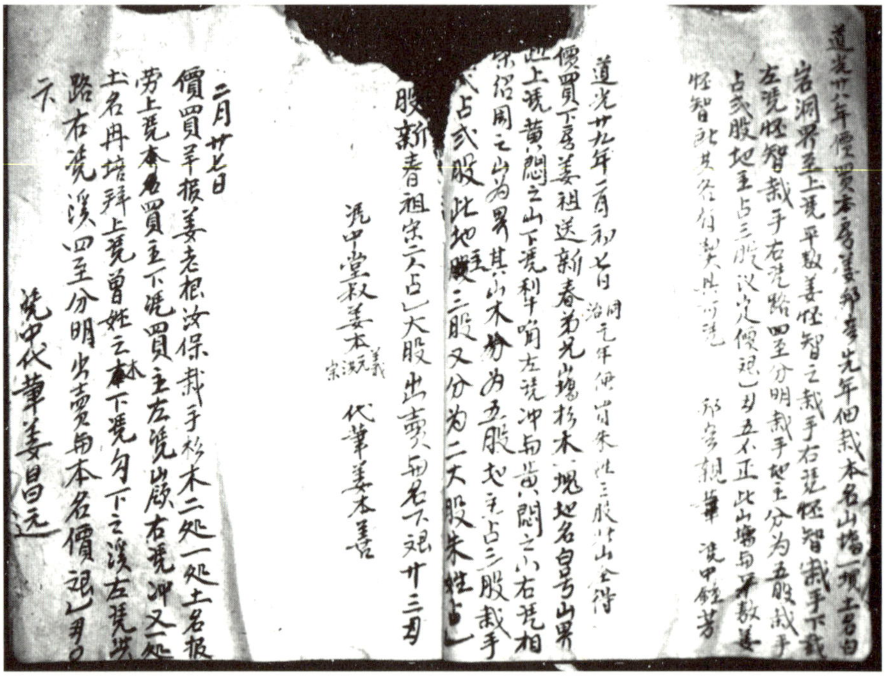

道光廿八年價買本房姜邦彦先年佃栽本名山塲一塊土名白
岩洞界至上凭平敌姜怪智之栽手右凭怪智栽手下栽
左凭怪智栽手右凭路四至分明栽手地主分為五股栽手
占式股地主占三股议定價銀一两五不正此山塲與平敌姜
怪智批其各有契與此可凭
邦彦親筆 凭中鍾芳
道光廿九年二月初七日 同治元年佃與朱姓三股以山分得
價買下房姜祖送新春弟兄山塲杉木一塊地名皇号山界
止上凭黄闓之山下凭利牛哨左凭冲與黄闓之山右凭相
宗绍周之山為界其山木分為五股地主占三股栽手
式占式股此地主三股又分為二大股朱姓占一
股新春祖宗二人占一大股出賣與名下銀廿三两
凭中堂叔姜本義 宗漢 元
代筆姜本善
二月廿七日
價買羊报姜老根汝保栽手杉木二處一處土名报
勞上凭本名買主下凭買主左凭山厰右凭冲又一處
土名冉培拜上凭曾姓之林下凭句下之溪左凭坎
路右凭溪四至分明出賣與本名價銀一两
下
凭中代筆姜昌远

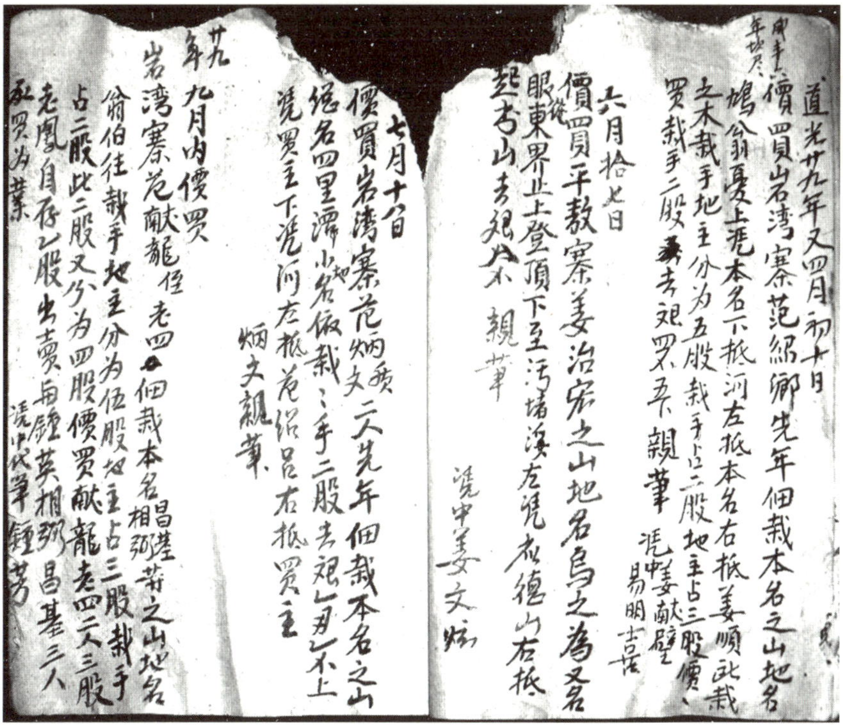

道光廿九年又四月初十日

戊申年坎尽

價買山岩湾寨范绍卿先年佃栽本名之山地名鸠翁夏上冲，本名下抵河，左抵本名，右抵姜顺，此栽之木栽手地主分为五股，栽手占二股，地主占三股，價買栽手二股，去艮□□□□　親筆

凭中姜献璧　易明　士昌

六月拾七日

價買平敖寨姜治宏之山地名乌之为，又名眼东，界止上登顶，下至汚堵溪，左凭高德山，右抵起古山，去艮八□　親筆

凭中姜文炳

七月十日

價買岩湾寨范炳文、炳秀二人先年佃栽本名之山地名四里滞，小名依栽，栽手二股，去艮□□□□，上凭买主，下凭河，左抵范绍吕，右抵买主

炳文親筆

廿九年九月内價買岩湾寨范献龍侄老四□佃栽本名昌楚、相弼、芳之山地名翁伯往，栽手地主分为伍股，地主占三股，栽手占二股，此二股又分为四股，價買献龍、老四二人三股，老凤自存一股，出賣与锺英、相弼、昌基三人私买为業

凭中代筆锺芳

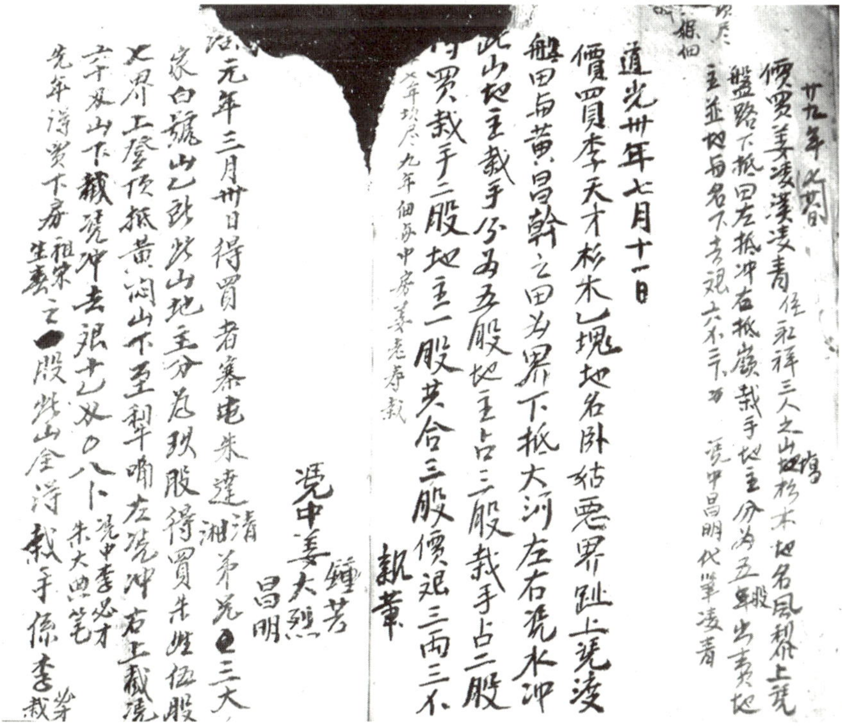

廿九年九月□日

價買姜凌漢、凌青、侄永祥三人之山场杉木地名凤形冲，上凭盘路，下抵田，左抵冲，右抵岭，栽手地主分为五股，地主出賣地主叁股与名下，去艮六两六□

凭中昌明　代筆凌青

道光卅年七月十一日

價買李天才杉木一塊地名卧结恶，界趾上凭凌般田与黄昌幹之田为界，下抵大河，左右凭水冲，此山地主栽手分为五股，地主占三股，栽手占二股，得买栽手二股，地主一股，共合三股，價艮三两三□

執筆

又年坎尽，九年佃与中房姜老孝栽

凭中姜鍾芳　大烈　昌明

□元年三月卅日得買者寨屯朱達清、湘、弟光□三人□家白號山乙副，此山地主分為玖股，得買朱姓伍股，□界上登顶，抵黄、闵山，下至犁嘴，左凭冲，右上截凭六字及山下截凭冲，去艮十七两〇八分

凭中李必才　朱大典筆

先年得買下房祖宋生泰之一股，此山全得，栽手係李栄栽

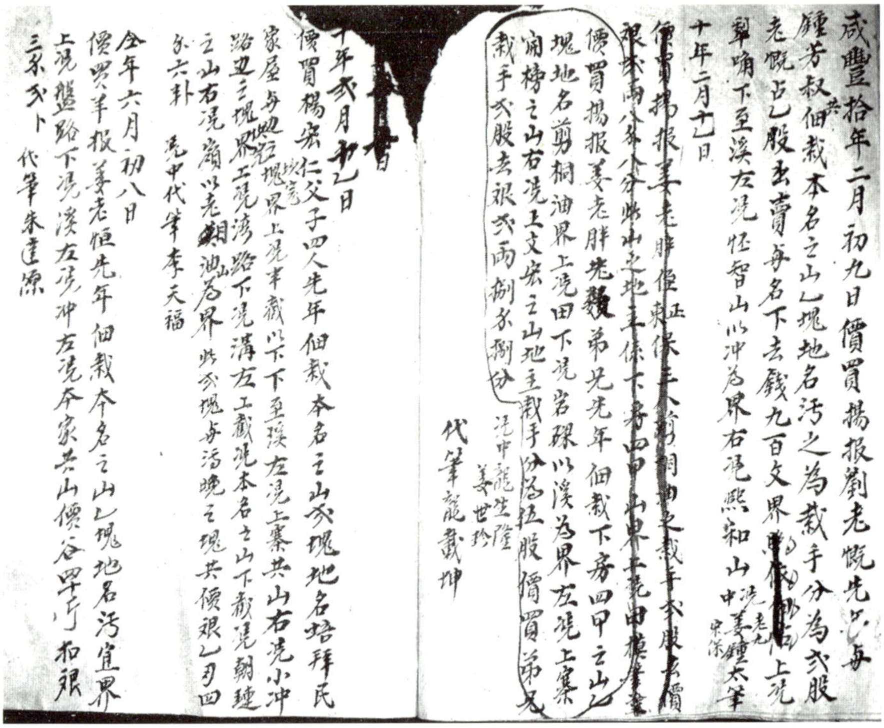

咸豐拾年二月初九日價買揚报劉老慨先以与
鍾芳叔共佃栽本名之山乙塊地名汚之為栽手分為弍股
老慨占乙股出賣与名下去錢九百文界上凭
犁崅下至溪左凭怪智山以冲為界右凭熙和山 凭中姜老九 宋保 姜鍾太筆
十年二月十乙日
價買揚报姜老胖侄東保二人剪桐油之栽手弍股去價
银弍兩八分捌分（此二行原件已劃去）
價買揚报姜老胖先發弟兄先年佃栽下房四甲之山乙
塊地名剪桐油界上凭田下凭岩碌以溪為界左凭上寨
甫榜之山右凭上文宏之山地主栽手分為五股價買弟兄
栽手弍股去银弍兩捌分捌分
凭中龍生隆 姜世珍
代筆龍載坤

十年弍月初乙日
價買楊宏仁父子四人先年佃栽本名之山弍塊地名培拜氏
家屋与坎宽塊界上凭丰栽以下下至溪左凭上寨共山右凭小冲
路边之塊界上凭湧路下凭溝左上截凭本名之山下截凭翰毽
之山右凭嶺以老翰山油為界 此弍塊与汚晚之塊共價银乙两四
分六卦 凭中代筆李天福
仝年六月初八日
價买丰报姜老恒先年佃栽本名之山乙塊地名汚宜界
上凭盤路下凭溪左凭冲左凭本家共山價谷四戶扣银
三分弍卜 代筆朱達源

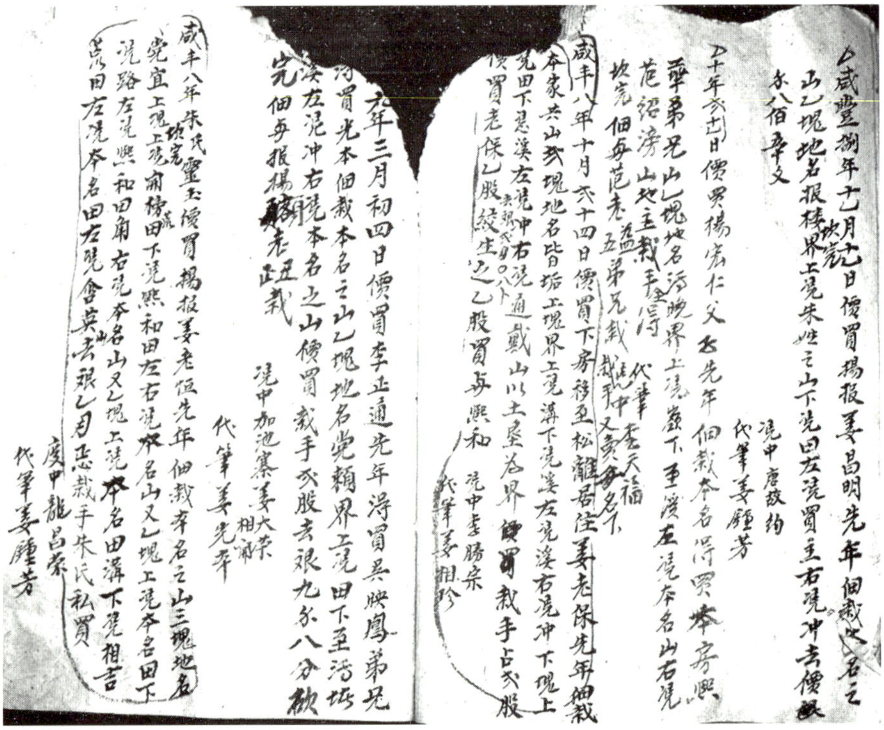

咸豐捌年十乙月廿乙日價買揚报姜昌明先年佃栽地名之
山乙塊地名报棲坎宽界上凭朱姓之山下凭田左凭買主右凭冲去價钱
分八佰文
凭中唐啟约
代筆姜鍾芳
十年六月廿日價買楊宏仁父子先年佃栽本名得買本房興
華弟兄山乙塊地名汚晚界上凭嶺下至溪左凭本名山右凭
范绍湧山地主栽手全得
坎宽佃与范老五五弟兄栽 代筆李天福
凭中又賣与名下
咸丰八年十月廿十四日價買下房移至松離居住姜老保先年佃栽
本家共山弍塊地名皆垢上塊界上凭溝下凭溪左凭溪右凭冲下塊上
凭田下凭溪左凭冲右凭通戴山以土壟為界 價買栽手占弍股
共银弍两〇八卜
價買老保乙股綬生之乙股買与熙和
凭中李勝榮
代筆姜相珍

九年三月初四日價買李正通先年得買吴映凰弟兄
得買光本佃栽本名之山乙塊地名党賴界上凭田下至汚垢
溪左凭冲右凭本名之山價買栽手弍股去银九分八分 欵
完 佃与报楊老丑栽
凭中加池寨姜大榮 相谢
代筆姜光本
咸丰八年朱氏霊玉價買楊报姜老恒先年佃栽本名之山三塊地名
党宜坎宽上塊上凭甫榜田下凭熙和田左右凭本名山又乙塊上凭本名田下
凭路左凭熙和田角右凭本名山又乙塊上凭本名田溝下凭相言
田左凭本名田右凭會英去银乙两五錢 栽手朱氏私買
凭中龍昌榮
代筆姜鍾芳

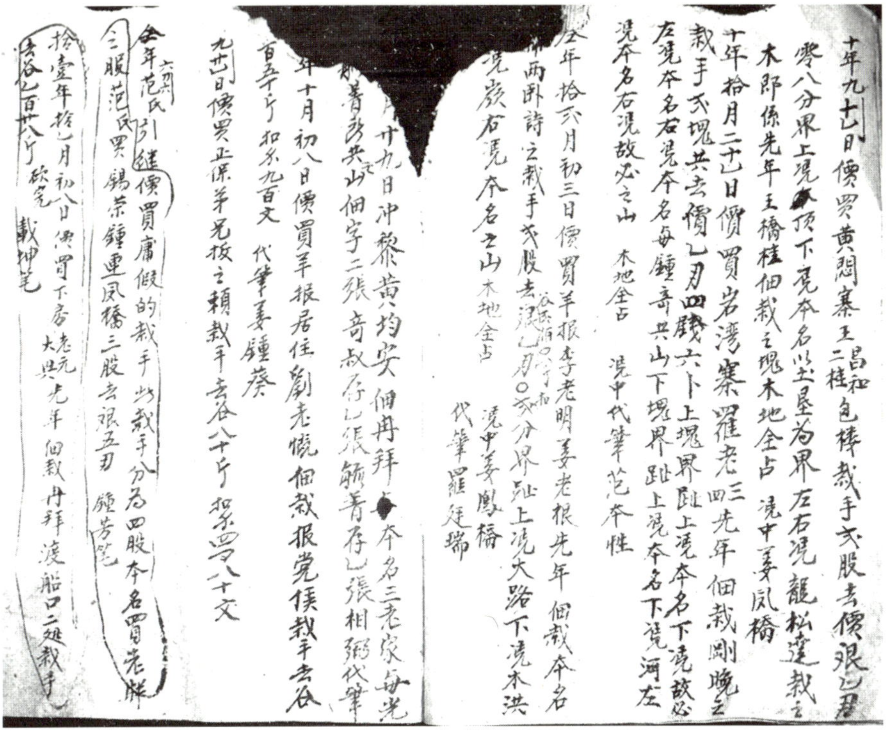

十年九十七日價買黄悶寨王昌和二桂包棒栽手弍股去價艮乙[illegible]
零八分界上凴[illegible]顶下凴本名以土垦為界左右凴龍松達栽之
木郎係先年王橋桂佃栽之塊木地全占　凴中姜凤橋
十年拾月二十七日價買岩湾寨羅老三四先年佃栽剛曉之
栽手弍塊共去價乙两四錢六卜上塊界趾上凴本名下凴故必
左凴本名右凴本名每鍾奇共山下塊界趾上凴本名下凴河左
凴本名右凴故必之山　木地全占　凴中代筆范本性
全年拾弍月初三日價買羊报李老明姜老根先年佃栽本名
[illegible]兩卧詩之栽手弍股去银乙两〇弍分界趾上凴大路下凴木洪
凴嵗右凴本名之山　木地全占
凴中姜鳳橋
代筆羅廷瑞
[illegible]廿九日冲黎黄均安佃冉拜[illegible]本名三老家每光
[illegible]菁彦共山佃字二張奇叔存乙張龢菁存乙張相弼代筆
年十月初八日價買羊报居任劉老懐佃栽报党侯栽手去谷
百五十斤　扣系九百文　代筆姜鍾葵
九廿日價買正保弟兄报之頼栽手去谷八十斤　扣系四百八十文
全年范氏引繼價買庸假的栽手此栽手分為四股本名買老[illegible]
[illegible]股范氏買錫荣鍾運凤橋三股去银五两　鍾芳筆
拾壹年拾乙月初八日價買下房老元大興先年佃栽冉拜渡船口二延栽手
去谷乙百廿八斤　砍完　栽坤筆

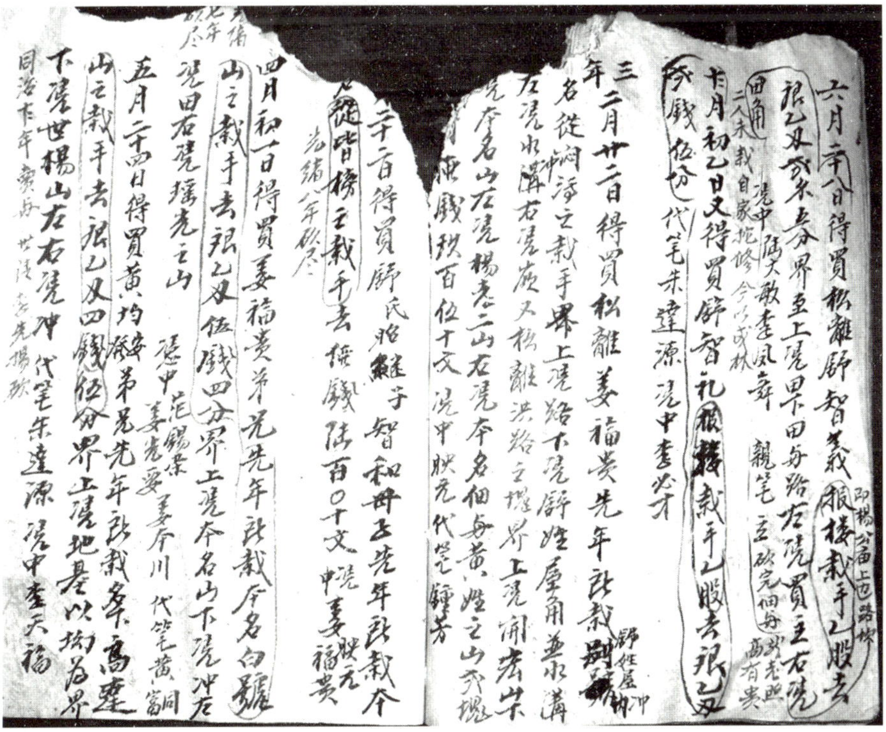

六月廿八日得買松離爵智義根楼栽手乙股去
银乙两弍钱五分界至上凴田下田每路左凴買主右凴
四角　二八未栽自家拖修今已成林　凴中蔣大敢李凤彝　親筆
十月初乙日又得買爵智礼根楼栽手乙股去银乙两
弍錢伍分　代笔朱達源　凴中李必才
三年二月廿二日得買松離姜福贵先年佃栽爵姓屋冲
名從闷溪之栽手界上凴路下凴爵姓屋角並水满
左凴水溝右凴岭又松離洪路之塊界上凴闹宏岺
凴本名山左凴楊老二山右凴本名佃每黄姓之山弍塊
[illegible]價錢玖百伍十文　凴中朕元　代笔鍾芳
[illegible]二十二日得買爵氏姑繼子智和母子先年佃栽本
[illegible]從皆榜之栽手去價錢陸百〇十文　凴中姜朕元福贵
光绪八年砍尽
四月初一日得買姜福贵弟兄先年佃栽本名白鬚
山之栽手去银乙两伍錢四分界上凴本名山下凴冲左
凴田右凴塘光之山　光绪元年砍尽
凴中范锡荣　姜光要　姜本川　代笔黄富　同
五月二十四日得買黄均安弟兄先年佃栽系高塞
山之栽手去银乙两四錢伍分界上凴地基以坳為界
下凴世楊山左右凴冲　代笔朱達源　凴中李天福
同治十年卖与[illegible]先楊砍

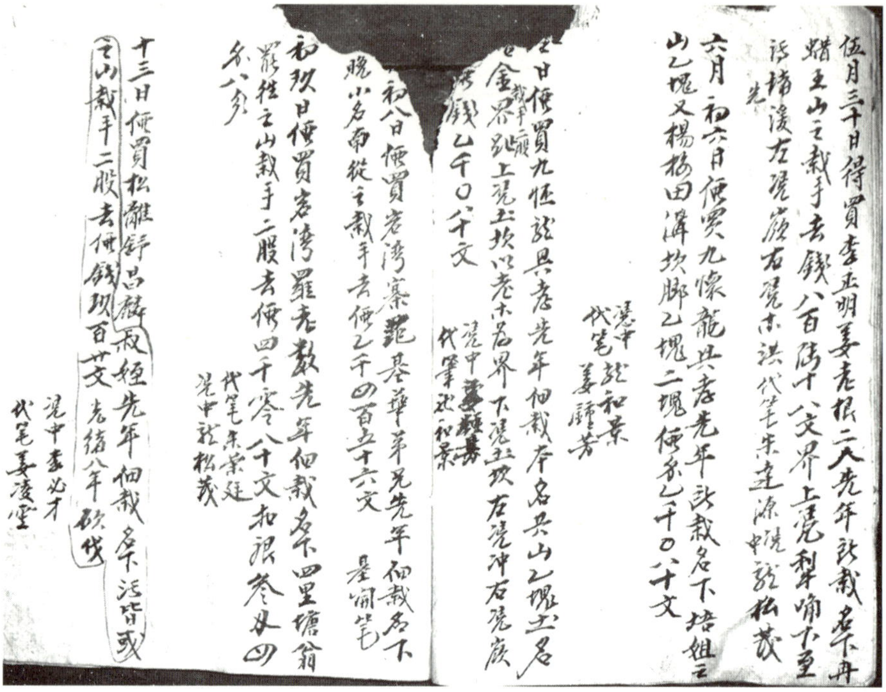

伍月三十日得買李正明姜老根二人先年所栽名下冉
蜡王山之栽手去錢八百陆十八文界上凭梨嘛下至
溪培溪左凭岩右凭木洪 代笔朱达源 凭中龙松茂
先
六月初六日便買九懷龍與孝先年所栽名下培姐之
山乙塊又楊梅田溝坎腳乙塊二塊價錢乙千〇八十文
凭中龙和景
代笔姜歸芳
廿日便買九懷龍與孝先年佃栽本名共山乙塊土名
包金界跳上凭土坎以老木為界下凭土坎左凭冲右凭岩
價錢乙千〇八十文
凭中姜鐘芳
代筆龙和景
初八日便買岩湾寨范基華弟兄先年佃栽名下
晚小名南從之栽手去價乙千四百五十六文 姜開笔
初玖日便買岩湾羅老數先年佃栽名下四里塘翁
彩往之山栽手二股去價四千零八十文和銀叁兩四
錢八分
代笔朱宗廷
凭中龙松茂
十三日便買松離舒昌麟叔姪先年佃栽名下活皆或
之山栽手二股去價錢玖百廿文 光緒八年砍伐
凭中李必才
代笔姜凌堂

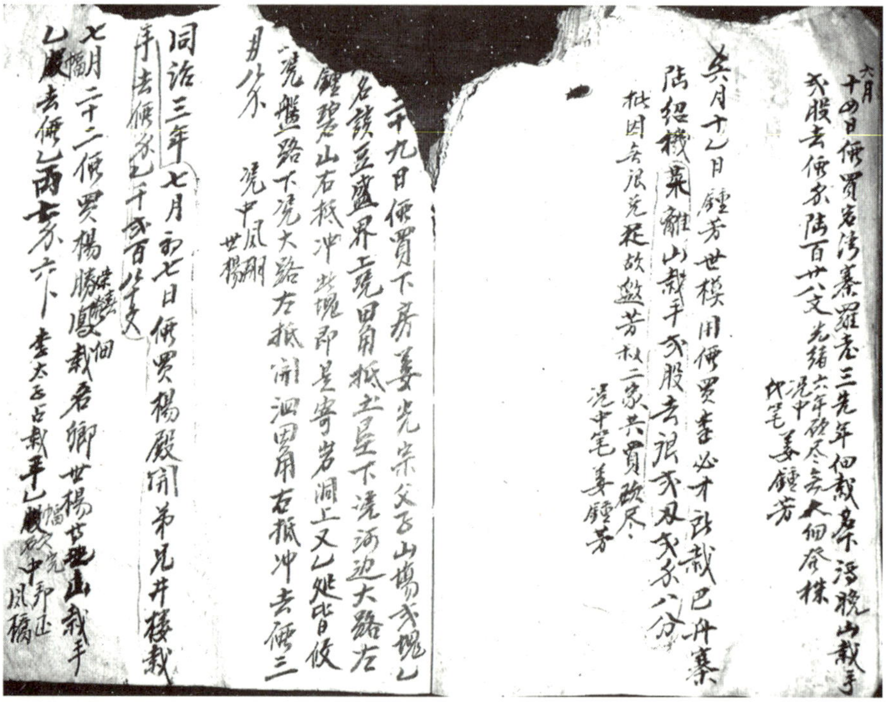

六月十四日便買岩湾寨羅老三先年佃栽名下污晚山栽手
貳股去價錢陆百廿八文 光緒六年砍尽無人佃栽株
凭中
代笔姜鐘芳
六月十七日鐘芳世模用價買李必才所栽巴冉寨
陆紹機業離山栽手貳股去銀貳兩貳錢八分
批因無限先砍故鐘芳叔二家共買砍尽
凭中笔姜鐘芳
二十九日便買下房姜光宗父子山場貳塊乙
名豉豆盛界上凭田角抵土星下凭河边大路右
鐘碧山右抵冲 此塊即是寄岩洞上又乙处皆依
凭盤路下凭大路左抵冲洞田角右抵冲去價三
兩八錢
凭中凤翔
世楊
同治三年七月初七日便買楊殿倚弟兄井楼栽
手去價錢乙千貳百八十文
七月二十二便買楊勝保僚佃栽名鄉世楊 山栽手
山殿去價乙兩七錢六卜 李太玉占栽手山殿
凭中邦正
凤稿

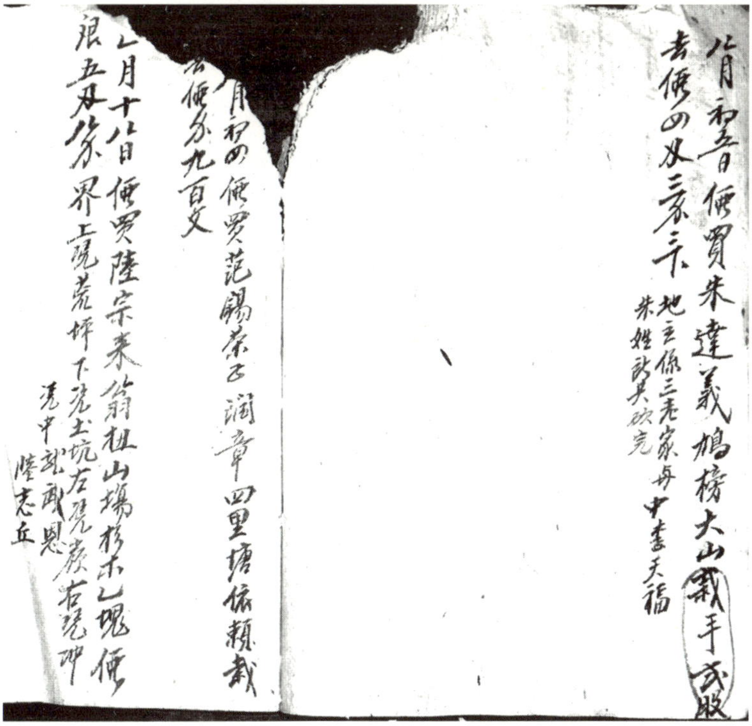

八月初五日便買朱達義鳩榜大山栽手弍股
去價四兩三錢三分　地主係三老家與中書天福　朱姓款其砍完

月初四便買范錫荣名閥章四里塘裕賴栽
去價錢九百文

八月十八日便買陸宗英翁相山場杉木山塊便
銀五兩錢　界上現荒坪下荒土坑左荒嶺右荒冲
憑中　謝成恩　陸志丘

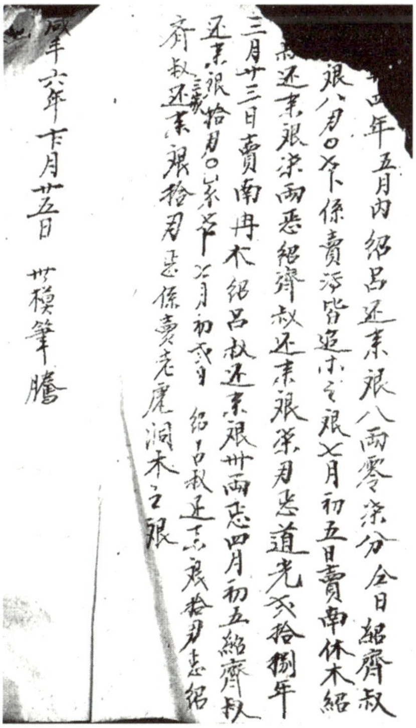

四年五月内　紹呂還本銀八兩零柒分　仝日　紹齊叔
銀八兩〇八分　係賣深沓迳木之銀　七月初五日賣南休木　紹
齊還本銀柒兩丟　紹齊叔還本銀柒兩丟　道光貳拾捌年
三月廿三日賣南冉木　紹呂叔還本銀卅兩丟　四月初五　紹齊叔
還本銀拾兩〇六分　七月初六日　紹呂叔還本銀拾兩丟　紹
齊叔還本銀拾兩丟　係賣老鹿洞木之銀

咸豐六年十月廿五日　世模筆謄

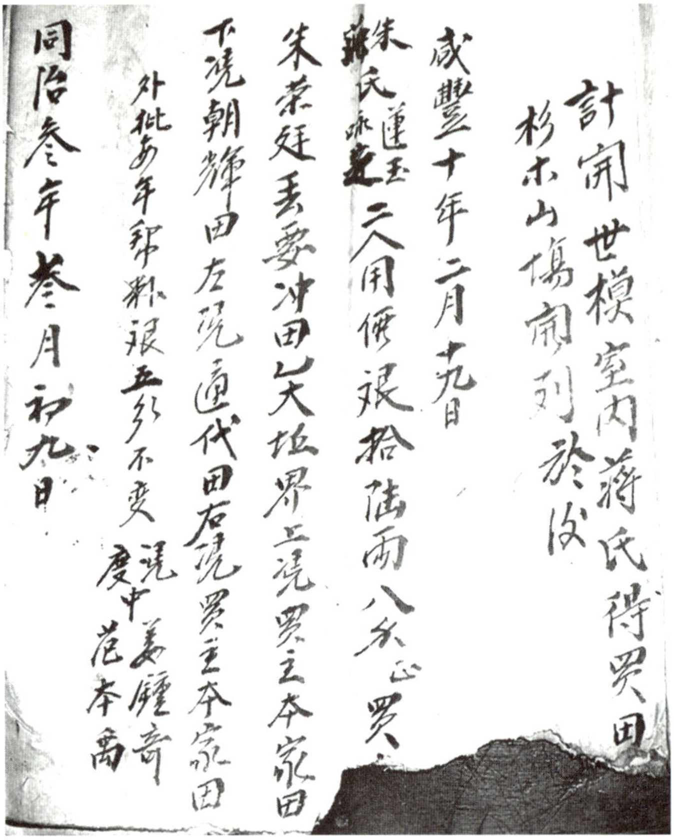
計開世模室内蒋氏得買田
杉木山塲開列於後
咸豐十年二月十九日
朱蓮玉 蒋氏咏音 二人用便艮拾陆两八分正買
朱荣廷丢要冲田山大坵界上憑買主本家田
下憑朝輝田左憑通代田右憑買主本家田
外批每年纳粮五分不变 憑中姜鍾奇 度中范本禹
同治叁年叁月初九日

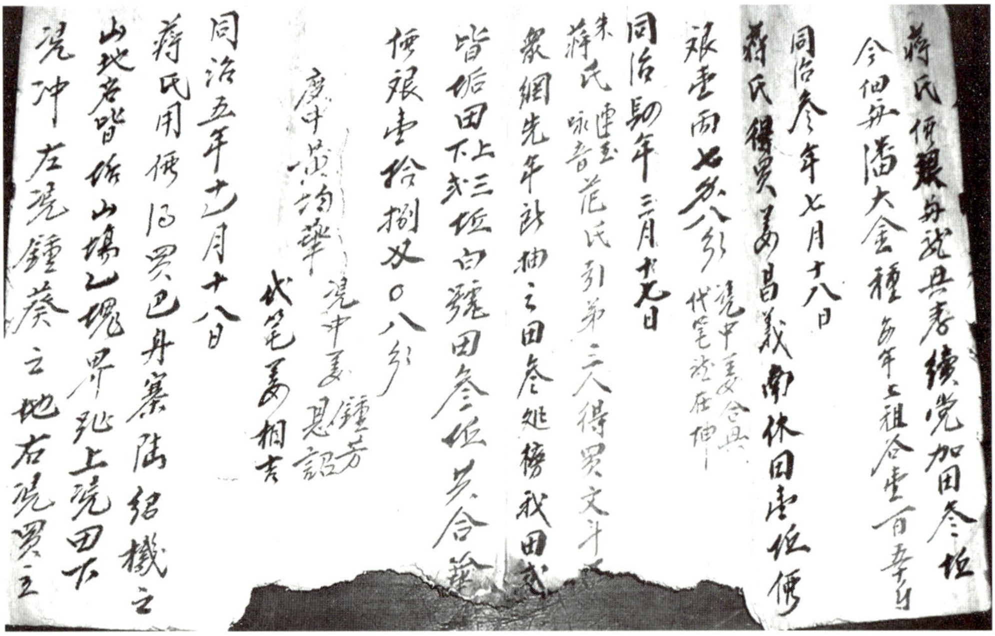
蒋氏便艮每岁丹寿續党加田叁坵
今佃無潘大金種 每年上租谷壹百五十斤
同治叁年七月十八日
蒋氏得買姜昌義南休田壹坵便
艮壹两七分八分 憑中姜合具 代筆姜在仲
同治肆年三月廿九日
朱蓮玉 蒋氏咏音 范氏引弟二人得買文斗
衆綱先年卧抽之田叁处榜秋田弍
皆佑田上下三坵白號田叁佑共合艮
便艮壹拾捌两〇八分
度中黄均華 憑中姜鍾芳 思詔 代筆姜相吉
同治五年十二月十八日
蒋氏用便银買已丹寨陆绍栰之
山地名皆休山塲山塊界趾上憑田下
憑冲左憑鍾葵之地右憑買主

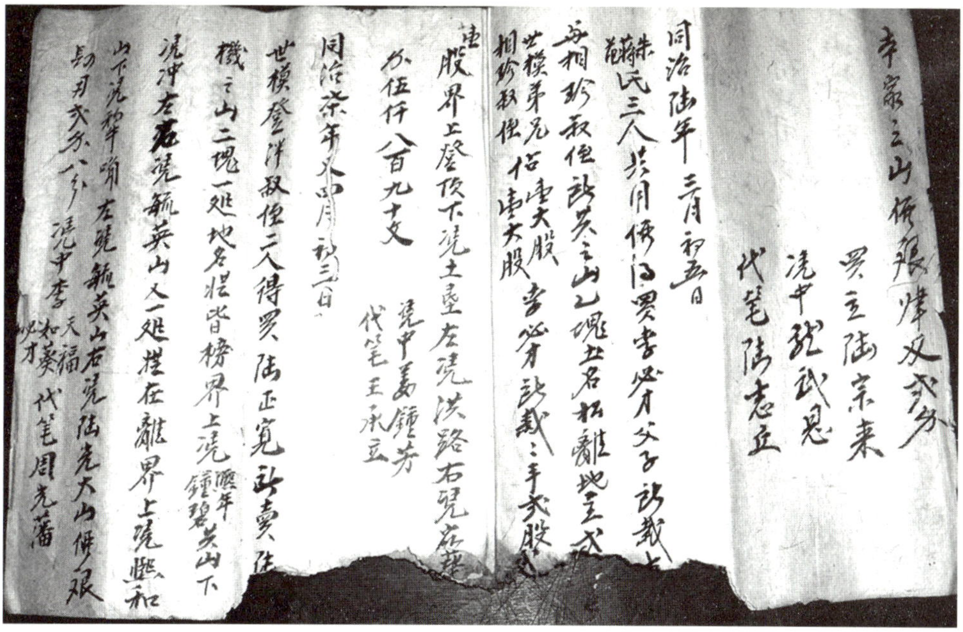

本家之山佃根[illegible]文贰分
买主陆宗来
凭中[illegible]武恩
代笔陆志立

同治陆年三月初五日
朱蒋范氏三人共用佃得买李必才父子所栽[illegible]
世相珍叔侄所买之山一块土名松离地主贰[illegible]
世模弟兄佔壹大股　李必才所栽二手贰股
相珍叔侄佔壹大股
连股界上登坡下凭土壑左凭洪路右凭[illegible]
分伍仟八百九十文
凭中姜钟芳
代笔王承立

同治柒年四月初三日
世模登洋叔侄二人得买陆正宽所卖陆[illegible]
栽之山二块一处地名[illegible]皆榜界上凭钟碧英顺年山下
凭冲左右凭毓英山又一处[illegible]在离界上凭[illegible]和
山下凭[illegible]嘴左凭毓英山右凭陆光大山佃根
[illegible]贰分八分　凭中李天福 如葵 妙才
代笔周光藩

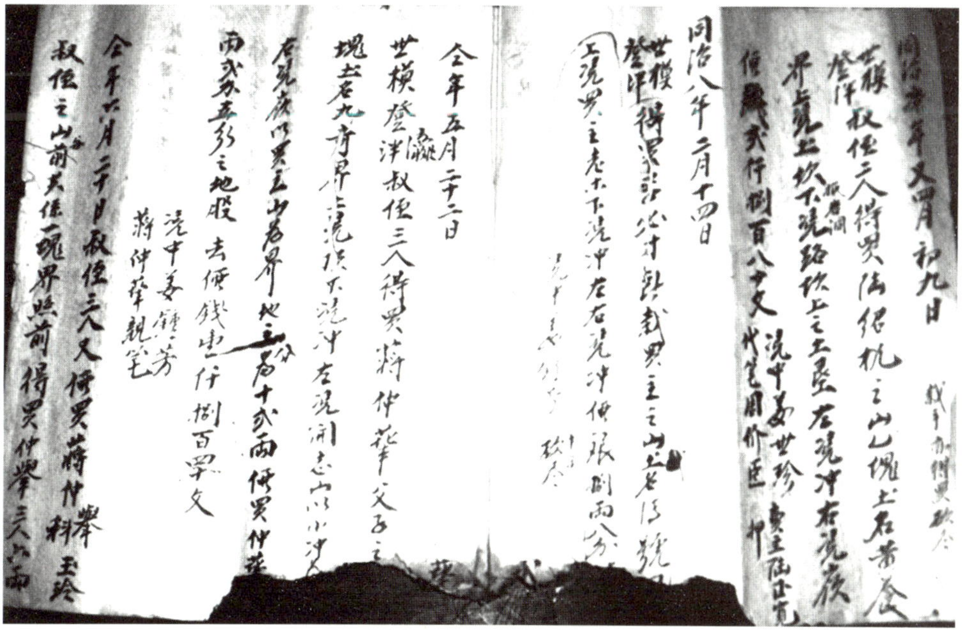

同治[illegible]年又四月初九日
世模登洋叔侄二人得买陆[illegible]机之山一块土名黄登
界上凭土坎下凭路坎上之土壑左凭冲右凭[illegible]
佃[illegible]贰仟捌百八十文
凭中姜世珍　卖主陆正宽
代笔周价臣　押
栽手[illegible]得买[illegible]

同治八年二月十四日
世模登洋得买[illegible]必才[illegible]栽买主之山土名[illegible]
上凭买主老木下凭冲左右凭冲佃根捌两八分
[illegible]

仝年五月二十二日
世模登洋瀛叔侄三人得买蒋仲华父子之
块土名九[illegible]界上凭[illegible]下凭冲左凭[illegible]
右凭[illegible]买主山为界地主五分为十贰两佃买仲华
两贰分五分之地股　去価钱壹仟捌百四十文
凭中姜钟芳
蒋仲华亲笔

仝年六月二十日叔侄三人又佃买蒋仲华 科玉 玲
叔侄之山前大保一块界照前得买仲华三人[illegible]

溪下截瓷獨田抵嶺路為界 併買栽手弍股去
谷八十斤
憑中 姜鍾芳
出賣 同富筆
十一月十三日
蔣氏啄音名下用價得買 堂叔公姜應泰之山場
土名剛脱界 左憑買主家存山 右憑四公山 上登剛脱
翻过得脱溪沟憑大河 得脱溪之界 上登大嶺
作就漢 右憑四公山 右憑栗山 地主分為十一股
世模 弟兄占六股 鍾奇 鍾太 碧 弟兄占五股 又合为叁股 世俊 蔣氏 占壹股 出賣
鍾太親筆 受價銀 ... 五分正

同治玖年又十月初十日
蔣氏用價得買 世楊南休山之地股分乙
股 價艮八錢 世楊又股 ... 艮 ... 又七分八釐 親筆
憑中 鍾芳

仝年十二月十八日
世模 世爵 二人得買 鍾太南休田弍坵 價艮弍
拾兩弍分八釐 憑中 任五喜
買主 鍾芳 碧 世官 鍾芳筆 立契

同治拾壹年歲次壬申正月初九日

光緒元年六月十八 併買 世爵 先年得買
姜正明父子跋載南脱之栽手弍股 界上
登嶺抵梨嘴 下憑土坡 左右憑 名鄉山 去價
錢弍仟文

光緒癸年七月十二日 世模 併買 朱大
弟兄 叔侄 之山一塊 土名培拜坡脚 此山
分為四股 六房 姜際春 際清 弟兄占地主弍股
姓 弟兄占地主弍股 出賣 岳 名下 界趾 上
田 下憑大河 左憑 際清 弟兄之山 右憑 ... 洪
去價錢 ... 仟捌百八十文 憑中 姜鳳祖 任五喜 大杰筆

计开山场单

冉中猛山分为七两：党九占一两；引绞由占一两；启才名下占一两；富宇名下占一两；保八名下占一两；长保名下占一两；祖保名下占一两。

嘉庆七年得买引绞由一两，得买蒋盛廷栽手，去银十五两。先年得买弘道冉中勇山一块，上凭顶，下凭溪，左右凭冲以上为界，此山分为二股，地主占一股，栽手一股。加（嘉）庆廿二年二月初六日，价买鲁国用栽手一股，去银七十六两，［代］笔、［凭］中杨霞东。道光三年十……，又得买吴正贵、正明、杨胜辉之栽手一股，去银……

乌大求山场分为七两五钱：富宇公占二两；党九占一两，卖与富宇公名下；长保占二两二钱，富宇公得买长保一两四钱六分六厘六毫，启才买长保七钱三分三厘三毫；保八占一两，卖与甫周名下；福保占一两，栽手分作四股，本家占三股，福保占一股；甫周占三钱，甫周名下三钱，并得买保八之一两，共合一两三钱，出卖与应祥、应□、绍吕三人名下；嘉庆十九年又二月十九日，三家共买绍牙、绍恒七钱三分三厘三毫，去银五两，凭中姜朝清。

白号山场分为十两：富宇公占二两；老干占一两；党九占一两；祖保占二两；长保占二两；乌号一样均分，此山老户：计胆、蔼□二人名下共占一两；善宇、银花二人……；本公名下二两，得买老干一两，买连保二……映友二钱五分，又得要海买银花二……五钱，又买王龙交九钱，又买长保守……杉木一两五钱；善宇、银花出卖五钱与会上富□□，名下占一两二钱半；祖保占一钱二分半，长保占一钱二分半；启才、甫周共占一钱二分半；富宇公买长保一钱二分半，又买甫周六分二厘五毫，又买生华一两二钱半，本家共占此山地主七两四钱三分七厘五毫一丝；廷式弟兄共占三两三钱一分二厘五毫；宗智等共占甫周二两五钱五丝二末；加（嘉）庆廿二年本家得买包六地土七两五钱，［嘉庆］廿三年又得买□绞之妻卧孚地土七两五钱。道光三年正月分有清单合约为据。

加（嘉）庆二十四年又四月初一日三家共买岩龙寨龙绍远、光华所栽之木白号山，又一处番故□，二块分为五股，绍远、光华占栽手二股，出卖本家。

计开培拜山场分为三大股：

三官、柳官二人占一大股，分为八小股，三官子孙占四股……

姜霞元占一大股，文学、文玉弟兄卖与富宇、文襄。

姜彩元占一大股，先楼、老岩二人卖与富宇、文襄。

眼汉占一股，分为四小股，富宇、文襄二人得买文佐一股，余三股与文风收；

公保占一股，美井全卖与文襄、富宇，三科、登科二人占二股，均卖与二人，文彬占股出卖文襄、富宇二人；

姜吉祥、今无、老龙贺三人占一大股，分为六小股，□□、士风二人之父占一股，出卖与文襄、富宇，老福父亲占一股，卖与文襄、富宇；

老安弟兄、老六二父共一股出卖与文襄、富宇；

富宇、文襄二人又买五什二父二股，应保父一股存，至□羊抱一股，分为六小股，文襄、富宇二家收五股，安海收五股；

故三、故远、故今三人占一股，分为三小股，矮大头绞勾占一股，卖与文襄、富宇，故远三小股卖与范国屏，故英、乔保独占一股，生英、数保二子全卖与文襄、富宇，又得买羡景所占培拜山三岭二冲，日后长大发卖，众人并无股分，富宇、文襄二家全收。外批：福英一股在外；

……后得买国屏、得买故远三股，又得老远一股，又买绍祖名下一小股，去价廿两零五钱，又买迈俨一小股，又得生兰、老贵二人二小股；

嘉庆十六年七月十八日天柱赖洞人氏，住居偿洞，小地名……弘登弘茂弟兄四人先年栽培拜山冉……老木以上，又一小块下至溪，杉木成林，凭中……，栽手二股，分有合同，字约付与柱家存。道光五年砍尽，余冉风庯下一块未砍。

计开陋见山场杉木分为二股：

乔计、党格、香保假三人占一大股，应祥弟兄三人得买香保一股，乔计、党格二小股卖佐周。

保天、季孙、党格又占一大股，保天、季孙、党格一大股作为五小股，季孙一小股卖与姜启德，启德又卖与应祥弟兄，今包慢弟兄名下卖与士朝。□天五人占一大股，作为十小股，应祥三家占一小股，士朝占一小股，余八股在外；香保、党格、乔计一大股作为三小股，应祥公弟兄得买香保一股，现二股在外。

道光元年卖价二百七十三两，分银照此单派无差。

计开冉拜山场杉木，此山分为五股，地主占三股，栽手占二股。

嘉庆十五年得买岩湾寨范承尧先年买故里地主一股，其山界：上凭小冲，下凭河，左凭冲，右[凭]岭，去价廿一两。[嘉庆]十六年得买范承尧地一老股，是年又得买……之地租分为三老股，绍正与述尧占……

计开乌榜溪山

加（嘉）庆十六年三家同朱卓廷得买张……分为二股，栽手占一股，全卖，下节分为六股，地主占五股，栽手占一股，得买张士信半股，用价一十二两五钱，约契在卓廷家存。

加（嘉）庆四年三家仝朱卓廷得买贺林壁、明先杉木一股，去价银一两，约契朱耀山存。

（嘉庆）十九年三家仝朱卓廷、耀山得买张士贵佃栽乌榜溪杉木一块，去价十两，约契本家存。

张士贵、士信、朱卓廷本家立有合同，耀山存一纸，本家存一纸，日后发卖照依十股分，本家占四股，朱姓占六股。

冉□朗山场

嘉庆十五年八月十三日三家得买上寨姜朝榜木并地，其山之界：上凭岭，下凭田，左凭小田角，右凭岭至路，去价三十两；[嘉庆]二十一年三家共买上寨姜朝榜弟兄杉山里边，去价三十二两；[嘉庆]二十二年又得买上寨姜绞坛杉山，去价四两五钱；道光七年八月得买上寨吴绍礼之木并地。

冉强山场分为一十三股：

富宇公得买中房文聘一股，又与福绞……；

老股作三小股分，本名一股，福绞收，绍望收甫周一小股，余一股分为六股，富宇公得买士凤、今三、国炳、九堂四人四小股，本名一股，共合五股，余保所一股存；

一老股分为二股，映林占一股，士模、应祥、士朝三人占一股，自将一股分为四小股，士模占二股，士朝占一股，应祥占一股，另有合约在士模存。

计开九龙山木，上凭岩洞，下凭盘路，左右凭冲，本家与绍牙、绍恒、包五、包六、绍祖、范氏所共，用价全买。

加(嘉)庆二十三年三家共得买启章此山栽手。

[嘉庆]二十三年三月初九日映祥、映□二人得买龙士清、士吉地名鬼郎杉木一块，又圭横溪头一块，又培或坡一块，又得白号岭上田一坵(丘)、冲闪田一坵(丘)。

[嘉庆]十七年三家得买六房姜光周、绍宗……上凭水沟，下至溪，左凭官保山，右凭小冲。

[嘉庆]廿四年三家得买映科弟兄、玉兴、述昌之山，地名党假令，地主分为十股，价买六股，去银九两，栽手一股在外。

[嘉庆]廿三年三家共买玉兴所栽乌鸠之木，栽手占二股，分为三小股，玉兴占一小股，出卖本家，砍尽。

道光元年十二月初十日三家共买述昌所栽乌鸠之木一小股，去价十两零五分，砍尽。

计开从甘榜山，[分]为四股：

本家占一股，映友占一股，绍望弟兄占一股，绍祖占一股，此山界：上凭脑，下凭今五地，左凭岭，右凭冲，其木粉为五股，栽手二股，地主占三股。

[嘉庆]十八年三月初一日三家共买绍祖一股，去价一两三钱，栽手绍望家买。

[嘉庆]十八年十一月三家共买姜保魁山杉，地名卧滥一□，又得买姜官蔼名下一股。

道光元年十二月初六日三家得买……之山土名卧滥，所占栽手一股，去银一两六分……栽手一股，上边得买保魁、官蔼、□寿父子之木，地在内，上凭路，下至冲，左右凭岭为界。

[道光]廿四年九月初三日本家与廷柱共买姜述昌佃栽山名报堆之木，去银十三两五钱，约契柱家存。道光廿三年价买姜凌霄地主一股，契绍齐存。

道光元年二月初九日三家共买吴克任先年佃栽皆垢之木一块，上凭乔房田，下抵本家山，左凭本家山，右抵路，去银四两五钱。

[道光]十二年十二月廿四[日]，本名与绍吕共买保勿、今五、老什所占老佑之山，土名乌养四甲，每甲作十股，老佑一股出卖与二人。

道光元年正月绍齐、汝校、妹申共买杨维谋之木一块，地名乌晚，上、下抵田，左抵小冲，右抵绍为，木分为五股，维谋占栽手二股，出卖三人名下，又得买维远，占地股一股半，[道光]廿年砍尽，岩弯(湾)范老世佃栽，砍尽。名下私得光□地主并土在内一股半，咸丰九年砍尽，佃与岩湾罗老三栽。

道光二十一年十二月价买姜凌霄、凌汉、凌青弟兄之山场杉木三处，一处地名卧腰，界址：上抵凹，下抵犁嘴，左凭冲，右凭岭，分为五股，凌汉弟兄三人占地股三股，出卖，并地在内（卧腰之地维谋占栽手二股，今卖与本名。咸丰六年卧腰一块，砍尽，同年三月初六价买李氏二妹地主一股，去银五两四钱，又买凌□）；又一处地名四里潭，别名翁罢往，界址：上凭岭，下凭河，左凭范姓之山，以冲为界，右凭范姓之山，下截以小冲为界，分为五股，地主占三股，栽主（手）占二股，此地主之三股，分为四股，弟兄……老家与中房姜廷柱弟兄共山场一块，土名穷赛离，上凭岭，下抵冲，左右凭冲，砍尽，黄姓佃栽，地主分为二大股，老家占一大股，开璜正理，叔侄占一大股，地在内；又一处地名乌榜溪，别名冉强对面，界址：……廷贵所栽之木分为五股，地主占三股，栽主（手）占二股，此栽主（手）之二股分为四股，弟兄名下占二股，出卖。

翁霸往之一块，地主全得买，又廿三年又七月廿日价买李氏、姜凌汉三弟兄、姜凌云三家之污晚溪山场一块，界址：上登顶，下抵田，以溪为界，左右凭范姓之木，地主全占。（翁霸往之块，咸丰十年砍尽，栽、地共价银二百廿两钱，……仝年佃与羊报姜宋保……）

道光二十一年十一月得买姜朝胡父子之山场杉木三处，地名从故□下一块，栽手、地主俱在内，界址：上凭土坎，抵老木为界，下抵冲，左凭买[主]自占之山，右凭冲；相荣山上一块，界址：上凭土坎，抵老木为界，下抵冲，左凭自占之山，右凭冲，分为五股，朝胡父子占地主一股半，又占栽手二股，共合三股半，俱出卖；又一块地名翁罢往，界址：东抵乌晚，西抵大河，左抵岩湾山，右抵春发山。共合三块，俱出卖，三块俱以（已）砍尽，翁罢往佃与岩湾范老二栽，从故□二块佃与上寨移至羊报居住姜老宗栽。

道光二十二年正月十九，价买黄均安弟兄先年所佃本名之山二块，一块报楼，一块阳（杨）公庙背后，二块栽手全买，咸丰九年杨公庙背后之块砍尽，卖价卅六两，是年十二月又佃与中房李天福、张老益二人栽。

道光廿二年四月十四日价买下房姜天瑞山场杉木一块，地名穷强即，在……界址：上凭绍宏山，下凭水勾（沟），左抵小溪，右抵岭，栽手、地主全卖，去银二两六钱。亲笔。凭中：姜朝伟。（咸丰八年砍尽，佃与黄同寿）

道光廿二年五月初二，得买姜本望、本清弟兄山场杉木一块，地名鸠了，界址：上凭开祥田坎，下凭本名田，左凭钟灵田角，右凭冲，与开祥田角为界；又一块，上凭本名田，下凭绍宏田坎上，与大路为界，左凭田角与大冲，右凭打岩冲，与大路为界，上下荒坪俱以（已）在内，价银二两六钱五分。凭中姜钟灵、朝伟，本望笔。

仝年五月十三日得姜昌远先年佃栽本名之山二块，一块乌皆追，左右凭本名，上凭路，下凭溪，一块党宜，上凭田，下凭本名，左凭冲，右凭本名，价银三钱，凭中老胖，亲笔。

仝年四月十三得姜本善、子鸠田坎外连木三根，价米三碗。

□□二十二年二月二十四日价买姜必达父子污堆之栽手……，去银六分，□地主三股，以前全得买田祥的地，界址：上凭沟，下凭沟，左凭冲，右凭田角，咸丰七年砍尽。

道光二十二年五月十八日得买龙光渭、文瑜、文光三人先年佃栽本名鸠翁坎的之栽手二股，价银三两九钱。凭中：姜相荣、龙武现，亲笔。

仝年得买洋报合连又先年佃栽本名鸠翁的之栽手二股，价谷四石五斗。

仝年十月十六日得买姜光照山场杉木一块，地名穷干榜，界址：上凭祖坟，下凭冲，左凭刘姓之木，右凭本名之木，价银一两六钱五分。凭中：姜朝伟，光照亲笔。

贵保年之栽手一股，系先年佃栽本名与载……皆从□□，此山地主栽手分为五股，地主占三股，……得买贵保年一股，载渭得买昌厚一股，我等得……

乾隆五十年七月初六日本名得买姜义……翁的，上凭路，下凭冲，今佃与福保栽，分为五股，本名占地主三股，福保栽手二股，卖与名下，砍尽佃与合连栽，今卖与名下。

加（嘉）庆廿五年三月十七日得买者寨屯邓有训先年得买龙廷彩之木，界址：上登顶，下抵田并大路，左抵买主，右抵光禹弟兄之山，去银七十七两。木地在内，龙文瑜栽。

道光五年六月十二日又得买姜光禹、光宗、光兆、光绪之木二块，界至：上登路，下至河，左凭本名买邓姓之木，右凭冲；又一块土名假壅，上凭绍恒，以土垦（埌）为界，下至乌堵溪，左右凭冲，去价三百二十五两，砍尽。

嘉庆十九年五月初十日本名得买姜宗元鸠翁悠杉木一块，上凭宗义木，下凭河，左凭冲，右凭宗□木为界，去价十五两。

乾隆四十九年十一月初六日祖父映祥私买姜包岩之杉木，土名党宜，上凭田，下凭水沟，左凭朝瑾，右凭岭，[乾隆]五十八年得买老元之杉山一块，与包岩所共，去银一两零五钱。

乾隆五十九年十一月廿一日得买黎平高珩之山，地名皆知，分为九股，价买地主五股，去银六钱。祥宇占三股，老宗占一股。本名占栽手一股，述昌占一股，出卖与映科、保富、玉兴、映林、姜卓半股，述昌作为五股半。本名得买玉宏先年所买映科一股、保富一股，又得买玉兴一股，余映林、姜卓共占一股半在外，砍尽。廿三年四月十六日得买六房姜光儒、光祥之松山一块，土名……

嘉庆三年二月十八日得买绍牙之杉山一块，地名乌泥，上下凭田，左[凭]岭，右[凭]冲，此块砍尽，佃与绍宾栽。[嘉庆]十三年七月初十日又得买保官与绍牙所共之山，地名乌泥，上抵田，下抵溪，左右凭冲，此山分为二股，绍牙占一股，卖与本名，去银五两五钱，砍尽，佃与合连又栽。

嘉庆七年四月廿日得买姜晚三之杉木，地名冉楼卡，上凭岭，下凭冲，左凭本名，右凭述圣，去银九两三钱。

[嘉庆]十四年十二月廿八日得买姜庚养之山木，地名冉楼卡，去银十一两一钱，[嘉庆十四年十二月]廿四日得买下房姜登荣佃栽补两川兴之木二股。

嘉庆廿一年得买六房姜朝干弟兄杉山二块，土名冉陋卡□面左右二块，木地在内，去银九两三钱。

[嘉庆廿一年]十二月十四日得买姜绍敏之山木，土名聋九，分为二股，本名买一股，绍宏存一股，道光廿三年绍宏之一股卖与名下。

[嘉庆廿一年]十一月廿一日得买主贵、绍姬、乌养之山，分为四甲，每甲作十股，价买主贵四股半。

[嘉庆]十年二月十八日得买绍牙、风离之山，左边分为四股，买绍牙一股半，右边分

为二股，又买绍牙一股，此山天祥之股卖与相弼，相弼又分卖与名下，此山相弼、钟英二家平分。

［嘉庆十年］四月十一日得买映周、映科弟兄四人之山木，土名冉强一块，党假令一块，分四甲，每甲作十股，映周、映科弟兄占一股；又乌养一块，每甲作十股，出卖一股与名下，去价六十两。

［嘉庆］十七年七月十七日得买连合、绍华之杉山，地名南敖，去银廿一两。［嘉庆］十七年三月廿二日又得买姜天九父子培拜杉山四块，去银四两八钱。

［嘉庆十七年］十二月十五日得买绍牙之山，地名皆龙王二块，［嘉庆］十年十二月廿日得买绍牙、绍恒南敖杉山一块，去银二两一钱。

［嘉庆］十四年十二月廿四日得买姜记三干什杉山一块，去银卅二两。

［嘉庆十四年］廿五日得买有生、老克乌皆恒杉山，分为四股，价买一股；又乌知为之山一股，又乌鸠山作四股，价买一股。

［嘉庆］十五年二月初十日得买姜绍祖之杉山一块，土名南敖，去银廿二两，砍尽，后栽手又得买。

［嘉庆］十六年十二月十九日得买老同污皆恒之杉山一股，去银八两。

嘉庆十七年八月廿日本名得买下房姜宗礼杉山乌大求二块，上边一块上凭朝奇木，下凭溪，左凭□岭至冲，右凭冲，下边一块上凭宗义老木，下凭犁嘴，左凭冲，右凭辇党山脚盘至冲，此山得买一两；又一块地名党兄之皆也风，上下凭田，左［凭］冲，右凭载渭木地；又一块风黎杉木并地，上登顶，下抵田，左［凭］冲，右［凭］岭以下至桥头为界；又一块皆敢拜木地，上凭路以至田，下抵盘路，左凭路，右凭冲；又一块培松杉山，上凭光远荒坪，下至溪，右凭冲，左上截凭岭以至田坎，下截凭冲，并皆了田三丘，共去银一百六十两。宗智□乌大求山木五两五钱均分。

咸丰□年另分合同四纸，日后砍伐照依合同股数均分，本名存一纸，光宗存一纸，毓菁一纸，奇叔存一纸。

本名得买岩湾寨范锡畴冉拜山，分为三大股，锡畴、绍□共占半股，作二小股，价买锡畴一小股，又得买锡畴从堆山一小股，又得买锡畴卧夭山一小股，又买乌晚山一小股，［嘉庆］十八年二月得买范承尧卧夭一小股，又得买范绍卿卧夭一小股。

［嘉庆］十九年得买包番绞卧夭栽手一股，［嘉庆］廿年又得买下房朝盛栽手一股，至后又得买连界朱映本父子佃栽国柱之山，上凭岭，下凭路，左凭岭，右［凭］冲，此木分为二股，国柱占地主一股，买映本栽手一股，又得买范绍卿乌晚山一小股，又乌榜溪木地一块，此山木全买。（砍尽佃栽，后又买）

［嘉庆］十二年十二月用价买六房姜开太之子姜□□之山场杉木一块，地名党庙，上凭田，下凭水沟，左抵半沟七星田角，右抵小岭，当面议定价银一两二钱。凭中：姜开渭、通粹、光辉、开来，代笔：姜通义。

［嘉庆十二年］十一月姜绍齐、钟英、昌宗三人用价买姜老福之栽手杉木三处：一处地名冉稿多，栽手占二股；一处穷皆帝，栽手占二股；一处地名井斗，地主分为十六股，本名

占一股,出卖与三人名下,当面议价银二两一钱五分。冉稿多界:上凭路,下凭岩洞,左凭冲,右凭岭。穷皆帝界:上凭绍舜之山,下凭路,左凭熙华之山,右凭绍唐之山。井斗界:上凭芳山,下凭溪,左凭冲,右凭岭。凭中、代笔:姜相弼。

井斗之块,八年砍尽,九年佃与平鳌老保、□匠二人,栽佃字相开存一纸,本名存一纸。

[嘉庆十二年]十二月用价买上寨六房姜开榜之山场杉木二块,一块土名白号,一块土名污宜号,每块分为五两,每块占五钱,今出卖与名下,当面凭中议价银二两五钱一分,界限各照老契。凭中:龙怀智、光华,亲笔立。

道光二十三年二月廿六日价买上寨中房姜显志、廷贵、显儒二人先年佃栽本名之山杉木栽手二股,土名之鸠,上凭岩洞,下凭开仕山,左凭凌汉山,右凭凌汉山。凭中:姜朝伟,显儒亲笔。

……二月十八日价买下房姜天祥之山场杉木一块,土名白号山,界:上凭田,下凭冲,左凭本名山,右凭绍熊与宗纯山为界,去银□两二钱。元年砍尽,凤黎姜老保佃栽。凭中:姜朝伟,天祥亲笔。

道光二十三年二月廿六日价买下房姜光模之栽手杉木一块,土名杨公庙,上界限:上凭朱镐之木,下凭大冲,左凭岭,右凭冲,地股系本名的,九年砍尽。凭中:姜廷贵、朝伟,光模亲笔。

道光二十二年三月初二日价姜春发之山二块,一块土名四里潭,界址:上凭盖,下凭河,左上截姜济泰本名之山,下截凭姜朝广,右凭范姓四公山;又一块土名刚晚,上凭岭,下凭田,左凭范绍孝之山,右凭□保之山。二块地主股数分为十二股,本名占一股,本盛占五股半,春□占五股半,今得买春□之五股半,二块共价银四十两八钱。先年得买姜朝琦一股,名下共占六股半。咸丰九年砍四里塘之块,仝年佃与炳质、炳文弟兄栽杉,佃字奇叔存。凭中:绍周,代笔:本清。

道光二十三年二月廿八日价买下房姜光必先年佃栽达走本名山之栽手二股,上凭钟灵山,下凭岩角,左凭起宾木,右凭冲,四至分明。凭中、代笔:姜朝伟。

……十二年三月十七日价买洋报姜老合先年佃栽本名鸠翁的……二股,去银三两一钱五分。凭中:姜绍清,代笔:王明清。

仝年三月廿一日价买姜本望之山二块,土名聋离,界限:左凭破□岭至冲,右凭岭,抵本名得买相弼叔侄之山,下凭冲,又一处系先年得买姜福生,界址:上凭岭,下抵土垦,左凭小冲,右凭岭,二块去银一两二钱。凭中:姜天祥,本望亲笔。

道光二十三年二月廿六日价买本房龙绍宾之山场杉木二块,一块土名皆休,界限:上凭光宗田,下凭田,左凭姜昌宗木,右凭李绍璜,此山二股均分,样理占一股,绍宾占一股,今得绍宾一股;又一块系先年佃栽本名之山,土名冲谢内,地主占三股,栽手占二股,今得买栽手二股。二块俱砍尽,从谢内之块佃与中房玉龙栽,皆休之块佃与下房本和父子栽。凭中:姜永发,代笔:姜本望。

仝年十月初五日价买本房龙昌贵父子山场一块,地名污兄,界址:上登顶,下凭污兄足，左凭岭，以污兄足为界，右凭凹，以小冲为界，此山分为四大股，又分为八小股，绍宾、维元弟兄占四股，先年早卖与名下，龙维元、载坤弟兄占二股，为因错砍富宇公之木，无银赔补，维元弟兄将此山二股出卖与绍吕、绍熊、钟英三老家为业，余昌贵父子二股出卖与钟英、世豪二人名下为业，议定银一两八钱正，此山分为八小股，钟英伯侄私占六股，余维元弟兄二股卖与三老家。此山分为八股，名下占六股，三老家占维元弟兄二股。凭中：姜老引，代笔：龙载坤。

[道光二十三年]十月十八日价买下房姜光模父子得买先年姜光清佃栽本名之山，土名扳中，上凭土垦，下抵路，左抵冲，右抵姜揆之山，栽手、地主分为五股，地主占三股，栽手占二股，价买栽手一股，去银一钱五分。凭中、代笔：姜朝伟。

[道光二十三年]十一月十一日价买上寨姜通义伯侄三人山场杉木一块，土名污休，上凭本名山，下抵岩洞，左抵□，右抵姜朝琦山，以埋岩为界，此山栽手，地主全占，去银六钱三分。通义亲笔，凭中：姜荣。

道光二十四年正月十八日价买羊报引大汉山杉一块，地名皆休，小地翁顺，界址：上凭田，下凭大河，左凭绍璜之山，右凭买主之山，去价银五钱正。凭中：易明喜，代笔：姜邦彦。

道光廿三年十二月廿七日价买本房姜朝国之山场一块，地名九龙山，小地名冉忧，界址：上凭地坪，下凭乌堵溪，左凭绍齐、熙华、钟英、皆龙之山，右凭本名与相荣之山，此山地主、栽手分为五股，栽手占二股，地主占三股。此地主之三股，本名占一股半，得买相国父子之一股半，共合三股，地主全得，去价银十两零二钱，手系龙宗达的亦卖与名下，栽手地主全得。凭中：姜朝伟。咸丰三年砍尽，佃与蒋仲华佃栽。

道光二十四年价买洋报老根先年佃栽本名报楼之山栽手二股。

……三月十七日价买羊报姜老引先年佃栽本名之山，地名皆休，界址：上凭连合田，下抵连合田，左抵朝胡山，右抵路，……栽手五股，出卖，栽手二股，去银二钱。……年砍尽即佃与羊报龙老三、老添、姜齐发。凭中、代笔：姜邦彦。

……年四月十五日价买岩湾范炳灿先年佃栽本名之山，栽手一股，去价银九钱八分，又得买余炳质栽手一股，界址：上下凭本名之山，左右凭本名之山。凭中：李斯宏，炳灿亲笔。（大地名四里塘，小地名依栽，即在南格对面）

咸丰四年六月廿四价买羊报姜乔一栽手二股，地名南赖，界：上凭田，下凭溪，左凭绍宏，右凭姜灿山，去谷廿八斤。凭中、代笔：姜昌远。

仝年三月廿二日价买岩湾范老养先年佃栽本名甫定之山一块，界限：上凭田，下凭王姓之木，左凭国柱山，右凭冲口田角，此山地主栽手分为五股，地主占三股，栽手占二股，去价买栽手二股银五钱八分，全得，十一年砍尽，佃与杨殿安。凭中、代笔：姜朝伟。

仝年三月廿八日价买岩湾刘老九先年佃栽本名刚晚之山一块，界址：上凭岭，下凭本名之山，左凭载渭与岩湾之山，右凭本名之山，此山栽手、地主分为五股，地主占三股，栽手占二股，二块去价银一两六钱五分，买刘老九所占栽手一股，余□□之栽手一股，卖与绍吕、绍齐。此山地股并土，分为三大股，本……先年得范献璜、朝伟弟兄一股半，廿五年又得买中房姜凌汉弟兄……一块，土名刚晚，界址：上凭岭，下凭本名之山，左右凭本名之山，二块去价银一两六钱五分，买刘老九所占之栽手一股，余炳质栽手一股，卖与绍吕、绍齐，此山地主分为二大股，先年得买一大股，廿四年六月初五价买加池世连、世元二人一大股，地主全得。咸丰十年砍尽，卖价银四十一［两］。凭中：范锡荣，代笔：姜朝理。

仝年四月初一日价买岩湾范文治、玉恒、老秋、李恒四人先年佃栽本名甫定之山一块，界址：上凭犁嘴，下凭大河，左凭绍宏山，右凭老洪，此山地主、栽手分为五股，地主占三股，栽手占二股，去价买栽手二股，去银二两二钱。凭中：姜朝理，文治亲笔。（咸丰六年砍尽）

道光二十五年二月初四日价买下房姜光祖之山一块，地名高大，界址：上凭盘路，下凭绍吕山，左凭上冲，与朱姓山为界，右凭冲，黄姓栽手亦卖与名下。凭中：光壁，光祖亲笔。

□□加山，道光廿四年六月初六日佃与龙光星佃栽，佃字绍吕［存］。

道光廿七年十月初八日，又价买莲花山姜顺、子老又、老运、老开父子先年佃栽本名之山一块，地名鸠翁腰，栽手、地主分为五股，价买栽手二股，去银一两零八分。界址：上凭杨胜和，下凭本名之山，左凭冲，右凭加池之山。凭中：姜昌明，代笔：李天才。

道光二十四年十二月价买杨宏仁父子先年佃栽本名与起滨之山场一块，地名刚晚，栽手、地主分为五股，栽手占二股，地主占三股。此栽手二股，潘姓占一股，杨姓占一股，今得买杨姓一股。其山界限：上凭岭，下凭本名之山，左右凭潘姓所栽本名之山。当日议价银一两四钱伍分，廿五年得买潘正道之栽手一股，此山全得土股栽手并在内，起滨之土股亦卖与名下。凭中、代笔：李天才。

仝年仝月绍熊与名下二家价买杨宏仁父子先年佃栽名下与绍齐之山一块，地名刚晚，地主、栽手分为五股，地主占三股，栽手占二股，得买杨宏仁父子之一股栽手。界限：上凭本名之山，下抵□，左凭本名之山，右凭岩湾之山。当日议价银五两九钱八分。廿五年□□潘正道之栽手一股，全得。凭中：易明喜，代笔：李天才。（□九年砍尽）

……二十一年又月三月初六日价买姜邦正、□科二人先年佃栽本名之山，地名培松，去谷买栽手二股一石六斗。凭中：姜连寿。

又三月某日价买本房李如兰之栽手一股，地名冉楼卡，地主系苗光张荣的，地主、栽手分为二股，买栽手一股，去谷一石七斗。廿三年六月廿二日价买苗光姜玉兴、玉祖、宏祖、侄老转四人地主三股，并地全占，砍尽，今佃与光清、邦正二人栽。

廿二年四月十三日价买下房姜朝望父子四人先年佃栽姜光照弟［兄］山场一块，土名杨公庙背后，此山界址：上凭买主，下凭路，左凭宗纯，右凭买主，四至分明，栽手、地主五股分，栽手占二股，出卖本名，银三钱八分，地主三股并地先年早卖名下……

仝年十月初八日，廿□年价买岩湾范锡寿先年佃栽姜钟英、相弼二人之山，地名南晚，栽手、地主五股分，栽手占二股，出卖与买主二人为业，议定银五钱正。砍尽，咸丰十年佃与范锡荣、锡禄二人栽。凭中：姜朝理，亲笔。

……十五年二月价买本房贵保严先年佃栽本名之山……股地名皆洗雍江，界址：上凭路，下凭溪，左凭上房共山，右……之山。姜老胖佃栽。凭中：姜绍清，代笔：龙载坤。后又买姜凌霄得买□李林之栽手二股，即在荫堆之内，有数十余根。

道光廿五年七月卅日价买中放李氏二妹仝孙姜凌汉、凌云、凌青三家之山场杉木一块，地名赛离，界址：上凭卖主山，下两边抵河，中间截以盘路，[以]姜葵之山为界，左凭冲，中间凭陆姓之山，右凭冲，四至分明，栽手、地主分为五股，栽手占二股，地主占三股，凭中得买地主三股，并地在内，去银九两八钱。此山地股又分为九小股，得买八小股，又卖，余凌霄一股在内，凌汉亲笔，凭中：姜老奇、朝理、朝胡。（……在内，荫堆全得，凌霄地之荫堆亦得买）

[道光廿五年]八月初二日又价买姜凌霄赛离山内之荫堆一股，价……

[道光廿五年]十二月十二日又得买龙合锦先年得买姜凌霄之一股，去价银二两一钱，此山地股并土全得，凌汉笔，凭中：姜老奇。（廿六年十月初九日得买中房张老益弟兄二人栽手二股，去银□两正。凭中、代笔：李天才。）

[道光廿五年]八月初二日价买王老宋父子先年佃栽本名之山二处，一处地加什塘，上下左右凭姜之毫之木，一处稿蔼道，上凭凹，下凭河，左凭冲，右凭姜明远之山，栽手、地主分为五股，栽手占贰股，出卖与名下，价银二两正。凭中：姜开泗、李天祥，代笔：李天才。（稿也道一块，砍尽；加池塘之……）

[道光廿五年]四月十八日价买中房姜凌云山场杉木一块，地名培番，小地名冉夭，界址：上下凭水沟，左凭岭，以土垦为界，右凭本名，以大冲为界。此山栽手、地主分为五股，地主占三股，栽手占二股，价买地主三股，并地在内，去银三两三钱八分。亲笔，凭中：姜老齐。咸丰三年二月初六日得买姜凌云先年得买杨老麻之山栽手二股，银一钱三分。亲笔。

[道光廿五年]七月十七日价买九怀寨、黄闷寨王乔生、侄一宗与龙光星先年佃栽本名之山，地名刚培道杉木，界址：上凭绍宏、载□之山，下凭盘路，左凭大岭，右凭大路。栽手、地主分为五股，地主占三股，栽手占二股，今将栽手二股出[卖]与名下为业，去银二两八钱。凭中：易明喜，代笔：林文述。

[道光廿五年]二月廿五日价买李圣宗先年佃栽本名之山，土名东离杉木一块，界址：上凭坪，下凭田，左凭冲，右凭应祖山，今将栽手二股出卖与名下为业，去银五钱四分。代笔：姜荣，凭中：姜邦彦。

[道光廿五年]二月廿五日价买平鳌姜葵之山场杉木，土名也羊垢，即在加党栽上，上凭田，下至污堵溪，左凭岭，右凭冲，地主、栽手分为五股，栽手占二股，地主占三股，今将地主三股并地出卖与名下为业，去银三两三钱。亲笔，凭中：姜荣。

[道光廿五年]六月廿九日价买姜相弼先年得买下房姜天祥之山场杉木一块，土名东离，界限：上凭顶，下凭载渭山，左凭冲，右凭大冲，四至分明。分为四股，先年二家得买三股，今相弼得买天祥之一股，又分半股出卖与名下为业，去银一两五钱。此山钟英、相弼二人二家平分，栽手系连寿所栽。相弼亲笔，代笔：姜朝理。（廿一日价买姜连寿之妻名美香栽手二股，去银二两八钱八分。）

［道光廿五年］三月十五日价买龙载坤山场杉木一块，地名冉稿多，栽手、地主分为二大股，界址：上凭本名，下凭田，左抵本名，右抵冲，今将一大股出卖与名下为业，去银六钱。凭中：绍清，代笔：朝理。

［道光廿五年］四月初十日又得买龙维元一大股，去银六钱，此山栽手并地，全得买。凭中：绍清，亲笔。

［道光］廿五年十二月初十日价买中房姜开仕弟兄二人山场杉木一块，地名污榜溪，小地名冉稿，此山栽手、地主分为四股，价买弟兄二股，界址：上凭凌汉山，下凭溪，左凭路，右凭冲，去银二共□□一钱正，契二张。凭中：姜大受。

……年五月初一日……岩湾范绍粹山场杉木一块，地名报牛，分为八股，得买绍粹一股，上凭岭，下凭田，左抵田，右抵绍宏山，先年分为十六股，价买继尧一股，又买继尧、老占二人共占一股，咸丰七年砍尽。

［道光廿五年］五月廿九日价买中房姜凌云山场杉木一块，地名培番，又名眼夭，界限：上凭水沟，下凭水沟，左凭上截凭显祖与本名之山，下边凭范姓木，右凭本名木为界，四至分明，此山木分为五股，地主占三股，栽手占二股，今得买地股并地，去银一两六钱五分。凌云亲笔，凭中：姜朝理。

道光廿六年九月初三日范氏、饶氏二人得买下房姜光壁先年佃栽本名之山二处，一处地名板中，栽手二股，得买一股；又一处地冉路卡，栽手二股，全得买。扳中之栽手二股，先年名下买姜老月一股。凭中、代笔：姜朝理。

［道光廿六年］七月初十日价买中房姜凌霄山场一块，地名污榜溪，上凭盘路，下凭杨姓之田，左抵老广木，右抵冲。地主分为六股，弟兄占三股，出卖一股，又先年得姜开池、开仕弟兄三股，合四股，去银一钱五分。亲笔，凭中：易明喜。（砍尽）

［道光］廿六年九月廿一日价买羊报姜老和（即引大汉之子）[1]杉木一块，土名从见，界址：上凭本名山，下凭绍吕仓，左凭本名与绍齐山，右抵禁，此山栽手、地主分为二股，此栽手一股又分为三股，得买姜老和一股。凭中：姜昌贵，代笔：姜朝理。

道光廿九年二月廿七日价买羊报姜老根先年佃栽本名之山二块，一块地名包报，上下凭本名之山杉，左［抵］岭，右［抵］冲；又一块栽手地名培拜，上凭曾□之山，下凭勾溪，左凭红路，栽手、地主分为五股，价买栽手□□二共去银一两零二钱。凭中、代笔：姜昌远。

道光二十七年五月十四日价买姜相德山场杉木一块，土名九其，上凭顶，下凭水沟，左凭岭，右凭冲，四至分明，其山栽手、地主分为五股，地主占三股，栽手占二股，得买地主一股，去银四两五钱正。凭中：姜朝理，相德亲笔。

［道光］廿九年三月一十八日又价买相德得熙华弟兄之一股地主，去银四两八钱正。相德亲笔，凭中：姜老恒。（咸丰八年砍尽）

［道光廿九年］三月初七，价买龙载坤、姜昌义二人先年佃栽本名之山，土名卧夭，界址：上凭洪路，下凭大路，左凭冲，右凭洪路，栽手、地主分为五股，地主占三股，栽手占二股，得买栽手二股，去银五钱三分。凭中：姜钟芳，载坤亲笔。

道光廿七[年]十二月廿九日价买本房姜邦彦先年佃栽本名之山场一块，地名乌休，界址：上凭相弼本名等所共之山，下抵下房姜本和之山，左凭载渭、张家共山，右凭冲，此山分为五股，地主占三股，栽手占二股，今得栽手二股，去银四钱，砍尽。邦彦亲笔。

道光廿八年六月初四日价买下房姜发甲(即光禹之子)[3]先年佃栽本名之山场一块，地名皆忧，界址：上凭下房姜思诏田，下凭大陆，左抵冲，右抵洪木，与相珍为界，去银二钱三分。凭中、代笔：姜光照。

[道光廿八年]六月廿五日价买九龙山蒋玉岑先年佃栽本名之山一块，地名皆粟，上凭田，下抵半山，与绍吕叔山为界，左抵本名之山，以绍宏方平(坪)为界，右抵冲，此山栽手、地主分为五股，栽手占二股，今得买栽手二股，去银六钱八分。凭中：姜有祥、光照，代笔：蒋仲华。(砍尽)[4]

道光廿八年价买本房姜邦彦先年佃栽本名山场一块，土名白岩洞，界至：上凭平鳌姜怀智之栽手，右凭怀智栽手，下截左凭怀智栽手，右凭路，四至分明，栽手、地主分为五股，栽手占二股，地主占三股，议定价银一两五钱正。此山场与平鳌姜怀智所共，各有契具(据)可凭。邦彦亲笔，凭中：钟芳。

道光廿九年二月初七日价买下房姜祖送、新春弟兄山场杉木一块，地名白号山，界址：上凭黄闷之山，下凭犁嘴，左凭冲，与黄闷之山[为界]，右凭相荣、绍周志山为界，其山木分为五股，地主占三股，栽手占二股，此地主三股又分为二大股，朱姓占一股，新春、祖宋二人占一大股，出卖与名下，银廿三两。凭中：堂叔姜本义、本元、本洪、本宗，代笔：姜本善。(同治元年价买朱姓之股，此山全得)

[道光廿九年]二月廿七日价买羊报姜老根、汝保栽手杉木二处，一处土名报劳，上凭买主，下凭买主，左凭岭，右凭冲；又一处土名冉培拜，上凭曾姓之木，下凭勾，左凭洪路，右凭溪，四至分明，出卖与本名，价银一两零二分。凭中、代笔：姜昌远。

道光廿九年又四月初十日，价买岩湾寨范绍卿先年佃栽本名之山，地名鸠翁忧，上凭本名，下抵河，左抵本名，右抵姜顺所栽之木，栽手、地主分为五股，栽手占二股，地主占三股，价买栽手二股，去银四钱五分。亲笔，凭中：姜献壁、易明喜。

[道光廿九年]六月拾七日价买平鳌寨姜治宏之山，地名乌之为，又名眼从东，界址：上登顶，下至污堵溪，左凭应德山，右抵起书山，去银□钱。亲笔，凭中：姜文炫。

[道光廿九年]七月十八日价买岩湾寨范炳质、炳文二人先年佃栽本名之山，总名四里潭，小地名依栽，栽手二股，去银一两一钱。上凭买主，下凭河，左抵范绍吕，右抵买主。炳文亲笔。

[道光]廿九年九月内价买岩湾范献龙、侄老四佃栽本名、昌基、相弼等之山，地名翁伯往，栽手、地主分为五股，地主占三股，栽手占二股，此二股又分为四股，价买献龙、老四二人三股，老凤自存一股，出卖与钟英、相弼、昌基三人承买为业。凭中、代笔：钟芳。

[道光]廿九年七月廿八日价买姜凌汉、凌青、侄永祥三人之山场杉木，地名风黎，上凭盘路，下抵田，左抵冲，右抵岭，栽手、地主分为五股，出卖地主并地与名下，去银六钱三分。凭中：昌明，代笔：凌青。

道光卅年七月十一日价买李天才杉木一块，地名卧姑恶，界址：上凭渡船田，与黄昌干之田为界，下抵大河，左右凭水冲，此山地主、栽手分为五股，地主占三股，栽手占二股，得买栽手二股、地主一股，共合三股，价银三两三钱。亲笔，凭中：姜钟芳、大烈、昌明。(……七年砍尽，九年佃与中房姜老寿栽)[5]

同治元年三月卅日得买者寨屯朱达清、达湘弟兄三大家白号山一所，此山地主分为九股，得买朱姓五股，七界：上登顶，抵黄闷山，下至犁嘴，左凭冲，右上截凭六十两山，下截凭冲，去银十一两零八分。凭中：李必才，朱大典笔。先年得买下房祖宋、生□之股，此山全得，栽手系李必才栽。

咸丰十年二月初九日价买扬报刘老慨先年与钟芳叔共佃栽本名之山一块，地名污之为，栽手分为二股，老慨占一股，出卖与名下，去钱九百文，界：上凭犁嘴，下至溪，左凭怀智山，以冲为界，右凭熙和山。凭中：姜老引、钟太、宋保，姜钟太笔。

［咸丰］十年二月十一日价买扬报姜老胖、老□弟兄先年佃栽下房四甲之山一块，地名剪桐油，界：上凭田，下凭岩梁，以溪为界，左凭上寨开榜之山，右凭王文宏之山，地主、栽手分为五股，价买弟兄栽手二股，去银二两九钱八分。凭中：龙生隆、姜世珍，代笔：龙载坤。

［咸丰］十年二月十一日价买杨宏仁父子四人先年佃栽本名之山二块，地名培拜民家屋与边之块，界：上凭半截以下，下至溪，左凭上寨共山，右凭小冲(砍完)[2]；路边之块，界：上凭湾路，下凭沟，左上截凭本名之山，下截凭朝琏之山，右凭岭，以老目油山为界(砍完)[2]。此二块与污晚之块共价银一两四钱六分半。凭中、代笔：李天福。

仝年六月初八日价买羊报姜老恒先年佃栽本名之山一块，地名污宜，界：上凭盘路，下凭溪，左凭冲，右凭本家共山，价谷四十斤，扣银山钱二分。代笔：朱达源。

咸丰八年十一月十一日价买扬报姜昌明先年佃栽本名之山一块，地名报楼，界：上凭朱姓之山，下凭田，左凭买主，右凭冲，去价钱八百五十文。(砍完)[2]

［咸丰］十年二月十一日价买杨宏仁父子先年佃栽本名得买本房熙华弟兄山一块，地名污晚，界：上凭岭，下至溪，左凭本名山，右凭范绍滂山，地主栽手全得。代笔、凭中：李天福。(砍完，佃与范老益、老五弟兄栽，栽手又卖与名下)

咸丰八年四月二十四日价买下房移至松离居住姜老保先年佃栽本家共山二块，地名皆垢，上块界：上凭沟，下凭溪，左凭冲；下块：上凭田，下凭溪，左凭冲，右凭通载山，以土垦为界，栽手占二股，价买老保一股、绞生之一股，去银二两零八分，买与熙和。凭中：李胜宗，代笔：姜相珍。

咸丰九年三月初四日价买李正通先年得买吴映凰弟兄，得买光本佃栽本名之山一块，地名党赖，界：上凭田，下至污堵溪，左凭冲，右凭本名之山，价买栽手二股，去银九钱八分，砍完，佃与报杨□客老丑、老正栽。凭中：加池寨姜大荣、相开，代笔：姜光本。

咸丰八年朱氏灵玉价买扬报姜老恒先年佃栽本名之山三块，地名党宜，上块：上凭开榜荒田，下凭熙和田，左右凭本名山(砍完)[2]；又一块，上凭本名田，下凭路，左凭熙和田角，右凭本名山；又一块，上凭本名田沟，下凭相吉荒田，左凭本名田，右凭含英山，去银一两正，栽手朱氏私买。凭中：龙昌荣，代笔：姜钟芳。

［咸丰］十年九月十一日价买黄闷寨王昌和、二柱、包楼栽手二股，去价银一两零八分，界：上凭顶，下凭本名，以土垦为界，左右凭龙松达栽之木，即系先年王桥桂佃栽之块，木地全占，凭中：姜风桥。

［咸丰］十年十月二十一日价买岩湾寨罗老三、老四先年佃栽刚晚之栽手二块，共去价一两四钱六分，上块界址：上凭本名，下凭故必，左凭本名，右凭本名与钟奇共山；下块界址：上凭本名，下凭河，左凭本名，右凭故必之山，木、地全占，凭中、代笔：范本性。

仝年十二月初三日价买羊报李老明、姜老根先年佃栽本名□两卧诗之栽手二股，去谷二百零八斤，扣银一两零二分。界址：上凭大路，下凭木洪，左凭岭，右凭本名之山，木、地全占。凭中：姜风桥，代笔：罗廷瑞。

……月廿九日冲黎黄均安佃冉拜本名三老家与光□□菁所共之山，佃字二张，奇叔存一张，毓青存一张，相弼代笔。

……年十月初八日价买羊报居住刘老慨佃栽报党□栽手，去谷百五十斤，扣钱九百文。代笔：姜钟葵。

九月廿一日价买正保弟兄扳之赖栽手，去谷八十斤，扣钱四百八十文。

仝年六月廿六日范氏引继价买庸假的栽手，此栽手分为四股，本名买老胖之股，范氏买锡荣、钟连、风桥三股，去银五两，钟芳笔。

［咸丰］十一年十一月初八日价买下房老元、大兴先年佃栽冉拜、渡船扣二处栽手，去谷一百廿八斤，载坤笔。（砍尽）[2]

［咸丰十一年］六月二十八日得买松离舒智义报楼（即杨公庙上边路坎）[2]栽手一股，去银一两二钱五分，界至：上凭田，下［凭］田与路，左凭买主，右凭田角。凭中：陆大敏、李风舞，亲笔立。（砍完，佃与龙老照、高有贵，二人未栽，自家挖修，今已成林）[2]

［咸丰十一年］十二月初一日又得买舒智礼报楼栽手一股，去银一两二钱五分，代笔：朱达源，凭中：李必才。

三年二月廿二日得买松离姜福贵先年所栽舒姓屋冲内名从闷污之栽手，界：上凭路，下凭舒姓屋角并水沟，左凭水冲，右凭岭；又松离洪路之块，界：上凭开宏山，下凭本名山，左凭杨老二山，右凭本名佃与黄姓之山，二块共去价钱九百五十文，凭中：映元，代笔：钟芳。

……二十二日得买舒氏昭继、子智和母子先年所栽本名从皆榜之栽手，去价钱六百十文，凭中：姜映元、福贵。（光绪八年砍尽）[2]

［咸丰三年］四月初一日得买姜福贵弟兄先年所栽本名白号山之栽手，去银一两五钱四分，界：上凭本名山，下凭冲，左凭田，右凭瑶光之山。凭中：范锡荣、姜光要，姜本川，代笔：黄同富。

［咸丰三年］五月二十四日得买黄均安、均发弟兄先年所栽名下高达山之栽手，去银一两四钱五分，界：上凭地基，以垧为界，下凭世杨山，左右凭冲，代笔：朱达源，凭中：李天福。（同治十二年卖与世清、李先扬砍）[2]

[咸丰三年]伍月三十日得买李正明、姜老根二人先年所栽名下冉蜡王山之栽手，去钱八百六十八文，界：上凭犁嘴，下至污堵溪，左凭岭，右凭木洪，代笔：朱达源，凭中：龙松茂。

[咸丰三年]六月初六日价买九怀龙兴孝先年所栽名下培姐之山一块，又杨梅田沟坎脚一块，二块价钱一千零八十文。凭中：龙和景，代笔：姜钟芳。

仝日价买九怀龙兴孝先年佃栽本名共山一块，土名□金，界址：上凭土坎，以老木为界，下凭土坎，左凭冲，右凭岭，去价钱一千零八十文。凭中：姜钟芳，代笔：龙和景

[咸丰三年六月]初八日价买岩湾寨范基华弟兄先年佃栽名下刚晚小名南从之栽手，去价一千四百五十六文。基开笔。

[咸丰三年六月]初九日价买岩湾罗老数先年佃栽名下四里塘翁罢往之山栽手二股，去价四千零八十文，扣银三两四钱八文。代笔：朱荣廷，凭中：龙松茂。

[咸丰三年六月]十三日价买松离舒昌麟叔侄先年佃栽名下污皆或之山栽手二股，去价钱九百廿文，凭中：李必才，代笔：姜凌云。（光绪八年砍尽）[2]

[咸丰三年]六月十四日价买岩湾寨罗老三先年佃栽名下污晚山栽手二股，去价钱六百二十八文，凭中、代笔：姜钟芳。（光绪六年砍尽，无人佃，发株）[2]

[咸丰三年]六月十一日钟芳、世模用价买李必才所栽巴舟寨陆绍机菜离山栽手二股，去银二两二钱八分。批：因无银兑足，故邀芳叔二家共买，砍尽。凭中、笔：姜钟芳。

[咸丰三年六月]二十九日价买下房姜光宗父子山场二块，一块土名该豆盛，界：上凭田角，抵土塁，下凭河边大路，左抵钟碧山，右抵冲，此块即是寄岩洞上；又一处皆攸，上凭盘路，下凭大路，左抵开泗田角，右抵冲，去价山两八钱。凭中：风翔、世杨。

同治三年七月初七日价买杨殿开弟兄井楼栽手，去加钱一千二百八十文。

[同治三年]七月二十二价买杨胜凤佃栽名卿、世杨等之山栽手一幅，去价一两七钱六分。李太子站栽手一幅，中邦正、风桥。（砍完）[2]

[同治三年]八月初五日价买朱达义鸠榜大山栽手二股，去价四两三钱三分。地主系三老家与朱姓所共，砍完。中：李天福。

……月初四价买范锡荣子润章四里塘依赖栽手，去加钱九百文。

一月十八日价买陆宗来翁扭山场杉木一块，界：上凭荒坪，下凭土坑，左凭岭，右凭冲。凭中：龙启恩、陆老丘。

……四年五月内绍吕还来银八两零七分；仝日绍齐叔还来银八两零七分，系卖污皆追木之银；七月初五日卖南休木，绍□叔还来银七两正，绍齐叔还来银七两正；道光二十八年三月廿三日卖南冉木，绍吕叔还来银三十两正，四月初五绍齐叔还来银十两零一钱七分，七月初二日绍吕叔还来银十两正，绍齐叔还来银十两正，系卖老虎洞木之银。

咸丰六年十二月廿五日[3]　世模[4]　笔誊

计开世模室内蒋氏得买田、杉木山场开列于后

咸丰十年二月十九日朱氏莲玉、蒋氏永音二人用价银十六两八钱正，买得朱荣廷丢

要冲田一大丘,界:上凭买主本家田,下凭朝辉田,左凭通代田,右凭买主本家田。外批:每年帮粮银五□不变。凭中:姜钟奇,度中:范本禹。同治三年三月初九日。

蒋氏价银与龙兴孝卖党加田三丘,今佃与潘大金种,每年上租谷一百五十斤。

同治三年七月十八日蒋氏得买姜昌义南休田一丘,价银一两七钱八分。凭中:姜合兴,代笔:龙在坤。

同治四年三月十七日朱氏莲玉、蒋氏咏音、范氏引弟三人得买文斗□众网先年所佃之田三处,榜我田二处,皆垢田上三、下二丘,白号田三丘,共合□□价银一十八两零八分。度中:黄均华,凭中:姜钟芳、思诏,代笔:姜相吉。

同治五年十一年十八日蒋氏用价得买巴舟寨陆绍机之山地名皆垢山场一块,界址:上凭田,下凭冲,左凭钟葵之地,右凭买主本家之山,价银四两二钱。买主:陆宗来,凭中:龙武思,代笔:陆老丘。

同治六年三月初五日朱氏、蒋氏、范氏三人共用价得买李必才父子所栽□□与相珍叔侄所共之山一块,土名松离,地主二股,世模弟兄占一大股,相珍叔侄占一大股,李必才所栽栽手二股,□□一股,界:上登顶,下凭土垦,左凭洪路,右凭应葵,□钱五千八百九十文。凭中:姜钟芳,代笔:王承立。

同治七年又四月初三日世模、登泮叔侄二人得买陆正宽所卖陆□机之山二块,一处地名从皆榜,界:上凭熙年、钟碧共山,下凭冲,左右凭毓英山;又一处从在离,界:上凭熙和山,下凭梨嘴,左凭毓英山,右凭陆光大山,价银四两二钱八分。凭中:李天福、如葵、必才,代笔:周光藩。

同治七年又四月初九日世模、登泮叔侄二人得买陆绍□之山一块,土名黄养,界:上凭土坎,抵岩洞,下凭路坎上之土垦,左凭冲,右凭岭,价钱二千八百八十文。凭中:姜世珍,代笔:周价臣,卖主陆正宽押。(栽手亦得买,砍尽)[2]

同治八年二月十四日世模、登泮得买李必才所栽买主之山,土名污号□,上凭买主老木,下凭冲,左右凭冲,价银八两八钱。凭中:姜钟芳。(十二年砍尽)[2]

仝年五月二十六日世模、登瀛、登泮叔侄三人得买蒋仲华父子之山一块,土名九奇,界:上凭顶,下凭冲,左凭开志山,以小冲为界,右凭岭,以买主山为界,地主分为十二两,价买仲华□两二钱五分之地股,去价钱一千八百四十文。凭中:姜钟芳,蒋仲华亲笔。

仝年六月二十日叔侄山人又价买蒋仲举、仲科、玉玲叔侄之山,与前共系一块,界照前,得买仲举三人六两,沟下截凭□田,抵岭路为界,价买栽手二股,去谷八十斤。凭中:姜钟芳,子黄同富笔。

[同治八年]十一月十三日蒋氏咏音名下用价买堂叔公姜钟泰之山场,土名刚晚,界:左凭买主家之山,右凭四公山,上登刚晚□翻过污晚溪,下凭大河;污晚溪之界:上登大岭□污晚溪,左凭四公山,右凭禁山。地主分为十一股,世模、世俊弟兄占六股,钟奇、钟泰、钟碧弟兄占五股,又合为三股,名下占一股,出卖蒋氏。钟泰亲笔,受价银四两五钱正。

同治九年又十月初十日蒋氏用价得买世杨南休山,之地股分为□股,价买世杨一股,去银一两七钱八分。亲笔。

仝年十二月十八日世模、世爵二人得买钟太南休田二丘，价银二十四两二钱八分。凭中：任五喜。买主：钟芳、钟碧、世官，钟芳笔立契。

同治十一年岁次壬申正月初九日□[5]

光绪元年六月十八价买世爵先年得买李正明父子所栽南晚之栽手二股，界：上登岭，抵犁嘴，下凭土垠，左右凭名卿山，去价钱二千文。

光绪七年七月十二日世模价买朱大杰、大□弟兄叔侄之山一块，土名培拜坡脚，此山分为四股，六房姜际清、际春弟兄占地主二股，朱姓弟兄占地主二股，出卖与名下，界址：上凭田，下凭大河，左凭际清弟兄之山，右凭木洪，去价钱四千八百八十文。凭中：姜风祖、任五喜，大杰笔。

注：

【1】本则"光绪朝文斗寨姜姓杉山簿"系 2004 年拍摄于锦屏县文斗寨姜启贵家，共 95 页（含封面），其中文字有部分损毁。

【2】文书中有此标注的应是后人在此杉山簿上的批注内容。

【3】"咸丰六年十二月二十五日"应是该文书的最初制定时间。

【4】"世模"，即姜世模，文书中提及的大多数人都为姜姓，不过部分人的"姓"已被杉山簿的制作人略去。

【5】"同治十一年岁次壬申正月初九日□"粘连在杉山簿册边。笔者推测这应是又一次对该杉山簿进行补充的时间。其后，杉山簿的制作人或其后人又在簿后增加了 2 页内容，即文书中"光绪元年……"、"光绪七年……"两段。

解读：

这是一则锦屏县文斗寨某一姜姓大家庭对自家拥有的山场（山林）进行的统计清册，涉及冉中猛、乌大求、白号、培拜、陋见、冉拜、乌榜溪、冉□朗、冉强、九龙、从甘榜等几十座山场，不仅记录了其对这几十座山场拥有的权益分成比例，同时还记录了相关的交易情况（何年得买、买自何人、价款、中人等），其中的部分内容还逐年记录了该大家庭每年的山场买卖情况，内容极为丰富。这份杉山簿的时间跨度从乾隆四十九年（1784 年）到光绪八年（1882 年），前后长达 98 年之久，清晰反映了这个姜姓大家庭近百年的林业经营情况，是一份极其珍贵的研究资料。

从文书中笔迹和墨色的差异来看，该杉山簿经历了多次补充。最初由姜世模于咸丰六年（1856 年）十二月二十五日誊录，后该家族的其他人在同治十一年（1872 年）正月初九日再次进行补充。同治十一年以后，这一杉山簿又进行了第三次补充。历次的补充除增入了陆续发生的山场买卖交易记录外，还对部分山林砍伐发卖的情况进行了说明。

该杉山簿的最初制作人是文斗下寨的姜世模。据笔者的调查，姜世模这一支姜姓是从锦屏县敦寨姜家屯迁来文斗下寨皆腊定居的，开始统称为"宝"，不知经过多少代之后才按字辈取名，现能确定的世系顺序是"宝"——"富"——"应（映）"——"绍"——

“钟”——“世”——“敦(登)”。据传这支姜姓几代几十口人素有同居共财之传统，由一人总管主持家务，其他人分管生产、生活及社交等事务，治家有道，理财有方。① 笔者在锦屏县文斗寨收集到的清水江文书中，有较多“三老家”、“三小家”的说法，都与这支姜姓家族有关。其中的“三小家”一般是指这支姜姓钟字辈的姜钟奇、钟太、钟芳、钟碧兄弟，而文书中的“三老家”情况较为复杂，会随着时间的推移而有所变化。当然，几代人同居共财仅仅是一个相对的说法，事实上无论是“三老家”，还是“三小家”，历史上曾多次分家。本丛书中《土地关系及其他事务文书》收录了这一大家族三次分家的相关文书，第一次是嘉庆二十四年(1819 年)姜绍略、绍熊、绍齐三兄弟分家，第二次是在咸丰九年(1859 年)二月一日姜钟英、钟芳及弟媳姜氏玉秀三人分家(姜钟英等三人是姜绍略三人的子侄辈，分家文书见下文)，第三次是光绪二十二年(1896 年)十月三日姜世臣、世美弟兄二人分家(姜世臣、世美二人是姜钟泰之子、姜绍略之孙)。②。

(二)山场股数清单

1. 乾隆二十五年(1760 年)七月十一日乌格等山场股数清单

立清白分关人姜吉祥、上贤、士凤、启才、富宇、凤宇、和宇、得中、文学、文佐等，为因众□□买得污革、□石、千石三处山场。□□卖空，倘山内存落脚木根数枝，三阄均分。遗山不载，拘(俱)系荒地，我三阄同心公议，将此三处山场分平均分，照字研勿，当天发誓，并不翻悔。那阄异言，执字鸣官，自甘祸罪。启才、富宇、祖保□□尚宇、凤宇、金晓、乔保占落一号污革溪山，照勾管业，并无异。恐有外人争论，那阄俱出，在众理清。恐后无凭，立合同为据。

祖保、长保二人四两四钱

记坛、启才、冉周三人六两六钱本

富中二两本

唐乔、老干共一两本

① 详见陈金全、杜万华主编:《贵州文斗寨苗族契约法律文书汇编》之《姜元泽家藏契约文书》，人民出版社 2008 年版，“前言”第 5 页。

② 文书详见潘志成、吴大华编著:《清水江文书研究》丛书之《土地关系及其他事务文书》，贵州民族出版社 2011 年版，94～103 页。

保……两本

……两本

加桓、良保二人共一两本

……两本

……二两五钱本

凤宇二两五钱本

银锁二两五钱本

□□二两五钱本

金晓二两五钱本

□□二两五钱本

□□共计三十四两本

乾隆二十五年七月十一日 立

合同□□【半书】

解读：

乾隆二十五年（1760 年）姜吉祥等人在砍伐乌革三处山场的杉木后，通过抓阄方式将三处山场平均分配，共计分为三十四股，文书后附列了各人所占的股数。

2. 道光十年（1830 年）七月二十九日党假令山场股数清单

计开党假令壹绕之山，先前老界至：上凭颈，下至溪，左凭直领以上寨分界至凹颈以下至溪，右凭污兄出之小溪直下至污堵溪为界。

先年分山，凹颈以上分为四幅，早年分清：

上边第一幅：左凭直岭以下至凹颈，右凭映辉叔侄之山，上凭颈，下凭凹。此幅映辉叔侄得买六股，余四股，青宇一股，晚白一股，绍兴弟兄一股，今五弟兄一股，共合十股。

第二幅：左凭岩毫，右

凭大岩洞为界，上凭颈，下凭污堵溪。

第三、第四幅：上凭颈，下凭溪，左凭映辉山以大岩洞为界，右凭污兄出小溪。此两幅玉宏、绍本所占。玉宏名下绍滔收，绍本名下存。上截界分清，历管无异。

其凹颈以下四甲所共：左凭岩梁，右凭岩毫，上凭凹颈岩以盖破边脑直下至溪为界，四至分明。

四甲所共之山第一甲分为七股：绍吕名下占六股，映林占一股；

第二甲分为六股半：玉宏、玉美、绍本三人名下占三股，绍宾、绍吕占三股半；

第三甲分为六股：映科名下占一股，玉兴、述昌占一股，绍滔收绍兴弟兄一股，今五弟兄一股，绍本收青宇一股，绍怀、映癸四人收晚白一股，玉宏等收；

第四甲家分为十股：于贵名下占九股，绍本、绍滔收金保边一股，绍宾、玉宏收。

上下山场开清，我等心仝意愿立此清单，异日照依股数分清，不得执先年淆杂旧单合约于内混争，即有老单合约，日后查出以为故纸。立此清单，永远为据。

绍本存一纸，绍滔存一纸。

道光十年七月廿九日 绍略 笔立

抄白[1]

注：

【1】抄白，文书的抄本或副本，本则文书应属于抄件。

解读：

这一块名为党假令的山场，曾在道光十年（1830 年）之前已经分割一次，以凹颈为界分为上下两截。其中上一截分为四幅，已经分清。此次山场股数的划分主要是针对下一截山场，根据文书内容，下一截山场并未如同上一截山场般被划分为四幅（划分为四幅需要明确每幅山的四至界限），而是被分为四甲，实质就是分为四大股，每一大股再细分为若干股。该则文书约定，自此划分以后，以往关于该堂假令山场股数分割、买卖的所有文书都不再有效。此外，本则文书所说的山场股数，应只是对山场土地所有权的股数分割，也是对山场林木砍伐发卖后的分成股数。

3. 道光二十二年（1842 年）二月二十四日堂假令山场股数清单（一）

堂假令之山清单

一甲七股：绍吕占六股，昌厚占一股。

二甲七股：钟英占玉宏一股，维元一股自存，绍吕占玉美一股，绍吕又占盛周二股，绍宾自存二股，共合七股。

三甲十股：维元弟兄……绍显一股；今五一股；余青宇、晚白二股，又分八小股：相荣占六股，维元占一股，钟英占一股；又余映科弟兄、述昌、玉显六股，此山凭凹以上截映科弟兄、述昌、玉具等之六股，系绍吕、绍熊、钟英三老家共占，凭凹以下，映科等之六股钟□占。

四甲十股：子贵九股，今保边一股，此十股，钟英占五股，维元占五股，共十股。

四纸：钟英存一纸，钟泰存一纸，维元存一纸，相荣存一纸。

道光二十二年二月廿四日　相荣　书立

【半书】立□□□永远发达

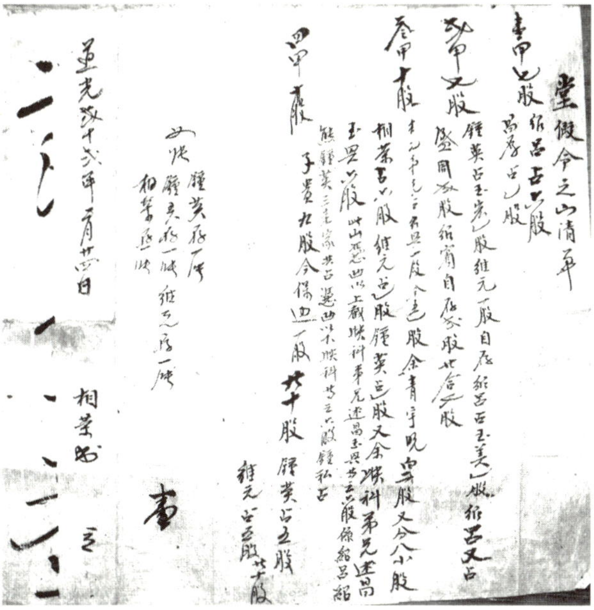

4. 道光二十二年(1842)二月二十四日堂假令山场股数清单(二)

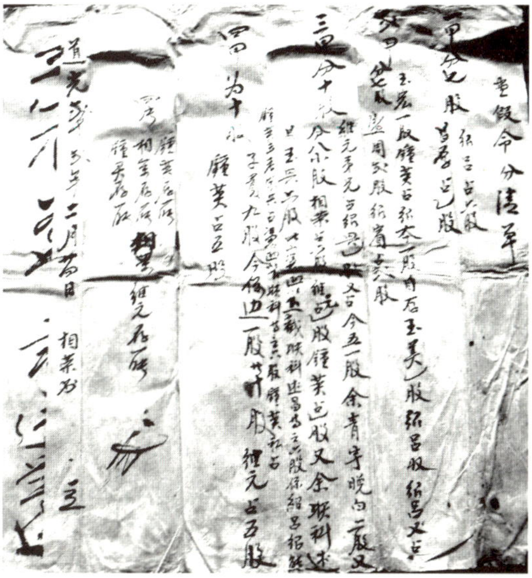

堂假令分清单

一甲分七股：绍吕占六股，昌厚占一股。

二甲分七股：玉宏一股钟英占；绍本一股，自存；玉美一股，绍吕收；绍吕又占盛二股；绍宾占二股。

三甲分十股：维元弟兄占绍兴一股，又占今五一股，余青宇、晚白二股，又分八小股，相荣占六股，维元占一股，钟英占一股；又余映科、述昌、玉兴六股，此山凭凹以上截映科、述昌等之六股，系绍吕、绍熊、钟英三老家共占，凭凹以下，映科等六股，钟英私占。

四甲为十股:子贵九股,今保边一股,共十股。继元占五股,钟英占五股。

四纸:钟英存一纸,相荣存一纸,钟泰存一纸,维元存一纸。

道光二十二年二月廿四日 相荣 书立

【半书】立□□□永远发达

解读:

本则文书于2004年拍摄于文斗下寨姜元泽老先生家中,上一则文书于同年拍摄于文斗上寨易遵发先生家中。除个别人名顺序调整外,两则文书的内容完全一致,半书的位置略有差异,应分别是文书中所言"四纸:钟英存一纸,相荣存一纸,钟泰存一纸,维元存一纸"其中的两份。

就形式而言,山场股数清单是典型的"合同"。笔者在前文谈到了古代"契约"与"合同"之间的区别,"合同"由多方书立,多方押署,采用"半书"形式,各方都持有合同①。张传玺先生解释说:"在买卖、赠送、赔偿等死契关系中,由于为片面义务制,所以行用单契,由义务的一方出具,归权利的一方执收"。在形式上,合同多为一式几份,由订立合同的各方或中证人等分别保管,这是一;合同另一个特征是"骑书",无论有几份内容相同的合同,都将几张合同折后并于一处,在并和处骑写"合同"二字,或是使用清水江文书中常见的"永远发达管业"、"合同永远发达"、"永远发达存照"等吉祥语。山场股数清单事关股数持有者今后的收益分配,若有人伪造,影响甚大,因此极有必要使用合同形式。一旦发生纷争,就可以使用验契的方式辨明真伪,也就是将两份或多份相关文书的半书拼合在一起,看是否吻合。

另需注意的是,本则文书中的"堂假令"实质上就是前述"道光十年(1830年)七月二十九日党假令山场股数清单"中的"党假令",清水江文书中普遍存在用汉字记苗音地名、人名的现象,因此对山场土地的名称也多有不同。当然,本则文书只是针对堂假令山场的下半截,该部分山场仍是分为四甲(四大股),但是十二年间有了相当部分的变化,例如三甲原来分为六小股,但现在已经分为十小股,其他一些小股的所有权人也发生了变化。

5. 道光二十二年(1842年)九月十五日冉下宜山场股数清单

分合同字人下寨姜绍吕、上寨姜开榜、凌汉,木坎伐下河,今已分清,小地名冉下宜。界限:上凭顶,下凭盘路,左凭岭,右凭冲。原系地主分为五股,姜绍雄弟兄占三股,绍吕三老家与凌汉弟兄共占一股半,姜开榜占半股,共合五股分清,我等同心合意立此合同,永远为据。

外批:合同三纸,开榜笔一纸,世藩笔一纸,凌汉笔一纸

开榜存一纸,世藩存一纸,凌汉存一纸。相荣批

① 周绍泉:《明清徽州契约与合同异同探究》,载《中国史学》1993年第3期。

凭中：姜相荣

道光廿二年九月十五日　开榜笔立

立分合同为据【半书】

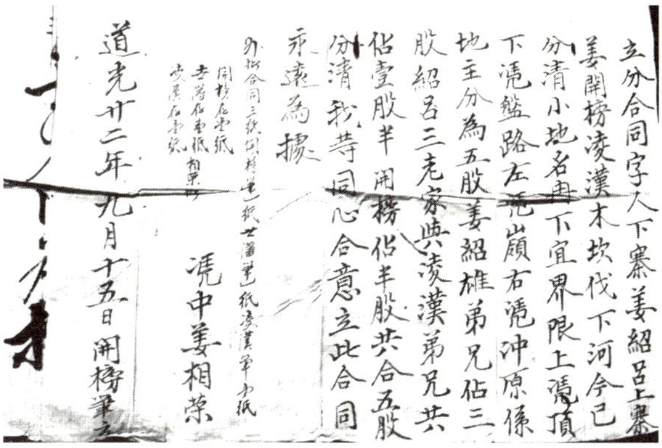
立分合同字人下寨姜绍吕上寨姜開榜凌漢木坎伐下河今已分清小地名冉下宜界限上凭顶下凭盘路左凭岭右凭冲原係地主分為五股姜绍雄弟兄佔三股绍吕三老家典凌漢弟兄共佔壹股半開榜佔半股共合五股分清我等同心合意立此合同永遠為據

凭中姜相荣

道光廿二年九月十五日開榜筆立

解读：

这则文书是在山场林木砍伐完毕后，山主姜绍吕等人对山场土地所有权的股数进行确认的文书。文书外批部分所谓“开榜笔一纸，世藩笔一纸，凌汉笔一纸”应是说三人各自书写了一份。下文的“光绪十六年(1890年)十二月八日污堵溪冉山场股数清单”也属于这种情形。

6. 光绪十六年(1890年)十二月初八日污堵溪冉山场股数清单

光绪十六年十二月初八日，众等卖污堵溪冉强十三两山，只卖凭岭以上边之老木，余下边岭至污棋未卖。议价七十两零，除合食、栽手外，我等十三两地主占银四十两零九钱五分，所有各占山股数开列于后，永远照此分单管业，不得争多论少，众人清查清楚，立此为据。

故三官、柳官二公共占山四两五钱正，此四两五钱作八小股派，每股占五钱六分二厘五毫：熙华、熙成占山二股，起梅、起桂弟兄叔侄占[熙]华五钱六分二厘五毫；熙献、熙宽弟兄等占山二钱八分一厘二毫五丝；世俊、世清叔侄占山四小股，该二两二钱五分，熙侯占山九分四厘，元卿、望卿占熙成五钱六分二厘五毫，元卿私占熙年、熙仕、熙故、超运等山七钱四分九厘七毫五丝。

佑三、□山占山一两正，熙华、熙成占一股：起梅、起桂弟兄叔侄占[熙]华山股五钱正；元卿、望卿二人占[熙]成股山伍钱正。

甫天占山一两正，分为三小股：钟碧三老家占山二钱七分七厘五毫，保所占山五分五厘五毫，□老六占庆廷山三钱三分三厘；熙华、熙成占一股，□□、□□占华[熙]山一钱六分六厘五毫，元卿、望卿占[熙]成股山一钱六分六厘五毫。

映祥、映林、士朝、士模四人占山一两，分为二股：熙华、熙成占山映林一股，元卿、望卿占[熙]成股山二钱五分，起梅、起桂弟兄叔侄占[熙]华山二钱五分；余一股分为四小股，名卿□□□旺占士朝山一钱二分五厘，世俊、世法弟兄占映林、士模三钱七分五厘。

富宇占山一两：钟碧三老家全占。

保格占山一两，分为二股：世俊、世法弟兄叔侄占一股，五钱正；余一股分为十小股，世俊、世法又占八小股，四钱正，熙华、熙成占二小股，起梅、起桂弟兄占华五分，元卿占成股山五分。

永拉占一两正：世正、世法弟兄叔侄全占。

中房占二两正：士朝占山八钱六分六厘七毫，又占一钱六分六厘；凌云、凌汉共占三钱七分四厘，凌云又私占得买一钱六分六厘；开池、开仕共占山一钱二分；凌横占山一钱六分六厘，又占一钱三分三厘三毫，此一钱三分三厘三毫，只得买上半边岭至污皆或，下半边岭至污报未得买。

保富占五钱正：开智占一钱五分；开熊弟兄占山一钱正；起梅、起桂弟兄占华山一钱二分半；元卿、望卿占成山一钱二分半。

此分单□准合同，以后照此管业分派。凡一切前后字约、分单，均不得自扯为议论，此单永远发达存照。

存□印信合同：中房元卿存一张，二房起梅存一张，世俊存一张，中房永□存一张。

光绪十六年十二月十二日，下寨上房姜熙豪　笔誊　查有合同四张□□。

7. 光绪三十三年（1907 年）六月初四日乌界山场股数清单

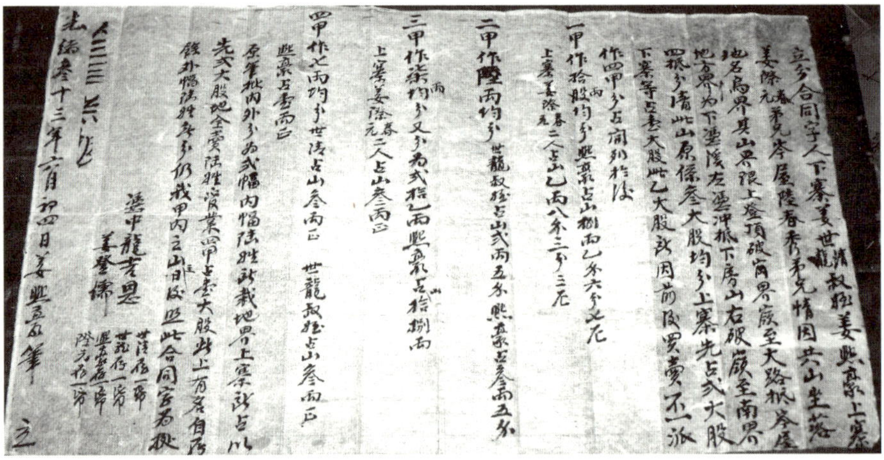

立分合同字人下寨姜世龙、世清叔侄、姜熙豪，上寨姜际元、际春弟兄、岑屋（梧）[1]、陆春秀弟兄，情因共山坐落地名乌界。其山界限：山登岭，破岗界岭，至大路，抵岑屋（梧）

地方界为，下凭溪，左凭冲，抵下房山，右破岭，至南界，四抵分清。此山原系三大股均分，上寨先占二大股，下寨等占一大股，此一大股所因前及买卖不一派作四甲分占，开列于后：

一甲作十两均分，熙豪占山八两一钱六分七厘，上寨姜际元、际春二人占山一两八钱三分三厘；

二甲作六两均分，世龙叔侄占山二两五钱，熙豪占三两五钱；

三甲作七两均分，又分为二十一两，熙豪占山十八两，上寨姜际元、际春二人占山三两正（整）；四甲作七两均分，世清占山三两正（整），世龙叔侄占山三两正（整），熙豪占一两正（整）。

原笔批：内外分为二幅，内幅陆姓所栽地界，上寨所占以先二大股地全卖陆姓管业，四甲占一大股，此上有名自存。馀外幅陆姓所分仍我甲内之山，主日及照此合同字为据。

凭中：龙吉恩、姜登儒

世清存一纸

世龙存一纸

熙豪存一纸

际元存一纸

合同为据【半书】

光绪三十三年六月初四日　姜熙豪　笔立

注：

【1】岑梧寨，今锦屏县平略镇岑梧村，东邻寨早村，南邻归朝村，西邻华洞村，北与平鳌村地域接壤。岑梧村今有岑梧、乌首两个自然寨。①

解读：

清水江流域合伙经营山场的现象极其普遍，究其原因：一是因为山场最初就是由家族共有的，后来通过不断地分割（包括族内的山场分割和家庭内的分家析产），使得山场股数越来越细分化；二是因为山场租佃、山林买卖等类似交易的频繁发生，也使得山场股数越来越复杂；三是因为山场与土地有很大不同，如果将山场划分为若干小块会带来管理上的困难，不利于林业经营；四是因为人工造林需要较大的资金投入，同时林木生长周期长，收效慢，一家一户的资金投入只能是杯水车薪。在这多种因素的作用下，除极小块的山场外，清水江流域的山场经营几乎都是采用几个家庭、十几个家庭甚至是几十个家庭共同投资从事林业经营的情况，这就是我国古代“伙”的制度。据《周礼》所载，西周时期已经出现财产合伙的形式：“凡民同货财者，令从国法行之，犯令者刑罚之”②，清水江

① 详见王宗勋：《乡土锦屏》，贵州大学出版社2008年版，122～123页。

② 《周礼·秋官·大司寇》。

文书中也常常能看到"和会伙"的文字表述。

合伙经营山场,颇类似于今天的"按份共有",不过清水江流域的山场合伙经营情形更为复杂,有的山场甚至可以分为数十份,由十余个家庭共同所有。如此复杂的山场共有情况,人们一般使用以下几种方式加以描述:

第一种是最为常见的以"股"的方式说明,直接载明"此山分为×股,其中××占×股,××占×股,××占×股",这是最为常见的一种山场股数记录方式。如果股数更为复杂,清水江流域的人们则大多用"大股"、"小股"分层次描述,例如前述"乾隆四十九年(1784年)到光绪八年(1882年)文斗寨姜姓杉山簿"记载的培拜山场股数:

计开培拜山场分为三大股:

三官、柳官二人占一大股,分为八小股,三官子孙占四股……姜霞元占一大股,文学、文玉弟兄卖与富宇、文襄。姜彩元占一大股,先楼、老岩二人卖与富宇、文襄。

又例如这份杉山簿对陋见山场的股数约定:

计开陋见山场杉木分为二股:

乔计、党格、香保假三人占一大股,应祥弟兄三人得买香保一股,乔计、党格二小股卖佐周。保天、季孙、党格又占一大股,保天、季孙、党格一大股作为五小股,季孙一小股卖与姜启德,启德又卖与应祥弟兄,今包慢弟兄名下卖与士朝。□天五人占一大股,作为十小股,应祥三家占一小股,士朝占一小股,余八股在外;香保、党格、乔计一大股作为三小股,应祥公弟兄得买香保一股,现二股在外。

民国3年的一则姜登悌卖林文书中对名为皆中塞的山场股数描述如下:

此山分为三大股,我三老家占二股,三老家之二股分为三大股,我边公占一大股,之一大股与作十二小股,我本名占一小股。①

这里的表达更为复杂,竟使用了"大股"、"股"、"小股"三个层次,若用分数把这种叙述记录下来就是:此山分为三大股,三老家共同占三分之二;此三分之二又分为三股,卖主所在的边公一系共占三分之二部分的三分之一份额,即是占全山的九分之二;该九分之二份额又分做十二股,卖主本人有其中一股,即占全山的五十四分之一。很显然,"大股"、"小股"这种多层次的股数记录方式过于繁琐,也极易发生理解上的偏差,不过,从"大股"、"小股"这种多层次的表达方式中也可以看到山场股数量来由及其分割的一些痕迹。它直观地反映各股的性质及来龙去脉,这也是人们用"大股"、"小股"的分层方法来表达山场股数的一个重要原因。

第二种是在记录山场股数较为复杂的情形下使用,也就是将整个山场以一定的股数确定下来,人们各自所持的份额在此基础上表示,例如前述"光绪十六年(1890年)十二月八日污堵溪冉山场股数清单"将污堵溪冉山场称为"十三两山",对其股数的记录如下:

故三官、柳官二公共占山四两五钱正,此四两五钱作八小股派,每股占五钱六分二厘

① 陈金全、杜万华主编:《贵州文斗寨苗族契约法律文书汇编》之《姜元泽家藏契约文书》,人民出版社2008年版,第422页。

五毫：熙华、熙成占山二股，起梅、起桂弟兄叔侄占[熙]华五钱六分二厘五毫；熙猷、熙宽弟兄等占山二钱八分一厘二毫五丝；世俊、世清叔侄占山四小股，该二两二钱五分，熙侯占山九分四厘，元卿、望卿占熙成五钱六分二厘五毫，元卿私占熙年、熙仕、熙故、超运等山七钱四分九厘七毫五丝。

佑三、□山占山一两正，熙华、熙成占一股：起梅、起桂弟兄叔侄占[熙]华山股五钱正；元卿、望卿二人占[熙]成股山五钱正。甫天占山一两正，分为三小股：钟碧三老家占山二钱七分七厘五毫，保所占山五分五厘五毫，□老六占庆廷山三钱三分三厘；熙华、熙成占一股，□□、□□占华[熙]山一钱六分六厘五毫，元卿、望卿占[熙]成股山一钱六分六厘五毫。

……

又例如“乾隆四十九年（1784 年）到光绪八年（1882 年）文斗寨姜姓杉山簿”对白号山场的股数记录如下：

白号山场分为十两：富宇公占二两；老干占一两；党九占一两；祖保占二两；长保占二两；乌号一样均分，此山老户：计胆、蔼□二人名下共占一两；善宇、银花二人……；本公名下二两，得买老干一两，买连保二……映友二钱五分，又得要海买银花二……五钱，又买王龙交九钱，又买长保守……杉木一两五钱；善宇、银花出卖五钱与会上富□□，名下占一两二钱半；祖保占一钱二分半，长保占一钱二分半；启才、甫周共占一钱二分半；富宇公买长保一钱二分半，又买甫周六分二厘五毫，又买生华一两二钱半，本家共占此山地主七两四钱三分七厘五毫一丝；廷式弟兄共占三两三钱一分二厘五毫；宗智等共占甫周二两五钱零五丝二末……

上述两则文书中的“十三两”、“十两”并非说两块山场的价值为十三两、十两，而是以“两”、“钱”、“分”、“厘”、“毫”、“丝”这种货币计量方式来逐级表示股数。如此一来，无论是多么复杂的山场股数，用这种方式都可以非常清晰地表达出来，例如“光绪十六年（1890 年）十二月八日污堵溪冉山场股数清单”中说“熙猷、熙宽弟兄等占山二钱八分一厘二毫五丝”，这是相对于整个山场的股数“十三两”而言，如果用百分比表示，约等于 2.16%；“乾隆四十九年（1784 年）到光绪八年（1882 年）文斗寨姜姓杉山簿”中“廷式弟兄共占三两三钱一分二厘五毫”，也即姜廷式兄弟占有整个山场的 32.125%。此类的股数如果使用“大股”、“小股”的方式根本是无法表达清楚的，从这里也能看出清水江流域的山场股数经营细分化和复杂化程度。

第三种是混合使用前两种山场股数记录方式，例如本则文书中乌界山场先以“大股”、“甲”（这里的“甲”就是“大股”下的“小股”）两个层次记录股数，对每一甲再以“两”来表述，这种记录方式能够兼取前两种记录方式的优势。“大股”、“小股”清晰地反应了人们所占股数的来历，而“两”的表述同时能准确清楚地反应出每个个体所占股数的比例。

尽管清水江流域的人们使用多种方式，试图对山场的股数予以准确清晰地记录下来，但一方面山场的股数自身极为复杂，加之其间多次买卖，有的买卖又可能在私下进行，且年岁久远，极易发生纷争，文书中常见到因股数不清而发生混争，甚至因“股数繁杂”而重新划分家产，本则文书中说“此一大股所因前及买卖不一”，即属于此。在种种情形发生之后，人们大多需要重新订立“分合同字”，明确山场的股数情况。

8. 民国21年（1932年）二月二十二日党兄山场股数清单

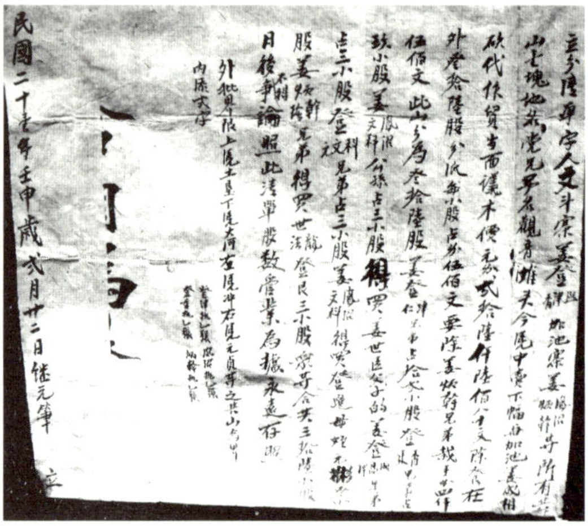

立分清单字人文斗寨姜登熙、登津、登香，加池寨[1]姜凤沼、炳干等所有共山一块，地名党兄，另名观音滩头。今凭中卖下幅与加池姜成相砍伐作贸。当面议木价元钱二十六千六百八十文，除食在外三十六股分派，每小股占钱五百文，要除姜炳干兄弟栽手钱四千五百文。此山分为三十六股，姜登津、姜登仁兄弟占十二小股，登香、登廷兄弟占九小股，姜凤沼、文科、公孙占三小股，得买姜世臣父子的，姜登熙、登高、登泮兄弟占三小股，登科、登文、登元兄弟占三小股，姜凤沼、文科得买登选、母侄元彬三小股，姜炳干、炳珍兄弟得买世龙、世法、登银三小股，众等合共三十六小股。日后不得争论，照此清单股数管业为据，永远存照。

外批：界限，上凭土垦，下凭大河，左凭冲，右凭元贞等之共山为界。

登津执一张，凤沼执一张，登香执一张，炳干执一张。

内添二字

合同为据【半书】

民国二十一年壬申岁二月廿二日　继元　笔立

注：

【1】“加池寨”，亦名“加什”，今锦屏县河口乡加池村，位于清水江南岸山腰之上，东接文斗村，南接中仰村，西隔清水江与南路村相望，北接岩湾村，为青山界古四十八苗寨之一。加池寨村民多为姜姓，有少数马、王、杨等姓，历史上与文斗、格翁、岩湾和培亮等村寨关系密切。①

① 王宗勋：《乡土锦屏》，贵州大学出版社2008年版，第184页。

9. 污盖溪山场股数清单

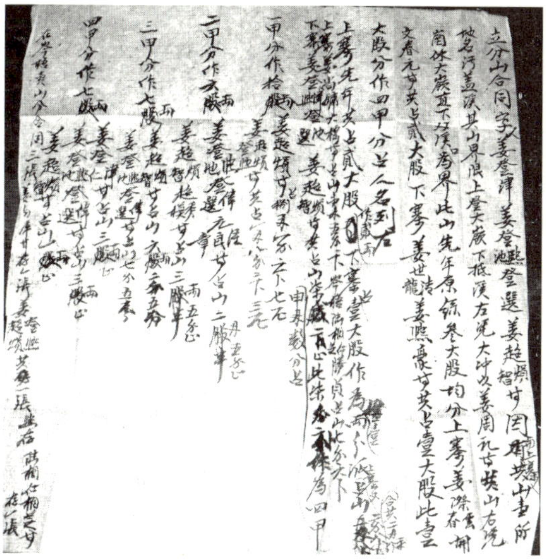

立分山合同字人姜登津、姜登熙、登池、登选、姜超□、超智等，因与上寨共山一所，地名污盖溪，其山界限：上登大岭，下抵溪，左凭大冲，以姜周礼等共山，右凭岗休大岭，直下双溪为界。此山先年原□三大股均分，上寨姜际云、际春、开文、春元等共占二大股，下寨姜世清、世龙、姜熙豪等共占一大股。此一大股分作四甲，分占人名列左：

上寨先年共占二大股，作二两，下寨占一大股，作为一两……上寨姜尚镛、大桥等占山一两五钱二分，岑梧陆相仁、相芝、胜贞占山七钱六分，下寨姜登津，登熙、登池、登选、姜超□、超智等共占山七钱二分，此七钱二分作为四甲，□□数分占：

一甲分作十两。姜超□等占八两一钱七分七厘，姜超□、登熙等共占一两八钱二分三厘。

二甲分作六两。姜登熙、登池、登伟、登选、元□、元良、元章等占山二两五钱整，姜超□、超智、超秀、超模等占山三两五钱整。

三甲分作七两。姜超□、超智等占山六两二钱五分，姜登熙、登池、登伟、登选等占山七钱五分。

四甲分作七两。姜登津、登仁等占山三两整，姜登熙、登池、登伟、登选等占山三两整。姜超□、超智等占山一两整。

［外批］：在岑梧卖山分合同三张，姜□□存一账，姜登熙、超□共一张照存，陆相仁、相芝等存一张。

（三）山场地图

本部分收录了四则山场地图（或山场地形图），是2004年拍摄于文斗寨的姜元泽、姜朝树、姜廷秀几位先生家中。这四则山场地图大多没有留下时间记载，但通过这些地形图能帮助我们对文斗寨收藏的清水江文书中的一些地名及常见的四至界限表述有更为清晰的了解。

1. 嘉庆二十二年(1817 年)九月分图形

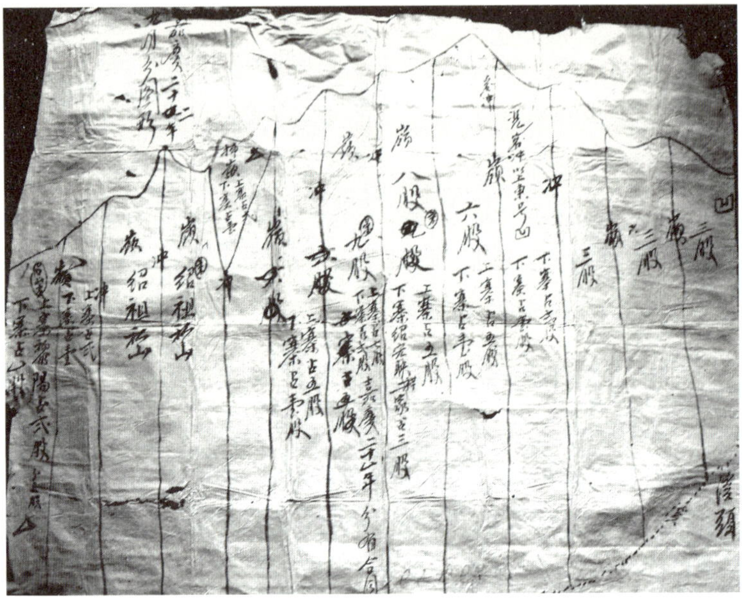

2. 道光年间文斗寨姜姓各房公山图形

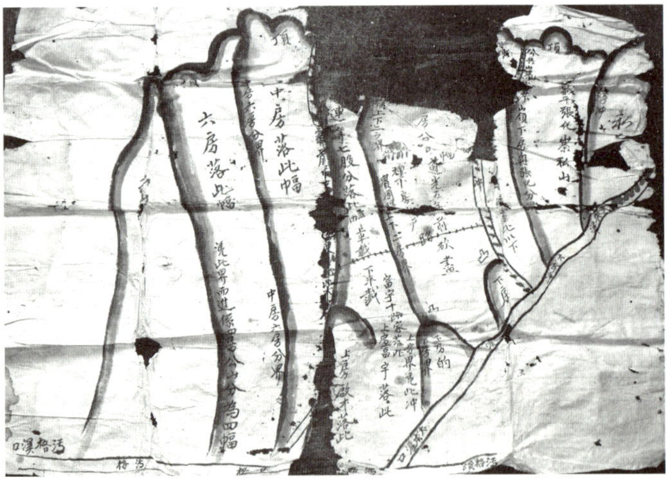

注:

文书中有“道光五年前砍尽”,据此推测应当是道光朝早期。

3. 山场图形(一)

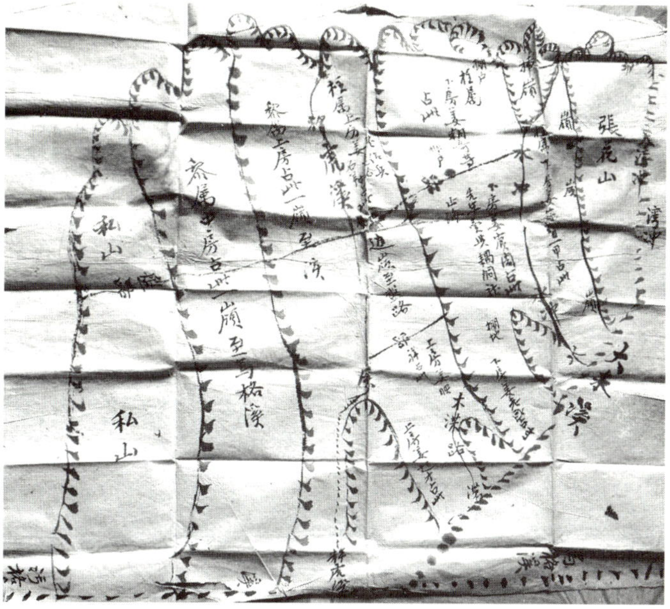

4. 山场图形(二)

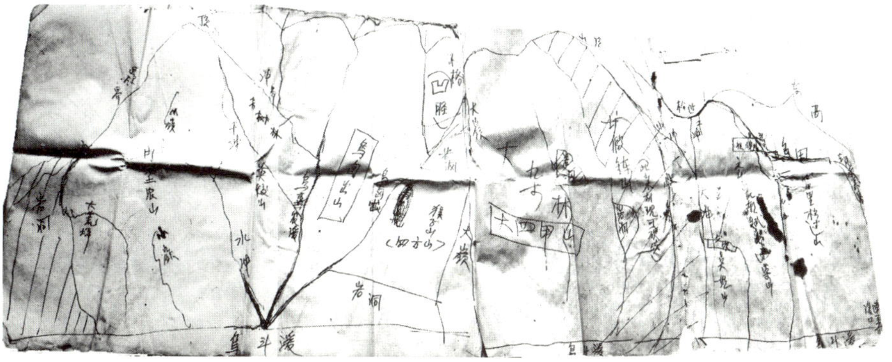

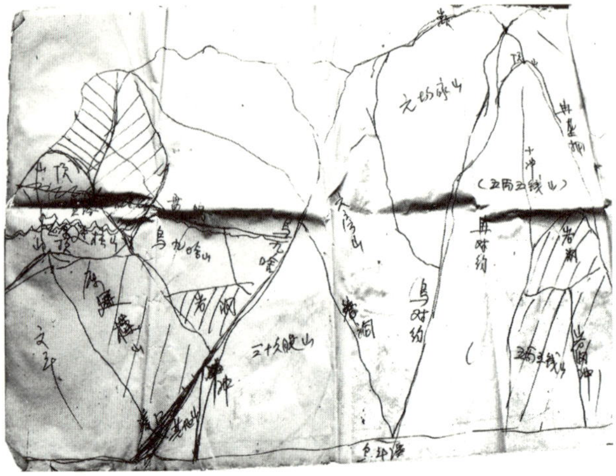

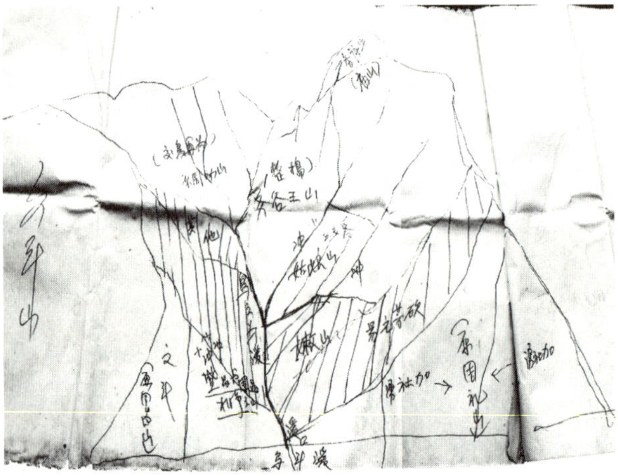

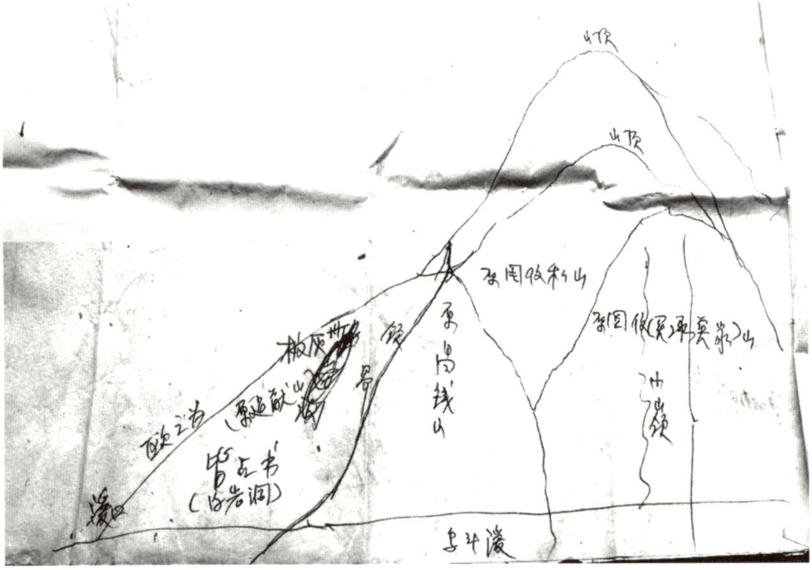
山顶
山顶

二、山场山林分割文书

1. 嘉庆二年(1797 年)七月十九日姜廷望等分割山场文书

立分山合同约人姜廷望、国衍、映辉、绍牙、映光、映友、香绞、贵乔等，为因有共山一所，地名冉中勇。其界上抵顶，下抵大溪，左凭姜廷盛冲，右凭姜明岭。此山在契，未曾经分，二比请中登山画界均分，姜廷望兄弟分占上边，映辉众人分占下边。其中分界，上半截依旧界岭为界，下半截以直冲至溪为界，埋岩不得移动。自分以后，廷望管业傍廷盛上边，映辉管业傍姜明下边，永无罩占。恐山中有老木，各占各管。空口无凭，立此合同各执一纸为据。

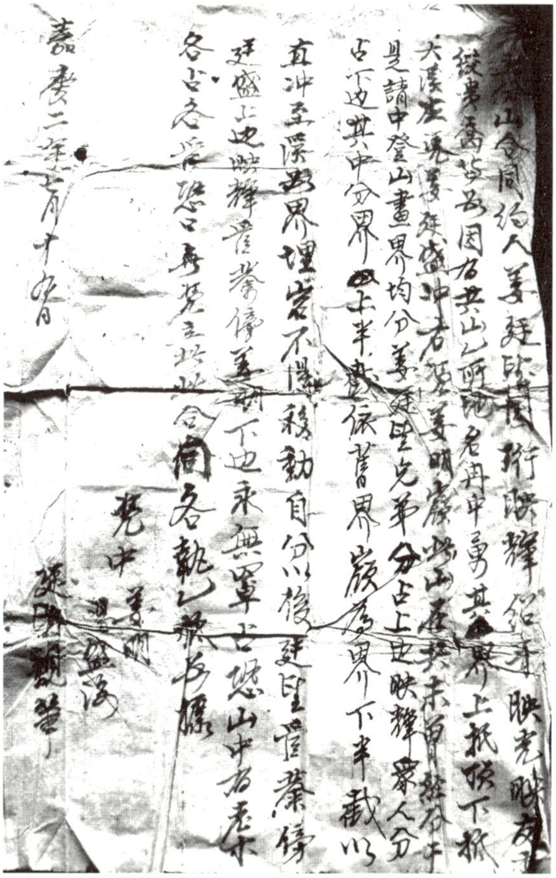

凭中：姜明、冯盛浚

廷望　亲笔

嘉庆二年七月十九日

解读：

嘉庆二年七月十九日，姜廷望等人邀请中人对其共同所有的冉中勇山场进行分割，中人登山划界，将山场划分为两块，并在上下两截中间埋下一块岩石作为两截的分界。其中姜廷望兄弟分得靠近姜廷盛土地一边的上半截山场，姜映辉等人分得靠近姜明一边的下半截山场。

2. 嘉庆十四年(1809 年)七月十八日姜光荣等分割油山文书

立分油山合同字人姜光荣、光士二人所共油山一块，地名江都，二家人工不齐修理，今凭族人均分。光荣占左边岭，光士占右边岭。其有左右山内杉木，日后长大发卖，二股平分。二比自愿，不得异言。今恐无凭，立此字样，各执一纸存照。

其有老约在光荣[处]存。

凭中：范绍廉、姜廷理、姜光明

立分合同为据……【半书】

嘉庆十四年七月十八日 光士 亲笔立

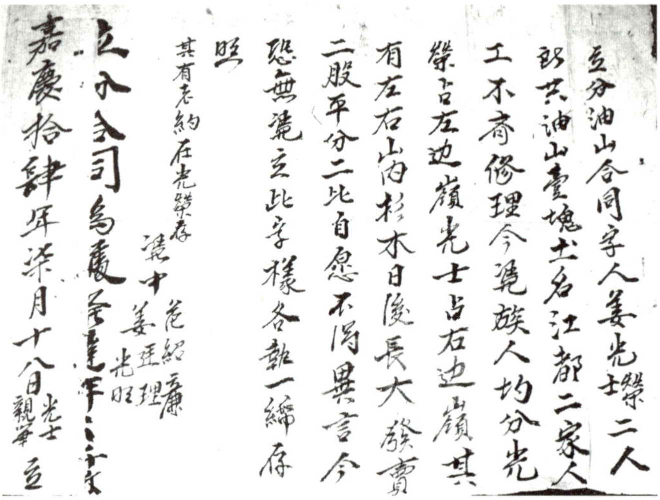
立分油山合同字人姜光士榮二人
所共油山壹塊土名江都二家人
工不齊修理今憑族人均分光
榮占左边嶺光士占右边山嶺其
有左右山内杉木日後長大發賣
二股平分二比自愿不得異言今
恐無憑立此字樣各執一紙存
照
其有老約在光榮存
憑中 范紹廉 姜廷理 姜光明
立分合同為據
嘉慶拾肆年柒月十八日 光士親筆立

解读：

人工林业经营需要投入大量的人力物力，单个家庭的力量难以应对，所以清水江文书中常见有几家人甚至是几十家人共同投资从事林业经营的情况。合伙经营山场非常普遍，不过也容易产生矛盾，特别是山主自营山场时，各家山主之间理应按股数承担山场的管理和劳作，但在某些时候，正如我们在这则文书中看到的那样，“二家人工不齐修理”。此种情形，大多只能拆伙了事，请中人将山场照股数分为几块，各管各业。

3. 光绪二十六年（1900 年）三月十四日姜世臣兄弟分割山场文书

立分拨山场姜世臣、世美兄弟,俱属心同意愿,今已拨归皆计打山与世美管业,界址:上凭田,下凭河,左凭冲,右凭光宗山。世臣管业之丢山,界址:上凭田,下凭田,左凭冲,右凭濠沟。此山分为四股,弟兄占三,归世臣管业。日后照此分拨,不得相争。恐口无凭,立此分拨字为据。

凭中:姜永和

世臣　亲笔

拨得世臣大伯,此山严父亲手卖与河边黄良负名下,其拨契业经无用,故我以致裁去中间一节。姜登鳌笔批,后人无异。

光绪二十六年三月十四日　立

4. 光绪三十一年(1905年)十二月十一日姜世臣等分割油山文书

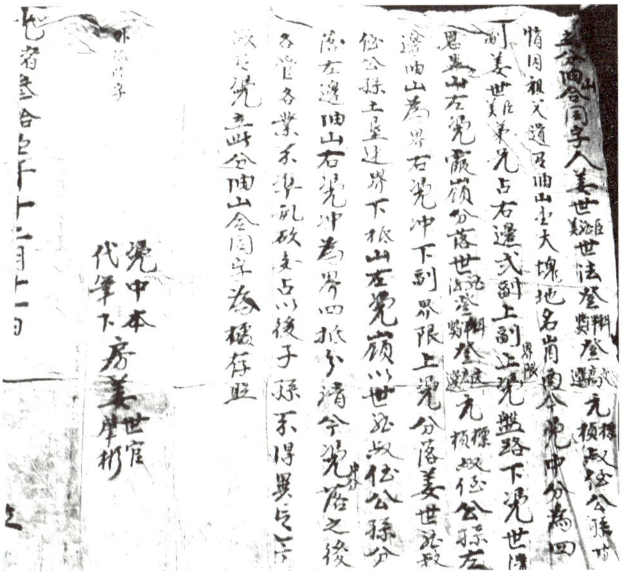

立分油山合同字人姜世臣、世龙、世美、世法、登科、登泮、登宏、登文、登高、登选、元标、元桢叔侄公孙等,情因祖父遗石油山一大块,地名岗南。今凭中分为四幅:

姜世臣、世美弟兄占右边二幅;

上幅界限上凭盘路,下凭世清之山,左凭霞岭,分落世龙、世法、登科、登泮、登宏、登文、登高、登选、元标、元桢叔侄公孙,左边油山为界,右凭冲;

下幅界限上凭分落姜世路叔侄公孙上垦边界,下抵山,左凭岭,以世路叔侄公孙分落,左边油山,右凭冲为界。

四抵分清,今凭中分落之后,各管各业,不准乱砍妄占,以后子孙不得异言。今欲有凭,立此分油山合同字为据存照。

外添六字

凭中本房:姜世官

代笔下房:姜肇彬

光绪三十一年十二月十一日　立【半书】

5. 宣统二年(1910年)四月初四日文斗姜姓分家二房所拈礼字第三阄

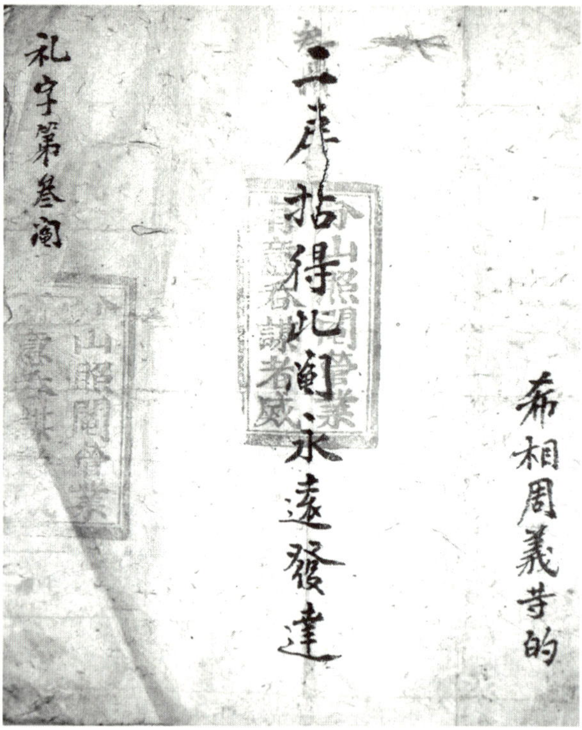

礼字第叁阄

二房拈得此阄永遠發達

希相周義寺的

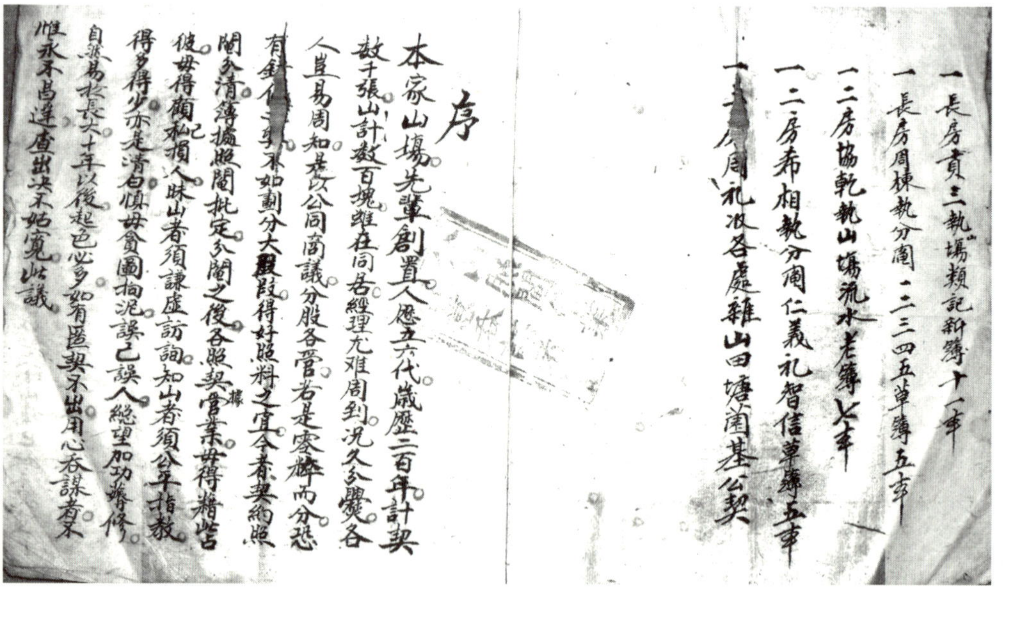

一長房貢三執山場類記新簿十一本
一長房周棟執分阄一二三四五草簿五本
一二房協乾執山場流水老簿七本
一二房希相執分阄仁義礼智信草簿五本
一[illegible]房周礼收各處雜山田塘阄基公契

序

本家山場先輩創置人歷五六代歲歷二百年計契
數千張山計數百塊雖在同居經理尤难周到況久分釁各
人豈易周知是以公同商議分股各管若是零碎而分恐
有錯[illegible]字不如劃分大股得好照料之宜今者契約照
阄分清簿據照阄批定分阄之後各照契據管業毋得藉此
彼毋得顧私己損人昧山者須謙虛訪詢知山者須公平指教
得多得少亦是清白慎毋貪圖拘泥誤己誤人總望加功蓄修
自然易於長大十年以後起色必多如有匿契不出用心吞謀者不
惟永不昌達查出決不姑寬此議

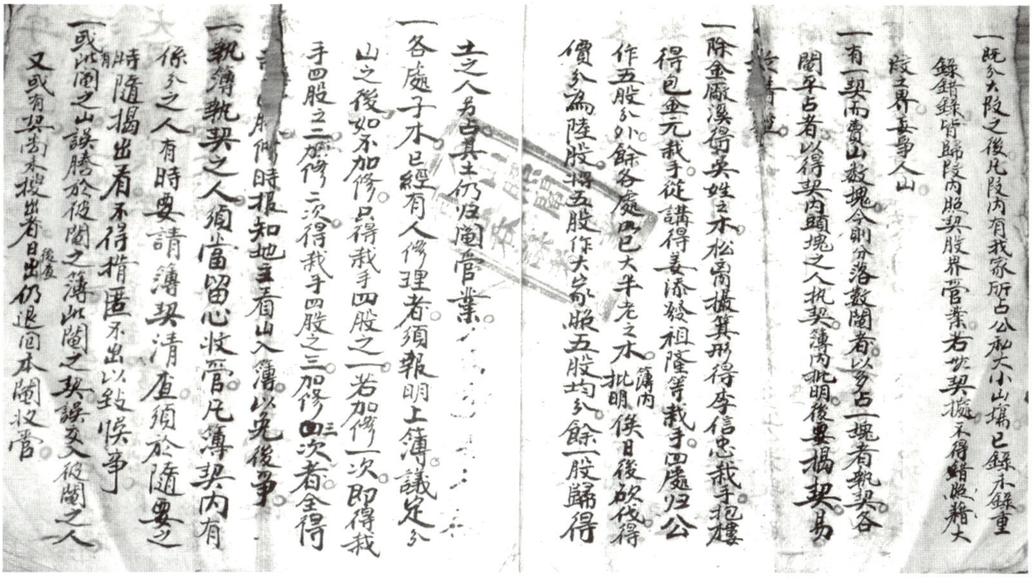

一既分大段之後凡段内有我家所占公私大小山塲已錄未錄重
錄錯錄皆歸段内照契股界管業若些契據不得蹧蹋藉大
段之界妄爭人山
一有一契而貴山數塊今則分落數闔者以分占一塊者執契各
闔平占者以得契内頭塊之人执契簿内批明後要揭契易
一除金廠溪口吳姓之木松滔撥其形得李信忠栽手抱樓
得包金元栽手從講得姜添發祖隆等栽手四股归公
作五股分外餘各處四已大半老之木簿内批明俟日後砍伐得
價分為陸股將五股作大簿照五股均分餘一股歸得
土之人為占其土仍归闔管業
一各處子木已經有人修理者須報明上簿議定分
山之後如不加修只得栽手四股之一若加修一次即得栽
手四股之二加修二次得栽手四股之三加修四次者全得
肯修時报知地主看山入簿以免後爭
一執簿執契之人須當留心收管凡簿契内有
係分之人有時要請簿契清查須於随要之
時隨揭出看不得稍匿不出以致悞事
一或此闔之山誤謄於彼闔之簿此闔之契誤交彼闔之人
又或有契尚未搜出者日後查出仍退回本闔收管

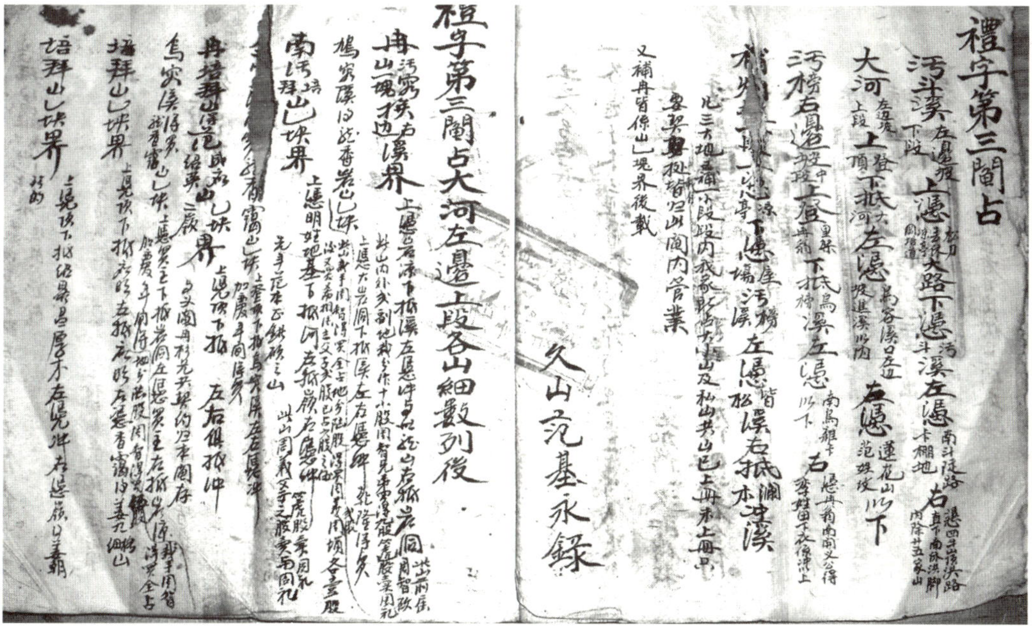

禮字第三闔占
汚斗溪左邊坡下段
大河左邊坡上段
汚榜右邊坡中段
又補冉冑係山一塊界後載
久山充基永錄
智字第三闔占大河左邊上段各山細數列後
冉汚窮山一塊挾右溪界
南汚培拜山一塊界
培拜山一塊界

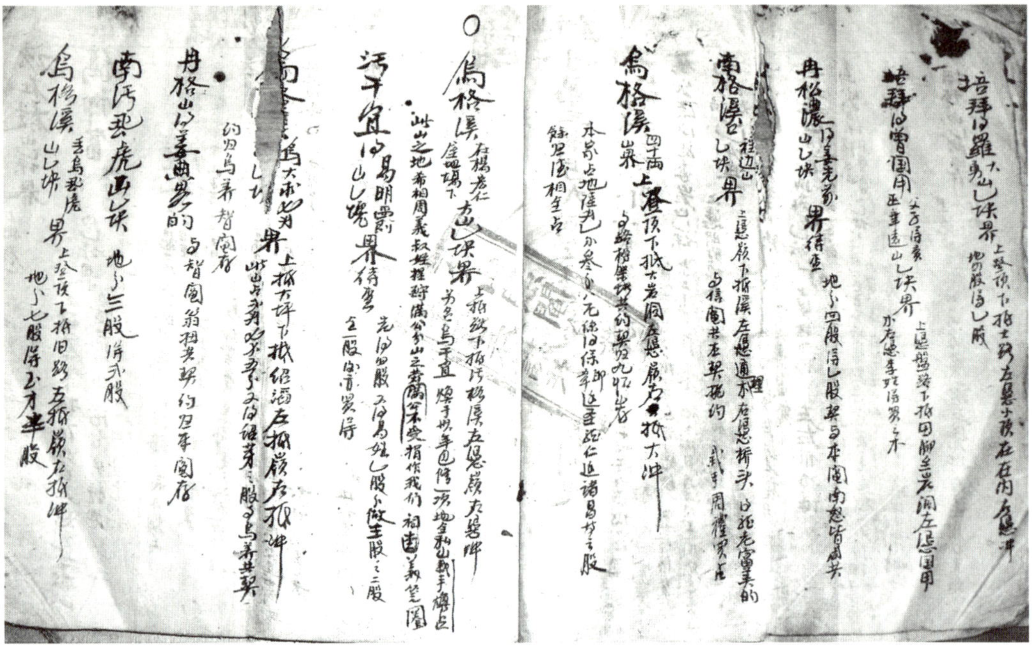

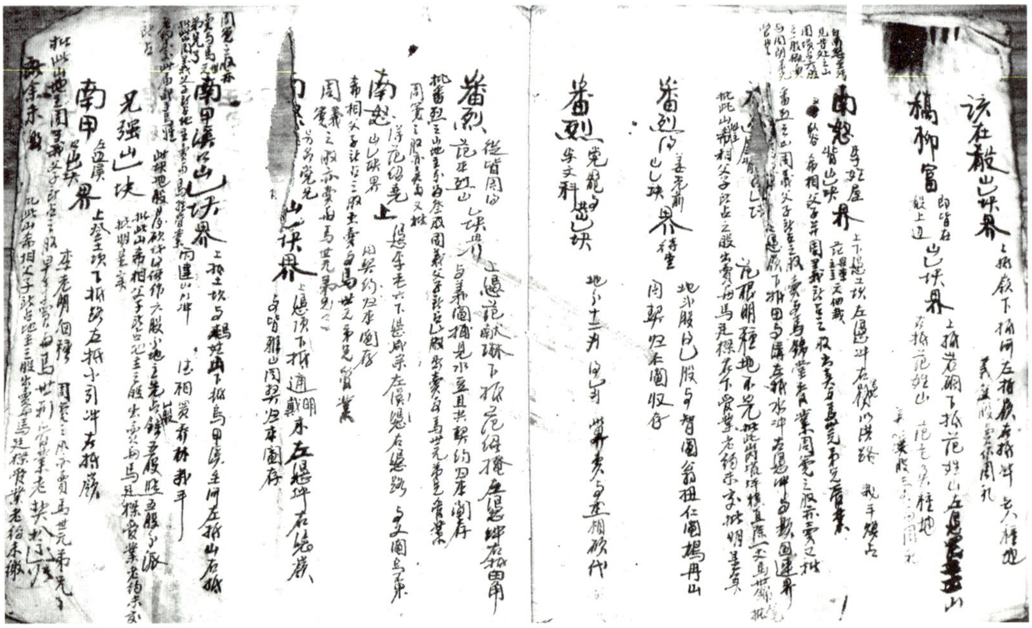

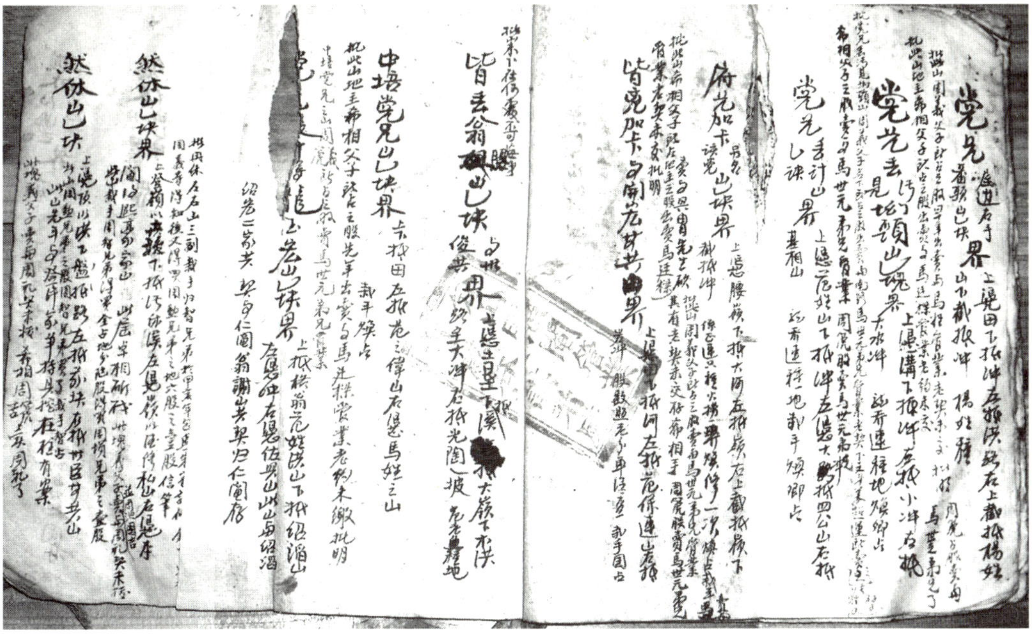

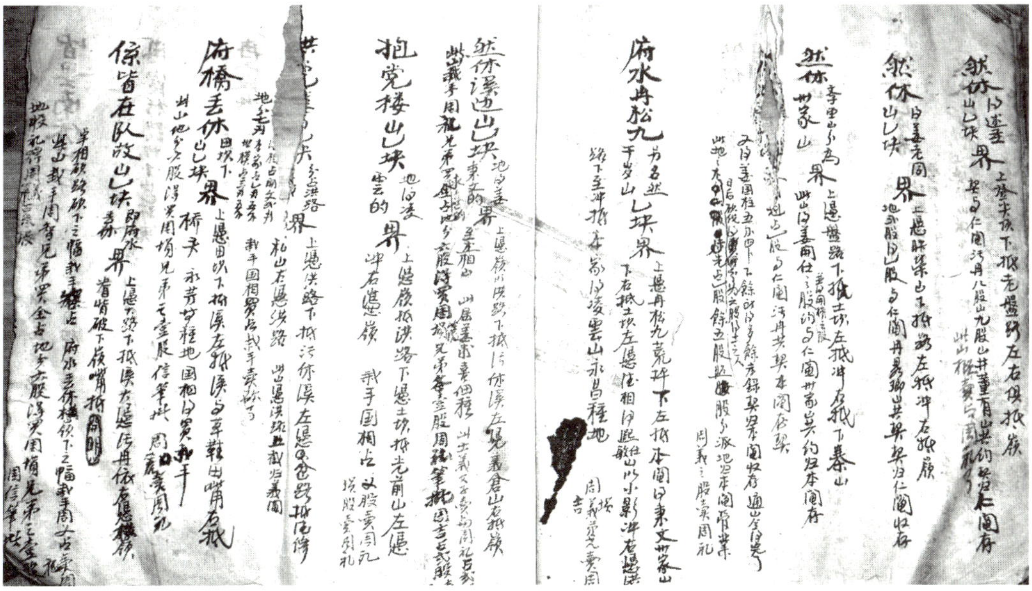

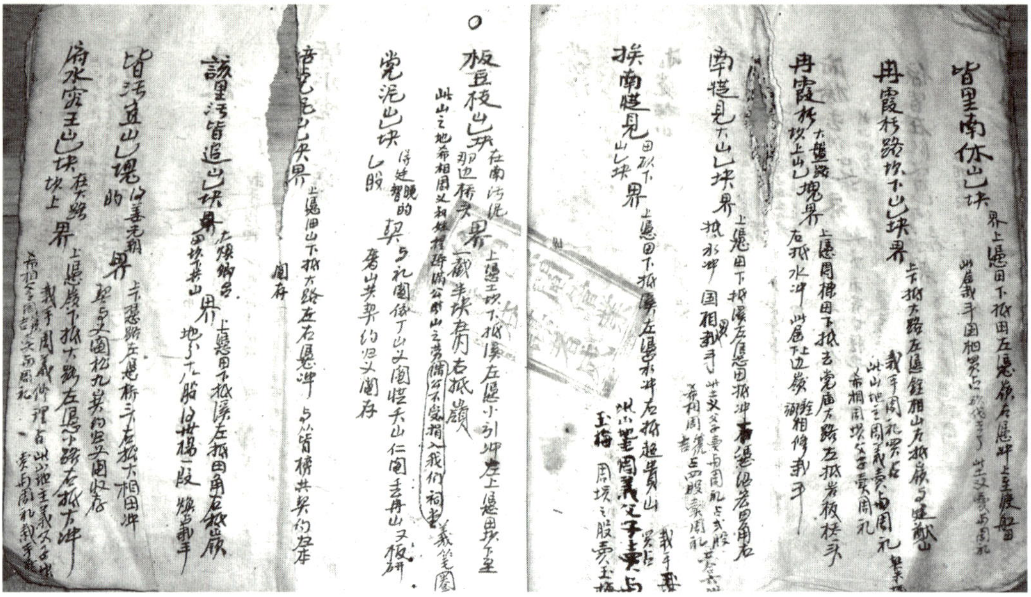

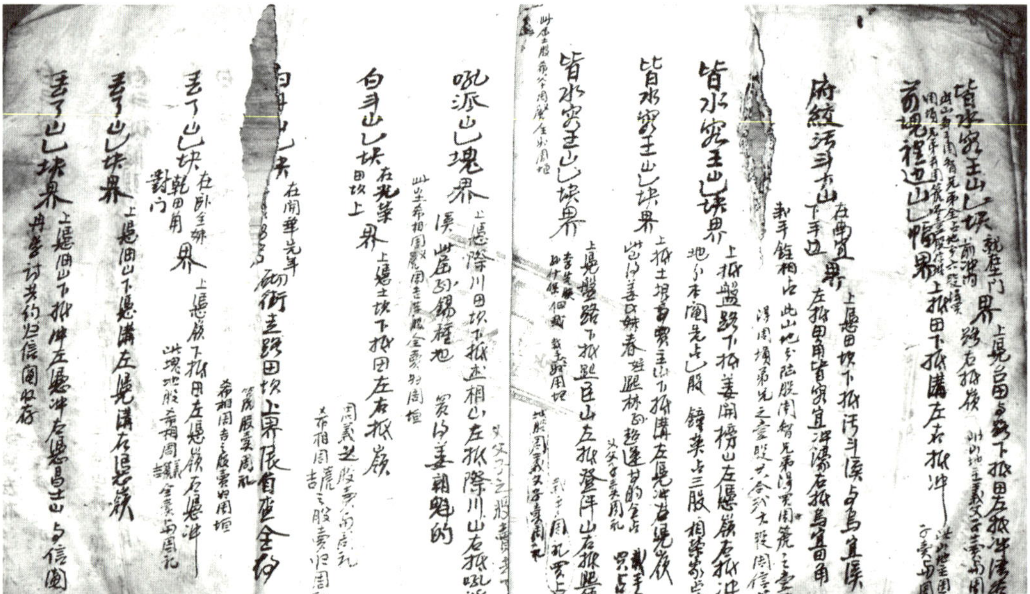

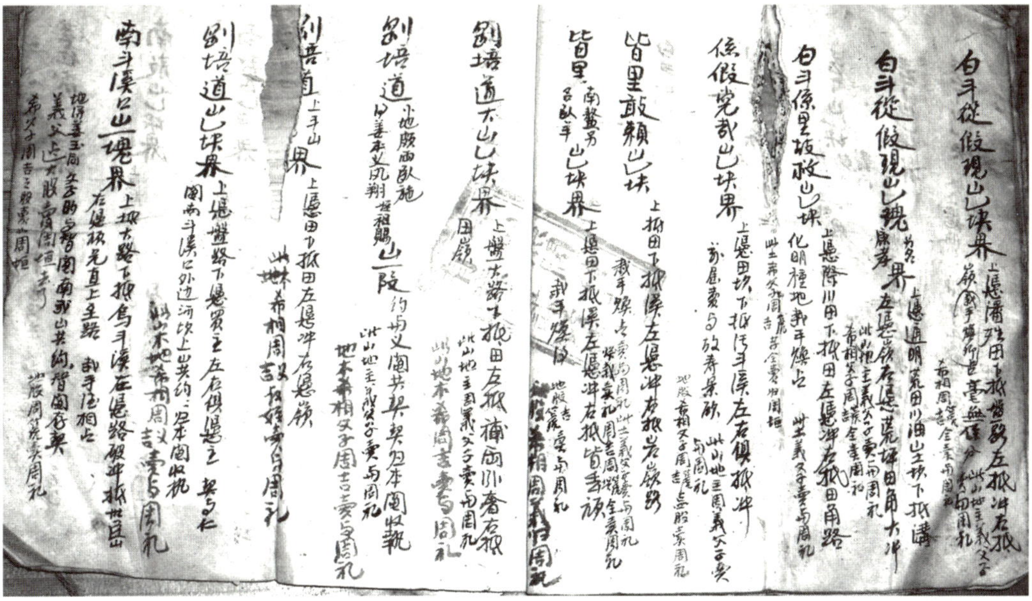

白斗從假現山塊界

白斗從假現山塊界

白斗係里坂敘山塊

係假党武山塊界

皆里敢賴山塊

皆里南盤另山塊界

劉培道大山塊界

劉培道……山一段

劉培[illegible]界

劉培道山塊界

南斗溪口山一塊界

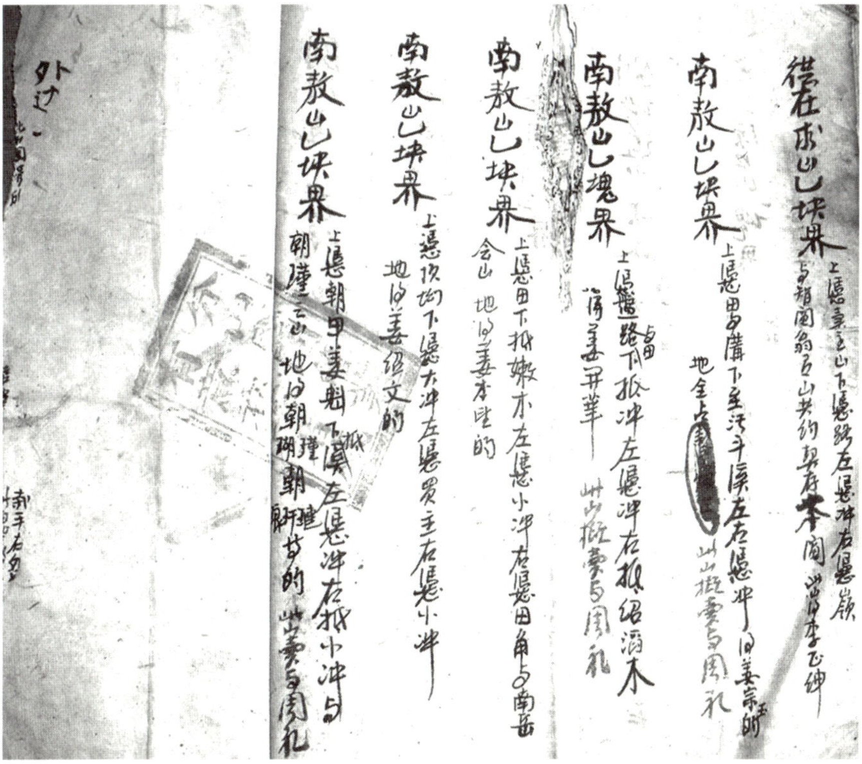

借在本山塊界

南敖山塊界

南敖山塊界

南敖山塊界

南敖山塊界

南敖山塊界

外边

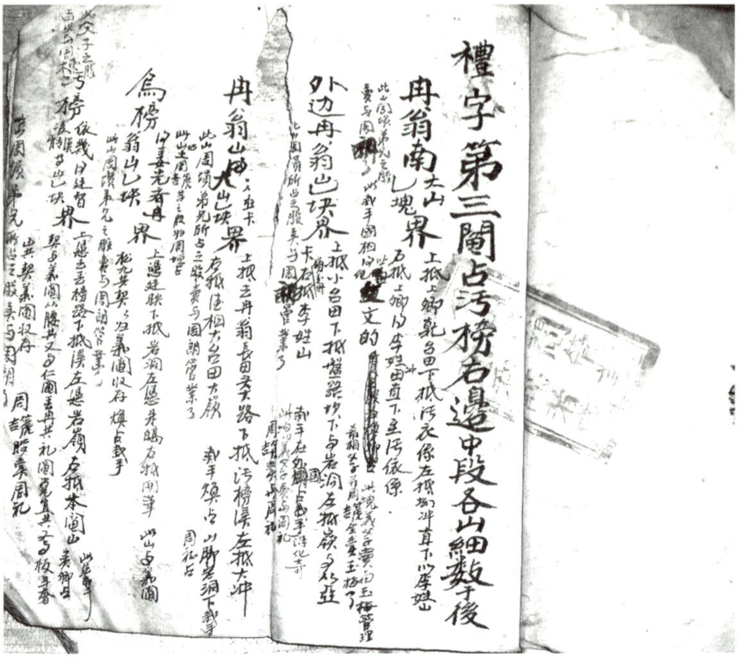
禮字第三閭占污榜右邊中段各山細数于後

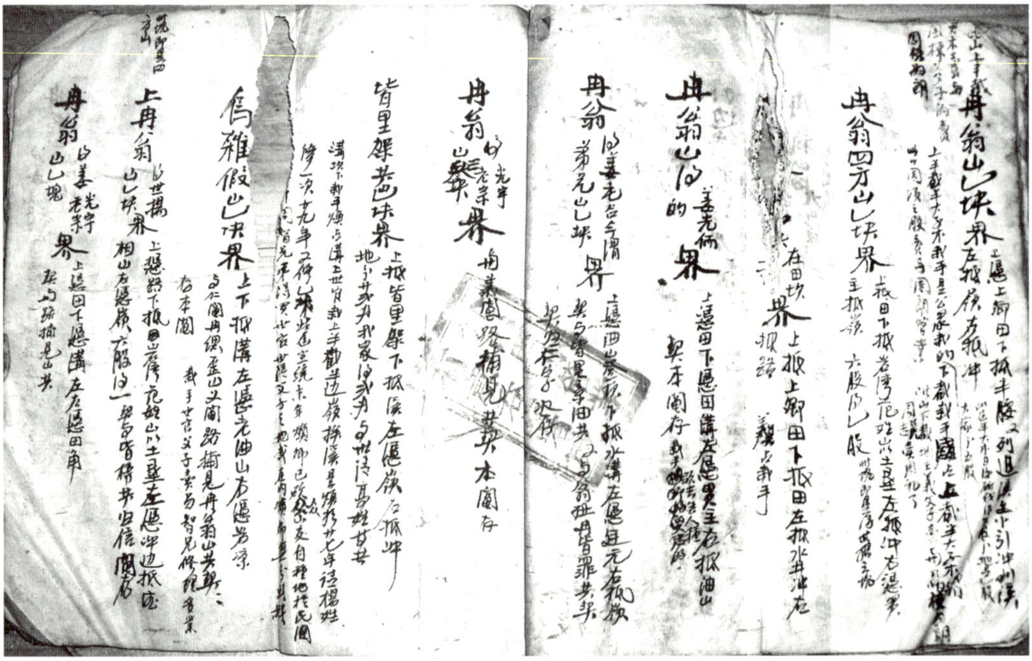

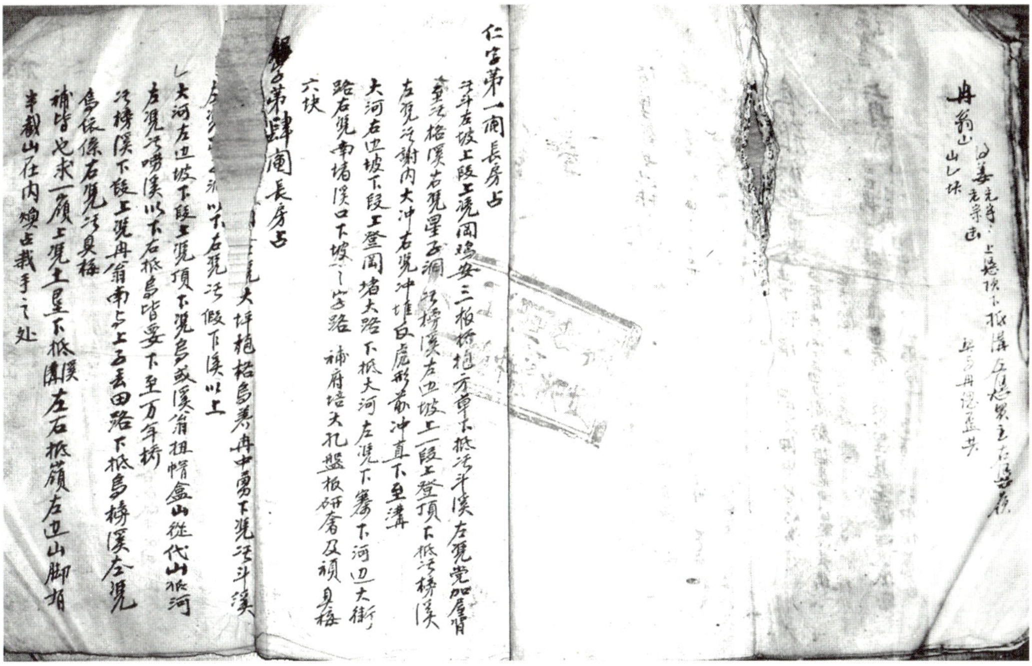

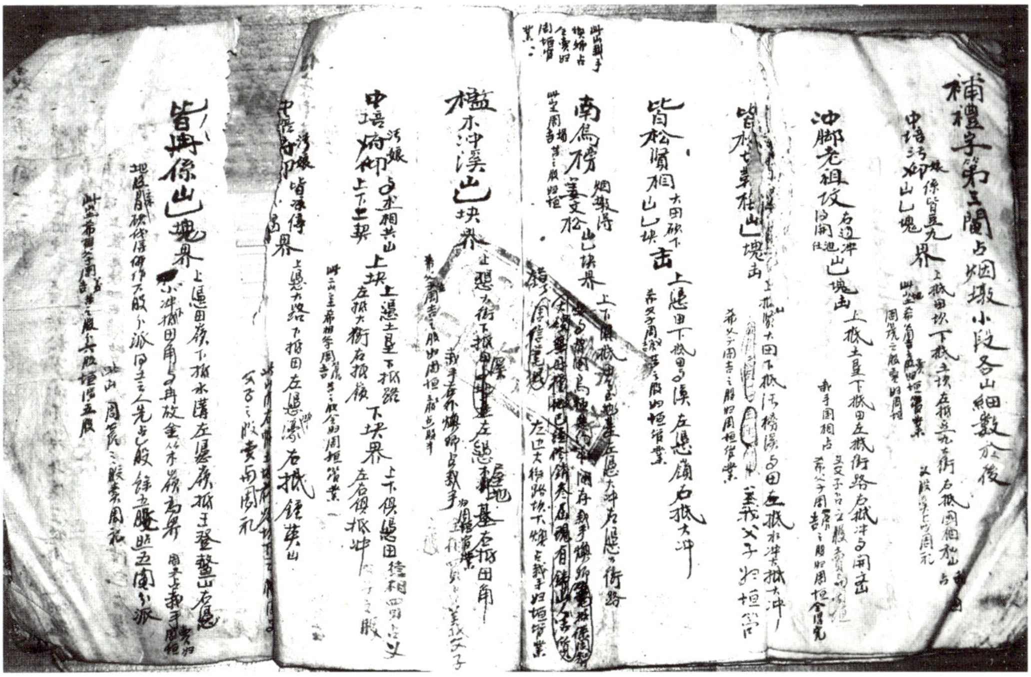

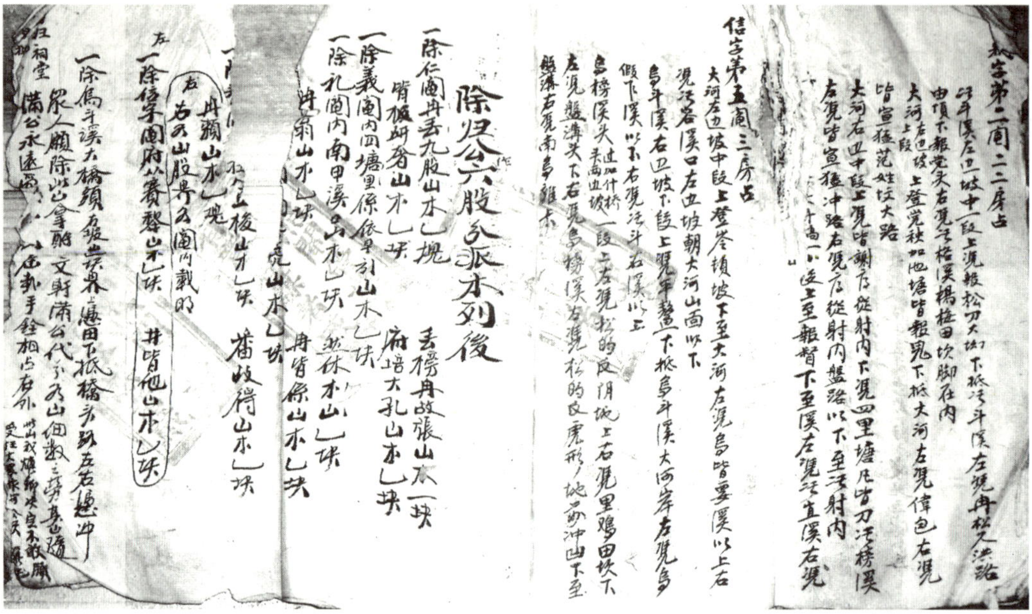
秋字第二閫二三房占
汚斗溪左边一坡中一段上凴報松刀大坳下抵汚斗溪左凴冉松大洪路
由頂下報党头右凴汚梧溪楊梧田坎脚在内
大河上段左边坡上登党秋加地塘皆報凴下抵大河右凴偉包右凴
皆宣猛范姓坟大路
大河右边中段上凴皆謝彦從射内下凴四里塘凡皆刀汚榜溪
右凴皆宣猛冲路右凴彦從射内盤路以下至汚射内
十高一以凴上至報督下至溪左凴汚直溪右凴

信字第五閫三房占
大河左边坡中段上登岑頓坡下至大河右凴鳥皆要溪以上右
凴汚岩溪口左边坡朝大河山面以下
鳥斗溪右边坡下段上凴平鳌下抵鳥斗溪大河岸右凴鳥
假下溪以下右凴汚斗右溪以上
鳥榜溪头边加什桥一段上右凴松的皮阴地上右凴里鸡田坎下
左凴盤溝头下右凴鳥榜溪右凴松的皮虎形地冲山下至
盤溝右凴南鳥雞木

除保公六股分派木列後
一除仁閫冉丢九股山木乙塊
背板岍脊山木乙块
丢榜冉故張山木一块
一除義閫内田塘里係依早刘山木乙块
府培大孔山木乙块
一除礼閫内南甲溪之山木乙块
休木山乙块
冉皆係山木乙块
山木乙块
後山木乙块
蕃故得山木乙块
左 冉顔山木乙塊 右之山股界分閫内載的
一除保閫府公養磐山木乙块 并皆他山木乙块
一除鳥斗溪大橋頭界上邊田下抵橋头路左右邊冲
眾人願除此山拿賠文射滿公代山佃
祠堂 滿公永遠

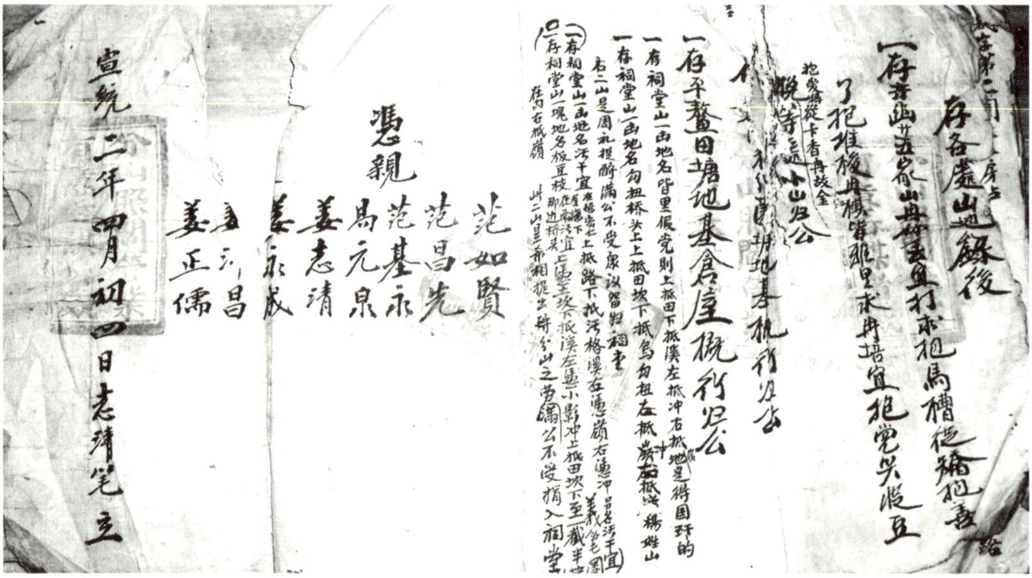
秋字第二閫房占
存各處山地錄後
一存青山廿五家山冉宜打求抱馬槽從補抱喜
了抱堆後冉模皆那里求冉培宜抱党吳從豆
抱党樣從卡香冉鼓全
晚小山保公
地基保公
一存平鳌田塘地基倉屋概行保公
一存祠堂山一由地名皆里假党則上抵田下抵溪左抵冲右抵地是得国所的
一存祠堂山一由地名勾扭桥头上上抵田坎下抵鳥勾扭左抵岩右抵楊姓山
右二山是周礼提醉滿公不受康以留归祠堂
一存祠堂山一由地名汚平宜上抵路下抵汚格溪左邊嶺右邊冲
一存祠堂山一塊地名板豆枝
此二山是

憑親
范如賢
范昌先
范基永
禹元泉
姜志清
姜永成
姜三昌
姜正儒
宣統二年四月初四日志清笔立

希相、周义等的

二房拈得此阄，永远发达

礼字第三阄

【印】分山照阄管业，有意吞谋者灭

一、长房贡三执场类记新簿十一本

一、长房周栋执分阄一、二、三、四、五草簿五本

一、二房协乾执山场流水老簿七本

一、二房希相执分阄仁、义、礼、智、信草簿五本

一、三房周礼收各处杂山、田塘、园基公契

序

本家山场，先辈创置。人历五六代，岁历三百年，计契数千张，山计数百块，虽在同居，经理尤难周到，况久分爨，各人岂易周知，是以公同商议，分股各管，若是零粹(碎)而分，恐有□□□□，不如划分大段，得好照料之宜。今者契约照阄分清，簿据照阄批定。分阄之后，各照契据管业，毋得藉此占彼，毋得顾已损人，昧山者须谦虚访询，知山者须公平指教。得多得少，亦是清白，慎毋贪图拘泥，误已误人，总望加功薅修，自然易于长大，十年以后，起色必多，如有匿契不出、用心吞谋者，不惟永不昌达，查出决不姑宽，此议。

一、既分大段之后，凡段内有我家所占公私大小山场，已录、未录、重录、错录，皆归段内照契股界管业。若无契据，不得错照藉大段之界妄争人山。

一、有一契而卖山数块，今则分落数阄者，以多占一快者执契；各阄平占者，以得契内头块之人执契，簿内批明，后要揭契，易于□□。

一、除金厂溪得吴姓之木，松离撮箕形得李信忠于栽手，抱楼得包金元栽手，从讲得姜添发、祖隆等栽手，四处归公，作五股分外，余各处均已大半老之木(簿内批明)，俟日后砍伐，得价分为六股，将五股作大家照五股均分，余一股归得土之人另占。其土仍归阄管业。

一、各处子木，已经有人修理者，须报明上簿，议定分山之后，如不加修，只得栽手四股之一；若加修一次，即得栽手四股之二；加修二次，得栽手四股之三；加修三次者，全得栽手股。修时，报知地主、看山人入簿，以免后争。

一、执簿执契之人，须当留心收管，凡簿契内有系分之人，有时要请簿契清查，须于随要之时，随揭出刊，不得措匿不出，以致误事。

一、或有此阄之山误誊于彼阄之簿，此阄之契误交入彼阄之人，又或有契尚未搜出者，日后查出，仍退回本阄收管。

礼字第三阄占

污斗溪左边坡下段，上凭松刀丢休凉亭周培道大路，下凭污斗溪，左凭南斗陡路卡棚地，右凭四牛山顶洪路，直下南休洪脚，内除廿五家山。

大河左边坡上段，上登顶，下抵大河，左凭乌容溪口左边坡，进溪以内，右凭莲花山范

姓坟以下。

污榜右边坡中段，上登里架冉翁，下抵乌榜溪，左凭南乌杂卡以下，右凭冉翁南开义公得李姓田下衣系冲以上。

□□□□，上凭凉亭，下凭屋场、乌榜溪，左凭皆松溪，右抵澜本冲溪。

凡三大地各补一小段，段内我家所占大小山及私山、共山，已上册、未上册，只要契据载有，皆归此阄内管业。

又补冉皆系山一块，界后载

久山范基永　录

礼字第三阄占大河左边上段各山细数列后：

冉污穷山一块，挨右边溪界，上凭岩凉（梁），下抵溪，左凭冲与后龙山，右抵岩洞，此山前□周智□。此山内外二副，地栽分作十小股，周智兄弟买得九股，篪一股卖周礼，乾隆得买。

鸠穷溪后龙香岩山一块，上凭大岩洞，下抵溪，左右凭冲。

南污培拜山一块，界：上凭明姓低级，下抵河，左抵岭，右凭冲。此山栽手［股］，周智得买全占，地分六股，得买周义、周□各一股，后又买希相、周吉父子二股，已占六股之五。

先年范本正□□之山，此山周义父子之股卖与周礼，篪股卖周礼。

……香霭山一块，上登顶，下抵乌穷溪，左右凭冲，加（嘉）庆年间得买。

冉培拜山得范咸应、绍英山一块二岭，界：上凭顶，下抵，左右俱抵冲，与义阄冉杉兄共契约归本阄存。

乌穷溪得买龙香蔼山一块，上凭买主，下抵岩洞，左凭买主，右抵岩凉（梁），加（嘉）庆年间得［买］。

培拜山一块，界：上凭顶，下抵应旺，左抵应旺，右凭香蔼及姜九□细山，地分六股，周智得买五股，栽手［股］周智得买全占。

培拜山一块，界：上凭顶，下抵绍略、昌厚木，左凭冲，右凭岭，□姜朝珍的。

培拜，得罗大勇山一块，界：上登顶，下抵大路，左凭小顶在在内，右凭冲，地四股，得一股。

培拜，得曾国用父子得买巫华远山一块，界：上凭盘路，下抵田脚至岩洞，左凭国用木，右凭李姓得买之木。

冉松浓得姜光前山一块，界待查，地分四股，得一股，契与本阄南怒皆□共。

南格溪口半边山一块，界：上凭岭，下抵溪，左凭通理木，右凭桥头及龙老富美的，与信阄共本契执约。栽手周礼买占。

乌格溪四十两山，界：上登顶，下抵大岩洞，左凭岭，右抵大冲。与路榜架所共约契归九怀山存。

本家占地陆两一钱三分八厘，系□保卿、保章、延圣、龙仁、延诸昌等之股，余归德相全占。

乌格溪，在杨宏仁屋地场下，大山一块，界：上抵路，下抵污格溪，左凭岭，右凭冲。另名乌干宜，焕[卿]于卅年包修一次，地□私山，栽手焕[卿]占。此山之地，希相、周义叔侄提酬满公分山之劳，满公不受，捐作我们祠堂，[姜周]义笔圈。

污干宜，得易明爵山一块，界待查，先得四股，又得易姓一股，分做(作)三股之二股，余一股，后亦买得。

乌格溪，……，界：上抵大坪，下抵绍滔，左抵岭，右抵冲。此山占二两七钱五分，又得绍牙之股，与乌养共契，约归乌养智阄存。

冉格山，得姜典略的，与智阄翁扭共契，约归本阄存。

南污□虎山一块，地分三股，得二股。

乌格溪，丢乌□虎山一块，界：上登顶，下抵田路，左抵岭，右抵冲。地分七股，得玉才半股。

该在淆山一块，界：上抵岭，下抵河，左抵岭，右抵冲。丢八种地，义、篪股卖与周礼。

稿柳富，即皆在淆上边山一块，界：上抵岩洞，下抵范姓山，左凭买主之山，右抵范姓山，范老奂种地，义篪股卖与周礼。

自南怒至污见等处之山，周埙占六股之一股，概卖与周朗弟兄管业。

南怒，李姓屋背山一块，界：上下凭土坎，左凭冲，右凭凹，以洪路[为界]。栽手焕[卿]占。范兴荣、主□二人佃栽。

又名卧谷，希相父子兵周义所占之股出卖与马□弟兄管业。

番烈之山，周义父子所占之股卖与马锦堂管业，周□之股亦卖，又批。

……山一块，界：上凭岭，下抵田与沟，左抵岁冲，右凭冲与显国连界。范根明种地，不□抵此山内荒坪，横直除一丈，马世锦笔批。

批：此山地主希相父子所占之股出卖与马廷梁名下管业，老约未交，批明是实。

番烈，得姜光前山一块，界待查，地二股，得一股，与智阄翁扭、仁阄冉山同契，归仁阄收存。

番烈，党□与李文科共山一块，地分十二两，得一两，此界卖与杰相□代。

番烈，从皆周得范来烈山一块，界：上凭范献琳，下抵范绍掩，左凭冲，右抵田角，与义阄补见水豆且共契，约归本阄存。

批：番烈之山，地主分为三股，周义父子所占一股，出卖与马世元弟兄管业。周篪之股亦卖，□又批。

南怒，得范绍尧山一块，界：上凭李老六，下凭咸宗，左凭、右凭路，与义阄乌东同契，约归本阄存。希相父子所占之股，出卖与马世元弟兄管业。周义、篪之股亦卖与马世元弟兄了。

南怒，另名党兄……之山一块，界：上凭顶，下抵通明、通戴木，左凭冲，右凭岭，与皆雅山同契，归本阄存。

南甲溪口山一块，界：上抵土坎与杨姓山，下抵乌甲溪至河，左抵山，右抵丙建山以冲[为界]。德相买乔林栽手。

义、篪之股亦卖与马世元弟兄了。批：此山周义父子所占地主[股]，卖与马姓管业。

老约未交，此届栽手［股］，马姓所占。

此山地股日后砍伐得价，作六股分，地主先占一股，余五股照五股分派。

兄强山一块，批：此山希相父子所占，地主之股出卖与马廷梁管业，老约未交，批明是实。

南甲左边溪口山一块，界：上登土坎，下抵路，左抵小引冲，右抵岭。李老明佃栽，周篪之股亦卖马世元弟兄了。

批：此山地主周义父子所占之股，早年卖与马世利管业，老契□□□，所余未缴。批：此山希相父子所占，地主之股出卖与马廷梁管业，老约未缴。

党兄屋边右手番颈山一块，界：上凭田，下抵冲，左抵洪（横）路，右上截抵杨姓山，下截抵冲，杨姓种。

批：此山周义父子所占之股早年出卖与马姓管业，老契未交，批明。周篪占股卖与马世元弟兄了。

批：此山地主希相父子所占之股出卖与马廷梁管业，老约未交。

党兄丢污见坳颈山一块，界：上凭沟，下抵冲，左抵小冲，右抵大水冲，龙乔连种地，焕卿占。

批：党兄丢污见坳颈山，周义父子名下所占之股出卖与南路马世元弟兄管业，老契下文斗姜超运所卖……

希相父子之股卖与马世元弟兄管业，周篪股卖马世元弟兄。

党兄丢计山一块，界：上凭范姓山，下抵冲，左凭大冲，抵四公山，右抵基相山。龙乔连中的，栽手焕卿占。

府兄加卡（另名该党）山一块，界：上凭腰岭，下抵大河，左抵岭，右上截抵岭，下截抵冲。系正连只种火捞□焕［卿］修一次，焕［卿］占栽手，卖与马姓管业，老契未交，批明。

皆□加卡与开宏等共山，界：上凭田，下抵河，左抵范保连山，右抵岩冲。股数照老分单清查，栽手［股］国占。

皆丢翁腰山一块，与世俊共，界：上凭土垦，下抵溪，左抵大岭下木，洪（横）路至大冲，右抵光陶坡。范老奂种地。

中培党兄山一块，界：上下抵田，左抵范之伟山，右凭马姓之山。栽手焕［卿］占。

批：此山地主希相父子所占之股先念出卖与马廷梁子管业，老约未缴，批明。中培党兄之山，周义、周篪所占之股卖马世元弟兄管业。

党……后龙玉宏山一块，界：上抵格翁范姓洪山，下抵绍滔山，左凭冲，右佐兴山，此山与绍滔、绍宏二家共，契与仁阄翁谢山共，契归仁阄存。

然休山一块，界：上登顶，以□□，下抵污休溪，左凭岭，以德修私山［为界］，右凭本阄得熙豪家山。此届卓相砍伐。此块［姜周］义父子并周池、周吉卖与周礼，契未拨。此山栽手周智兄弟得买，全占。地分六股，得买周埙兄弟之一股。

然休山一块，上凭顶以洪，下盘抵路，左抵□块，右抵世臣等共山。此山周□兄弟之股，周智兄弟买了，栽手［姜周］智占。此山先年与登泮家争持，具控在柱有案。此块［姜周]义父子卖与周礼,契未拨。希相、周篪、周吉卖周礼了。

然休,得述圣山一块,界:上登尖顶,下抵老盘路,左右俱抵岭。契与仁阄污冉八股山、九股山并董有山共约,契归仁阄存。此山概卖与周礼了。

然休,得姜老同山一块,界:上凭映荣山,下抵路,左抵冲,右抵岭。地二股,得一股与仁阄冉略乡山共契,契归仁阄收存。

然休,孪□山分为卅家山,界:上凭盘路,下抵土坎,左抵冲,右抵下寨山。此山得姜开仕之股,并得开榜之股,约与仁阄卅家山共,约归本阄存。

……占一股,与仁阄污冉共契,本阄存契。又得姜国柱五两四钱,下余所得多余未录,契规本阄收存。通山全得完了。

此地之木,日后砍伐得价,分为六股,得土之人先占一股,余五股照股分派,地归本阄管业。周义之股卖周礼。

府水冉松九(另名然干岁山)一块,界:上凭冉松九荒坪,下左抵本阄得秉文卅家山,下右抵土坎,左凭德相、□□仕、□敏山,以小影冲[为界],右凭洪路,下至冲,抵本家得凌云山,永昌种地。周埙、周义、周吉兄弟卖周礼。

然休溪边山一块,地得姜东文的,界:上凭岭,以洪路[为界],下抵污休溪,左凭义仓山,右抵岭至杰相山。此届姜求□佃种。此土[姜周]义父子卖与周礼,占二股。此山栽手周礼兄弟买求□的,全占。地分为六股,得买周篪、周埙兄弟各一股。周礼笔批。周吉占二股,卖[与姜周礼]。

抱党楼山一块,地得凌云的,界:上凭岭,抵洪路[为界],下凭土坎,抵光前山,左凭冲,右凭岭。栽手国相占。[姜周]义股卖周礼,[姜周]埙股卖周礼。

……,界:上凭洪路,下抵污休溪,左凭岔路,抵德修私山,右凭洪路。此山凭洪路上截归义阄。地分七两,□相占开文二两,本家占一两五钱,世模占三两五钱。栽手[股]国相买占,栽手卖砍了。

府桥丢休,田坎下山一块,界:上凭田坎,下抵溪,左抵溪与草鞋田嘴,右抵桥头。永芳等种地,国相得买栽手。此山地分六股,得买周埙兄弟之一股,[姜周]信笔批。周篪卖周礼。

系皆在队故山一块,即府水丢休,界:上凭大陆,下抵溪,左凭污冉依,右凭横岭脊背破(坡),下岭嘴,抵开明山。卓相砍路砍下之幅,栽手□占。府水丢休横岭下之幅,栽手周义占,卖周礼。此山栽手,周智兄弟买全占。地分六股,得卖周埙兄弟之一股,周信笔批。

皆里南休山一块,界:上凭田,下抵田,左凭岭,右凭冲上至渡船田。此届栽手,国相买占,砍伐去了。此土[姜周]义卖与周礼。

冉霞柺路坎下山一块,界:上、下抵大路,左凭铨相山,右抵岭,与建猷山。栽手周礼买占。此山地主周义卖与周礼。契未拨。希相、周埙父子卖周礼。

冉霞柺大盘路坎上山一块,界:上凭周□田,下抵丢党庙大路,左抵岩板□头,右抵水冲。此届上、下边岭,全相、□相、□相修栽手。

南从见大山一块,界:上凭田,下抵溪,左凭田,抵冲下凭绍宏田角[为界],右抵水冲。国相买栽手。此土[姜周]义父子卖与周礼,占二股。希相、周篪、周吉占四股,卖周礼。

挨南从见田砍(坎)下山一块,界:上凭田,下抵溪,左凭水冲,右抵超贵山。此山周义父子卖与玉梅,周埙之股卖玉梅。

板豆枝山一块,在南污泥那边桥头,界:上凭土坎,下抵溪,左凭小引冲,左上凭田坎,下至一截半块在内,右抵岭。此山之地,希相、周义叔侄提酬满公分山之劳,满公不受,捐入我们祠堂。[姜周]义笔圈。

党泥山一块,得廷晚、廷智的一股,契与礼阄依丁山、义阄从夭山、仁阄去冉山(又板研奢山)共契,约归义阄存。

培党兄山一块,界:上凭佃山,下抵大路,左右凭冲,与从皆榜共契,约归本阄存。

该里污皆追山一块,与焕卿台田坎下共山,界:上凭田,下抵溪,左抵田角,右抵岭。地分十八股,得世杨一段。焕[卿]占栽手。

皆污宜山一块,得姜光朝的,界:上下凭路,左凭桥头,右抵大相田冲。契与义阄松九山共,约归义阄收存。

府水究王山一块,在大路坎上,界:上凭岭,下抵大路,左凭小路,右抵大冲。栽手周义修理占。希相父子、周篪、周吉卖与周礼。此山地主[姜周]义父子出卖与周礼,栽手□□。

皆水究王山一块,就在土门前冲内,界:上凭台田与路下抵田,左抵冲湾□路,右抵岭。此山地主[姜周]义父子卖与周礼。此山栽手周智兄弟全占。地分六股,得买周埙兄弟并周篪各一股,[姜周]信批。

前块里边山一幅,界:上抵田,下抵沟,左右抵冲。此山地主[姜周]义父子卖与周礼。

府绞污斗大山,在南宜下手边,界:上凭田坎,下抵污斗溪,与乌宜溪[为界],左抵田角皆究宜冲濠,右抵乌宜田角。栽手铨相占。此山地分六股,周智兄弟得买周篪之股一股,又得买周埙弟兄之一股,共合二大股,周信笔批。

皆水究王山一块,界:上抵盘路,下抵姜开榜山,左凭岭,右抵冲。地分本阄先占一股,钟英占三股,相荣家占六股。

皆水究王山一块,界:上抵土垠与买主山,下抵沟,左凭冲,右凭岭。此山得姜氏妹春、侄熙林、孙超运等的,全占。[姜周]义父子卖周礼。栽手周礼买占。

皆水究王山一块,界:上凭盘路,下抵熙臣山,左抵登泮山,右抵熙□山。李先晚、孙什保佃栽,栽手全归周□。栽手周礼买占。地股周义父子卖周礼。此届土股,希[相]父子、周义、周篪全归周埙。

吼派山一块,界:上凭际川田坎,下抵杰相山,左抵际川山,右抵吼派溪。此届孙锡种地。买得姜朝魁的。此山土希相、周义、周篪、周吉等股全卖,归周垣。[姜周]义父子之股卖去了,归[姜周]垣。

白斗山一块,在光荣田坎上,界:上凭土坎,下抵田,左右抵岭。周义之股卖与周礼,希相、周篪、周吉之股卖归周礼。

白斗山一块，在开华先年□□□□，砌街走路田坎上，界限自查，全得。[姜周]篪股卖周礼，希相、周吉之股卖归周垣。

丢了山一块，在卧全妹乾田角对门，界：上凭岭，下抵田，左凭岭，右凭冲。此块地股希相、周义、周篪、周吉全卖与周礼。

丢了山一块，界：上凭油山，下凭沟，左凭沟，右凭岭。

丢了山一块，界：上凭油山，下抵冲，左凭冲，右凭昌士山，与信阄冉学□共，约归信阄收存。

白手从假现山一块，界：上凭潘姓田，下抵盘路，左抵冲，右抵岭。栽手焕卿占，毫无系分。此山地主，[姜周]义父子卖与周礼。希相、周篪、周吉全卖与周礼。

白手从假现山一块，另名康孝，界：上凭通明荒田，以油山土坎[为界]，下抵沟，左凭岭，右凭荒坪田角大冲。此山地主[姜周]义父子卖与周礼，希相父子、周篪、周吉全卖周礼。

白斗系里故救山一块，上凭际川田，下抵田，左凭冲，右抵田角路。化明种地，栽手焕[卿]占。此土[姜周]义父子卖与周礼，此土希[相]父子、周篪、周吉等全卖，归周垣。

系假党哉山一块，界：上凭田坎，下抵污斗溪，左右俱抵冲。前届卖与故寿景砍。此山地主，周义父子卖与周礼。地股希相父子、周篪、周吉占四股，卖周礼。

皆里敢赖山一块，上抵田，下抵溪，左凭冲，右抵岩岭路。栽手焕[卿]占，卖与周礼。此土[姜周]义父子卖与周礼。焕[卿]栽[手股]卖[姜周]礼。周吉、周篪、周埙全卖周礼。

皆里南鳌(另名卧羊)山一块，界：上凭田，下抵溪，左凭冲，右抵皆丢顽。栽手焕[卿]得，地股[姜周]吉、篪卖与周礼。地股希相、周义归周礼。

□培道大山一块，界：上盘(凭)大路，下抵田，左抵补雨卧奢，右抵田岭。此山地主，周义父子卖与周礼。此山地木，希[相]、周吉卖与周礼。

□培道，小地颇雨卧施，得姜本义、风翔侄祖赐山一段，约与义阄共，契归本阄收执。此山地主[姜周]义父子卖与周礼，地木希相父子、周吉卖与周礼。

□培道上手山一块，界：上凭田，下抵田，左凭冲，右凭岭。此地木希相、周义、周吉叔侄卖与周礼。

□培道山一块，界：上凭盘路，下凭买主，左右俱凭[买]主。契与仁阄南斗溪口外边、河坎上山共，约归本阄收执。此山木、地，希相、周义、周吉卖与周礼。

南斗溪口山一块，界：上抵大路，下抵乌斗溪，左凭路，破冲，抵世臣山，右凭顿兄，直上至路。栽手德相占。

地得姜玉同父子的，与智阄南或山共约，智阄存契。[姜周]义父子占一大股，卖周垣去了。地股，周篪卖周礼，希[相]父子、周吉之股卖归周垣。

从在求山一块，界：上凭卖主，下凭路，左凭冲，右凭岭。与智阄翁□山共约，契存本阄。此山得李正绅。

南敖山一块，界：上凭田与沟，下至污斗溪，左右凭冲。得姜种玉的，地全占。此山概卖与周礼。

南敖山一块，界：上凭盘路与田，下抵冲，左凭冲，右抵绍滔木。得姜开华。此山概卖与周礼。

南敖山一块，界：上凭田，下抵嫩木，左凭小冲，右凭田角与南岳会山。地得姜本望的。

南敖山一块，界：上凭坎坳，下凭大冲，左凭买主，右凭小冲。地得姜绍文的。

南敖山一块，界：上凭朝甲、姜魁，下抵溪，左凭冲，右抵小冲与朝瑾之山。地得朝瑾、朝瑚、朝琏、朝玕、朝琅等的。此山卖与周礼。

礼字第三阄占污榜右边中段各山细数于后：

冉翁南大山一块，界：上抵上卿乾台田，下抵污衣系（溪），左抵坳冲直下，以李姓山［为界］，右抵上卿及李姓冲田直下，至污衣系（溪）。此山周埙弟兄之股卖与周礼了。此栽手国相得□□、□□的。此块［姜周］义父子卖与玉梅管理，希相父子并周篪、周吉全卖玉梅了。

外边冉翁山一块，界：上抵小台田，下抵盘路坎下与岩洞，左抵岭，与从亚卡岭分界，右抵李姓山。此山周埙所占之股，卖与周礼管业了。栽手在外□占栽手得化奇。此块［姜周］义父子卖与周礼，周篪、周吉卖与周礼。

冉翁山，□□□大山一块，界：上抵丢去翁长田头大路，下抵污榜溪，左抵大冲，右抵德相大台田大岭。栽手焕［卿］占，山脚岩洞下栽手周礼占。此山周埙弟兄所占之股卖与周朗管业了。此山地土周篪、周吉等之股归周垣占。

乌榜，得姜光齐冉翁山一块，界：上凭廷映，下抵岩洞，左凭朱皜，右抵开华。此山与义阄松九共契，契归义阄收存。焕［卿］占栽手。此山周埙弟兄之股卖与周朗管业了。

污榜，依几得廷智、凌汉、凌青、凌霄等山一块，界：上凭去丢榜路，下抵溪，左凭岩岭，右抵本阄山。此届栽手□卿占。契与义阄从腰共，又与仁阄丢冉共、礼阄党宜共，又与板年奢山共，契义阄收存。周篪、周吉股卖周礼。此山周埙弟兄所占之股，卖与周朗了。［姜周］义父子之股买与周栋了。

冉翁山一块，界：上凭上卿田，下抵半腰又列追溪，至小引冲到溪，左抵岭，右抵冲。此山上半截大木卖与周栋，上半截半大子木栽手是公众栽的（此届半大木日后砍伐，作六股分，地占一股，大家分五股），下截栽手□占，上截半大子木□□。此山周埙之股卖与周朗管业。此山下截地主［姜周］义父子卖与周栋、周朗，周篪、周吉卖周礼了。

冉翁四方山一块，界：上抵田，下抵岩湾范姓山，以土垦（垠）［为界］，左抵冲，右凭买主，抵岭。六股得一股，此块即……

……，界：上抵上卿田，下抵田，左抵水井冲，右抵路。□占栽手。

冉翁山，得姜光俪的，界：上凭田，下凭田沟，左凭买主，右抵油山。契本阄存。栽手砍去，无人种。

冉翁，得姜老合、今渭弟兄山一块，界：上凭油山登顶，下抵水沟，左凭廷元，右抵岭。契与皆里素田共，又与翁扭冉皆罪共契，契归仁字收存。

冉翁，得光宇、老宗山一块，界：与义阄路补见共契，本阄存。

皆里架共山一块，界：上抵皆里架，下抵溪，左凭岭，右抵冲。地分廿二两，我家得二两，与世清、高姓等共。沟坎下栽手焕［卿］占，沟上世官栽上半截，半边岭挨溪是焕［卿］于廿七年请杨姓修一次，廿九年又修一次，此届宣统末年焕卿已砍，众亲友自种地于民国……周智兄弟得买世官、世清父子之地，栽［手］在内，焕卿无分。

乌杂假山一块，界：上下抵沟，左凭老油山，右凭岩梁。与仁阄冉缌歪山、义阄路捕见冉翁山共契，契存本阄。栽手世官父子卖与［姜周］智兄修理管业。

上冉翁，得世杨山一块，界：上凭路，下抵岩湾范姓山，以土垦（埂）［为界］，左凭冲边，抵德相山，右凭岭。六股得一，契与皆榜共，归信阄存。此块即是四方山。

冉翁，得姜光宇、老宗山一块，界：上凭田，下凭沟，左右凭田角。契与路捕见山共。

冉翁山，得姜光宇、老宗山一块，界：上凭顶，下抵沟，左凭买主，右凭岭。契与冉缌歪共。

仁字第一阄长房占：

污斗左坡上段，上凭罔鸡安三板桥抱方草，下抵污斗溪，左凭党加屋背，至污格溪，右凭星子洞。污榜溪左边坡上一段，上登顶，下抵污榜溪，左凭污谢内大冲，右凭冲堆反虎形前冲，直下至沟。

大河右边坡下段，上登罔堵大路，下抵大河，左凭下寨下河边大街路，右凭南堵溪口下坡□字路。补府、培头、孔盘、扳研奢及顽臭接六块。

智字第肆阄长房占：

……上凭大坪抱格乌养冉中勇，下凭污斗溪，……以下，右凭污假下溪以上。

大河左边坡下段，上凭顶，下凭乌或溪、翁扭帽盒山、从代山□河，左凭污唠溪以下，右抵乌皆要，下至万年桥。

污榜溪下段，上凭冉翁南与上子丢田路，下抵乌榜溪，左凭乌依系（溪），右凭乌臭梅。

补皆也求一岭，上凭土垦（埂），下抵溪、沟，左右抵岭，左边山脚有半截山在内，焕［卿］占栽手之处。

补礼字第三阄占烟墩小段各山细数于后：

中培污娘仰，系皆豆九山一块，界：上抵田坎，下抵土坎，左抵豆九大街，右抵国相私山。栽占。此山地土希［相］父［子］、周吉之股卖归［姜周］垣管业，周篪之股卖归周垣。

冲脚老祖坟，右边冲，得开池、开仕山一块，界：上抵土垦（埂），下抵田，左抵街路，右抵冲与开文山。栽手国相占，［姜周］义父子占之股卖与周垣，希［相］父子、周篪、周吉之股归周垣全得完。

皆松□□梅山一块，界：上□□贤大田，下抵污榜溪与田，左抵水冲，右抵大冲。［姜周］义父子归［姜周］垣管，希［相］父子、周吉之股归周垣管业。

皆松贤相，大田砍（坎）下山一 块，界：上凭田，下抵田与溪，左凭岭，右抵大冲。希［相］父子、周义、周篪、周吉之股归［姜周］垣管业。

南乌榜，烟墩得姜文松山一块，界：上、下俱抵田下玉地基，左凭大冲，右凭大街路。

契与智阄乌极共，约本阄存。栽手焕卿。笔批系周信。大嫂□母种地已经修理三届，现有□山人活质，周信笔批。错了，左边大街路坎下，焕［卿］占栽手，归［姜周］垣管业。此山栽手焕卿占，全卖归周垣管业。

槛木冲溪山一块，界：上凭大街，下抵溪，左凭大屋地基，右抵田角。栽手在外，焕卿占栽手，归周垣管业。希［相］父子并周吉之股归周垣，三股占一股半。全相买占［姜周］义父子之股。

中培污娘，与杰相共山，上下二契，上块：上凭土垦（垠），下抵路，左抵大街，右抵岭；下块界：上下俱凭田，左右俱抵冲。德相买占［姜周］义父子之股。此二山之土，希相父子、周篪、周吉等之股全归周垣管业。

中培污娘，皆凉停□□□，界：上凭大陆，下抵田，左凭冲濠，右抵钟英山。此山……父子之股卖与周礼。

皆冉系山一块，界：上凭田岭，下抵水沟，左凭岭，抵王登鳌山，右凭小冲，下抵田角，与冉故金以木岭为界。地股之木日后砍伐得价，作六股分派，得土之人先占一股，余五股照五阄分派。周义占栽手，卖归周垣。此山周篪之股卖周礼。此山土，希相父子、周义、周吉等之股分六股，［姜周］垣得五股。

义字第二阄二房占：

污斗溪左边坡中一段：上凭报松刀大坳，下对污斗溪，左凭冉松久洪路，由顶下报党头，右凭污格溪，杨梅田坎脚在内。

大河右边坡上段：上登党秧加池塘皆报鬼，下抵大河，左凭伟包，右凭皆宣猛范姓坟大路。

大河右边中段：上凭皆谢□从射内，下凭四里塘凡皆刀污榜溪，左凭皆宣猛冲路，右凭□从射内盘路以下，至污射内。

……上至报督，下至溪，左凭污宜溪，右凭……

信字第五阄三房占：

大河左边坡中段：上登岑顿坡，下至大河，左凭乌皆要溪以上，右凭污容溪口左边坡朝大河山面以下。

乌斗溪右边坡下段：上凭平鳌，下抵乌斗溪大河岸，左凭乌假下溪以下，右凭污斗右溪以上。

乌榜溪头，过加什桥头西边坡一段：上左凭松的反阴地，上右凭里鸡田坎，下左凭盘沟头，下右凭乌榜溪，左凭松的反虎形地前冲凹，下至盘沟，右凭南乌杂卡。

除归公作六股分派木列后：

一、除仁阄冉丢九股山木一块；丢榜冉故张山木一块；皆扳研奢山木一块；府培大孔山木一块。

一、除义阄内四塘里系依早引山木一块。

一、除礼阄内南甲溪口山木一块；然休木山一块；冉翁山木一块；冉皆系山木一块；……山木一块。

一、除智阄……山木一块；番故得山木一块。

一、除信字阄府从赛黎山木一块；井皆他山木一块；冉赖山木一块。右为山股，界为阄内载明。

一、除乌斗溪大桥头右坡山一块，界：上凭田，下抵桥头路，左右凭冲。众人愿除此山拿酬文轩满公代分为山佃数之劳，其山随满公永远管业。此届栽手铨相占，在外。此山我焕卿决定不敢领受，任大众作价……归祠堂，□批。

存各处山地录后：

一 存□幽廿五家山、冉休、丢宜、打求、抱马槽、从矫、抱善、了抱、堆梭、冉祺、皆雅、里求、冉培宜、抱党兴、从豆脱、抱爱得、从卡香、冉故金等处小山归公。

……园、塘、地基，概行归公。

一、存平鳌田塘、地基、仓屋概行归公。

一、存祠堂山一凼，地名皆里假党则，上抵田，下抵溪，左抵冲，右抵岭，地是得国玕的。

一、存祠堂山一凼，地名勾扭桥头上，上抵田坎，下抵乌勾扭，左抵冲，右抵□杨姓山。

右（下）二山是周礼提酬满公，[满公]不受，众议留归祠堂。

一、存祠堂山一凼，地名污干宜，在杨宏仁屋梁下，上抵路，下抵污格溪，左凭岭，右凭冲，另名污干宜。

一、存祠堂山一块，地名板豆枝，在南污宜那边桥头，上凭土坎，下抵溪，左凭小影冲，上抵田坎，下至一截半块在内，右抵岭。[姜周]义笔圈。

此二山是希相提出酬分山之劳，满公不受，捐入祠堂。

凭亲：范如贤、范昌先、范基永、易元泉、姜志清、姜永成、姜济昌、姜正儒

宣统二年四月初四日 志清笔立

解读：

本则文书系2004年笔者拍摄于锦屏县河口乡文斗上寨村易遵发先生家。这是一份宣统二年（1910年）文斗寨姜姓某一家族分割家族共同经营山场的阄书，称为“礼”字第三阄，“礼”字在“仁、义、礼、智、信”五字中位列第三，“礼字”阄就是“第三阄”。该阄书由这一支姜姓的二房所得，二房包括了姜希相、姜周义等人。这本阄书篇首先交代了各山场契约、山场流水老簿（应指每块山场的历年经营交易情况）和本次山场分割的阄书的保存人，阄书的“序言”部分对这次家族山场分割的由来、过程及今后的事务处理作出了较为全面的约定，其后对该阄分占山场一一开列于后。整个阄书共35页，订为一本，几乎每一页中及两页间的拼合部分均盖有“分山照阄管业，有意吞谋者灭”的印章，足见整个家族对这一事件的重视程度。

阄书“序言”部分向我们展示了清代清水江流域人工林业的繁荣和山主家族的雄厚实力：“本家山场，先辈创置。人历五六代，岁历三百年，计契数千张，山计数百块”。姜姓这一家族通过五六代的努力，历经三百年时间，积聚下了数百块山场、数千张契约。即使

是几代同居的大家族都很难统筹安排生活，不得不分家各过（例如前文提及的“三老家”的三次分家），何况是这支姜姓并不是一个同居共财的大家族，山场管理难以合理调配，于是众人商议之后决定将家族共管的山场予以分割，各管各业。但正如笔者在前文谈到的，山场和土地相比，如果分割过细，不利于经营管理，于是这支姜姓众人决定将家族山场“划分大段”，以“得好照料之宜”。诸位主持山场分割的中人和家族长者告诫各家今后各户要“加功薅修”，还要相互帮助、互通有无。同时，众人还对山场分割后的事宜约定了六条：

第一条是说只要是在阄书中开列的山场，无论是否有错录、漏录，只要分割前家族享有该山场股数的，一律归阄书持有者所有，其他人不能混争。

第二条是对原契约归属的约定。山场分割之后，家族获得某一山场林木权益的买卖文书应交由阄书持有者收执。不过，如果是一份卖契涉及多块山场，且本次分割后，这多块山场归属不同人所有，那买卖文书就由这份卖契中涉及山场最多者收执。如果大家在这份卖契中涉及的山场数目一样多，那买卖文书就由这份卖契中排在第一位的山场归属人所有。

第三条是针对山场上的林木分配。除已经明确指明的几块林木归公，砍伐发卖后由五房均分外，其余在阄书内载明的大半老之木（即将成熟的树木），日后砍伐发卖后分为六股，其中五股由五房均分，另一股归阄书持有者所有。当然，这针对的只是林木，山场仍然是归阄书持有者所有。

第四条是针对山场上的幼林管理。要求各房对于分得山场上的幼林，要经常“加修”，并规定如果不管理，那阄书持有者只能得栽手股的四分之一，“加修”三次方可全得栽手股。

第五条是对收簿、收契之人的义务规定，要求他们一定要注意保管，如果有人需要查看簿、契，要随时予以配合。

第六条是对可能产生的误眷现象的处理，要求日后如果发现有此类问题，应退回其本阄，由阄书持有者所有。

本则文书表明清水江流域宗族制度在林业经营中的影响。在人类社会的早期，人们占有土地的欲望比较淡薄，正如恩格斯所说的那样：“由于人口稀少，荒地总是很多的，因之任何争夺土地的纠纷就没有必要了。”①所以土地观念非常淡漠，不但私人缺乏占有土地的欲望，而且集体占有土地的欲望也不强烈。这种现象，我们在新中国成立初期的滇西少数民族地区还能看到，例如云南金平苗族瑶族傣族自治县的拉祜族多用竹、木工具，只有少量的拉祜族人使用从附近哈尼族传入的铁器，他们的农业非常粗放，是一种典型的刀耕火种农业，流动性很大。据调查统计，40%的“卡”在一地住了半年或两三年就迁走了，迁徙如此频繁，森林又是如此之大，谁也不会因缺地而感到苦恼。按照传统，看中了森林的某片土地，只需把土地四周的树木砍倒形成一条边界，然后在树桩上放一根短

① 《马克思恩格斯选集》第四卷，人民出版社1972年版，第138页。

木作为记号，别人一见就知道这块土地已经有了主人，便主动离开。倘若要耕种别人已经使用过的幼林地，只需同主人商量一下或赠送主人一只松鼠干之类的礼物，主人便会十分慷慨地将这片幼林留给他耕种。① 唐宋以后，铁器和牛耕技术逐渐传入南方民族地区，铁刀、铁犁代替了原来的木石工具，成为农业生产的主要工具，情况就完全不同了。这使得生产上集中劳动的规模逐渐缩小，过去需要较大集体才能做的事情现在小集体甚至个人就能进行了，再也无需由村寨集体统一开垦土地，只需小家庭的夫妻，再加上他们的子女就可以胜任了，这就为个体家庭所有制的出现奠定了基础。这种分散的小土地个体劳动，是"私人占有的泉源"，个体家庭对土地的长期占有使用，逐渐获得了支配权，土地成为个体家庭的主要财产，并可世代承袭。但是，个体家庭并不可能将村寨占有的土地全部瓜分完毕，村寨仍然保留有很大一部分共有地。白裤瑶个体家庭所有的土地主要是平坝上的旱地和水田，离村较远的生荒地或休耕地、森林仍是"油锅"的共有财产，"油锅"内任何一个家庭都可以垦荒耕种。不过这类土地由于肥力低，不具有长期连续使用的价值，当某个家庭耕种2～3年后，肥力耗尽即抛弃另垦新荒，故很难像那些离村近、土质好的土地一样由个体家庭长期占有使用而取得所有权。土地既已抛荒，就不再属原耕种者所有，待数年后地力恢复，油锅内的任何家庭都可以自由地重新垦荒耕种，谁种谁收，不受干涉。② 当然，更为普遍的一种情形是，村寨附近已经开垦的土地多为个体家庭所有，村寨共有地虽然在数量上要远远多于各家庭所有的耕地，但大部分是荒山、草场和林地。

清水江一带的苗族、侗族村寨在木材贸易兴起之前就是这样一种情形。在当时，因为木材贸易尚未兴起，所以森林的价值因尚未显现出来，个体家庭占有森林的情形较为少见，任何村民都可以进入这些森林中狩猎、砍柴，但是如果个体家庭对森林进行开垦，使之成为可耕地之后，它即归开发者所有，会由村寨集体所有转移为开发者所有，美国人类学罗维称其为"对土地的改良修正了财产原则"③。至于这一时期的森林或林地的所有权归属问题，有学者认为是属于家族公有(或共有)的④。笔者以为，这一断语似有轻率之嫌，在没有进一步的资料证明之前不能简单下此结论。

大规模的林业贸易，特别是人工造林兴起之后，人们对森林和宜林地的占有欲望迅速膨胀，于是林地的所有制形式发生了剧烈的变革。有一部分学者认为，清水江一带的锦屏林区在清代一直实行林地的"家族共有制"，认为林地由家族共同占有，而林地上经营的林木归个体家庭所有⑤。有的学者认为人工林业的形成，靠的是林地家族共有形式，

① 贵州民族学院民族研究所编：《中国南方少数民族社会形态研究》，贵州人民出版社1987年版，5～8页。

② 玉时阶：《白裤瑶社会》，广西师范大学出版社1989年版，17～21页。

③ ［美］罗维著，吕叔湘译：《初民社会》，商务印书馆1935年版，第253页。

④ 罗洪洋：《清代黔东南文斗苗族林业契约补论》，载《民族研究》2004年第2期。

⑤ 潘盛之：《论侗族人工林业形成的两大社会基石》，载贵州省侗学会编：《侗学研究(二)》，贵州民族出版社1998年版。

在保证林地共有的前提下，在同一家族的林地内部实行各家族谁种谁收获林木的经营方式。① 也有学者进一步指出，林地家族共同所有制是由林业经营本身的特质造成的，即人工造林需要花费大量的人力，因此必须由家族统一安排人工造林的相关事宜。另一方面，林木生长周期较长，也需要由家族作总体规划②。与此同时，也有学者通过对清水江文书的考证，认为伴随着人工林业的兴起，清水江一带的林地所有权经历了从“家族共有制”到“家庭私有制”的变迁过程，林业契约只能是林地“家庭私有制”的产物，“特别是林业契约中的‘卖木又卖地契’的出现，更是林地所有制形式从此前的‘家族共有制’变迁到‘家庭私有制’的标志。”③日本学者唐力、武内房司等人的研究认为，锦屏林业经济与徽州林业经济相比较，家族因素的影响较小④，从侧面否定了林业经营家族共有制的存在。

首先可以肯定的是，宗族制度对清水江流域的林业经营有着重要的影响。从一些相关文书来看，即使是在人工林业经营兴起之后，山场家族共有制的存在并非个别现象，文书中多有“先祖所有共山”、“祖遗共山”、“族内共山”等语。本则阄书更是给我们展现了姜希相等人所在的这支姜姓，在宣统年间之前几乎都是以家族共有的形式经营人工林业的。再如前文提及的“三老家”这一姜姓家族，契约文书中有大量以三老家的名义购入山场或是出租山场的记载，也表明了林地家族共有制的形式是存在的。但是，这些文书给我们展示了家族共有制之影响的同时，也表明在家族共有制下，众人杂处，互相依赖，彼此牵制，生活难以统筹安排，生产难以合理调配，弊端愈加明显，只好将家族的共同财产尤其是共有的山场分割到各个房头甚至是各个家庭。分家之后，化整为零，别居独处的个体家庭可以从自己的实际情况考虑，灵活自主地安排生产和生活。因此，林地的家族共有形式不可避免地要走向衰弱。事实上，从“家族共有制”向“家庭私有制”的变迁既可以通过分家析产的方式完成，同时也存在着个体家庭出卖所占家族共产的股份，或是买入他人山场的方式来实现个体家庭对山场的占有。

其次，关于林业经营本身的特质决定了人工造林只能采用家族共有制形式的论断，笔者以为也是不确切的。与农业生产相比，林业经营呈现出两个特点，其一是需要投入大量的劳动力，其二是生产周期较长。这两个特点确实给个体家庭的生产带来了一定的困难，但解决的办法并非只有家族共同经营一途。事实上，清水江文书清楚地表明，当时的林业生产较普遍地采取租佃的形式。本乡本寨甚至外县外省破产的农民只能选择到山主门下佃山造林，因为造林的前几年可以“林粮间作”，佃农可以借以获得一些粮食糊口度日，故而贫苦农民也多愿佃山造林以维持生计。又因为林粮间作的时间只能维持几年，三五年后，幼林长成，只需稍作薅修管护的工作既可，就不必像栽杉阶段那样投入过

---

① 罗康隆：《清水江流域侗族人工营林业研究》，云南大学博士论文，第61页。

② 徐晓光：《锦屏林业契约、文书研究的几个问题》，载《民族研究》2007年第6期。

③ 罗洪洋：《清代黔东南文斗苗族林业契约补论》，载《民族研究》2004年第2期。

④ ［日］唐力、武内房司、杨有赓主编：《贵州苗族林业契约文书汇编（1736～1950）（第三卷）》，日本东京外国语大学亚洲非洲语言文化研究所2001年编，第204页。

多的劳动力，于是为了获得更多的收益，同时也为了能继续获得糊口的粮食，他们又得去佃种另一块山场。可以说，这种山林租佃关系与人工造林的历史几乎是同步产生的，或者说正是林业生产的特质决定了这种租佃关系的存在。反映在文斗的契约中，山主出卖自己亲手所栽之杉需强调“此山系自己亲手所栽”，有特别注明之必要，可见山场拥有者（山主）与造林者（栽手）身份分离的状态是比较普遍的。① 此外还存在着山主与栽手身份重合的情形：即将自己的山场租佃给他人栽杉的同时，又佃种他人的山场。造成这种现象的原因，笔者以为最根本的一点在于林木生长周期较长，但是最需要投入劳动力的只在该生长周期的前几年，这就导致了各山场的经营时间不一，故而林农在多块山场同时处于林粮间作时，无力耕种，只得将其中的一部分佃给他人，但在几年之后山场进入管护期，不需要投入多少劳动力，于是林农转而租佃他人的山场，这就是形成相互佃种现象的一个原因。同时，这也说明了山场并非完全采用家族共同经营的模式，否则无需去他处佃种山林。

笔者以为，清代清水江林业经营中虽然仍有家族因素的影响，但随着人工林业经济的壮大，到了嘉庆、道光年间，作为一种珍贵的生产资料，山场与土地一样，日益集中到少部分人手中。《侗族社会历史调查》统计发现新中国成立前文斗上寨的地主阶层占有的山林面积占全寨山林的94%②；河口民间还流传着一句童谣：“姚百万，李三千，姜家占了大半边”，其中的“姚百万”姚继周，传说他不仅占有瑶光河两岸数十里的青山，甚至买下了附近村寨的水井及阳光。至于其他一些大量买进山场而致巨富的，亦不在少数。虽然也有学者认为，个体家庭也可以将自己在家族财产中拥有的股数出卖，但要受到先买权的限制，“必须经过家族族长和家族长老的同意，才能卖给外族或外寨的人。”③诚然，在文斗的契约文书中，先买权制度确实存在，说明宗族因素在林地个体家庭私有化之后仍然存在一定的影响力，但并不能否定个体家庭这种所有权的存在。

当然，林地的经营方式从“家族共有”向“家庭私有”的转变当是有一个相当长的过程，并非是在林业贸易初期即在利益诱惑下得以产生。本则“宣统二年（1910年）四月初四日文斗姜姓分家二房所拈礼字第三阄”表明了林地家族共有的形式在整个清代都始终存在着，并且大量家族共产的存在，也使我们很难分清林业经营的主要方式究竟是“家族共有制”还是“家庭私有制”。至于个别学者认为林业契约只能是“家庭私有制”产物的论断，笔者亦不能苟同。美国人类学家罗维认为，所谓“公有”、“私有”都只是相对而言的④，无论是“家族共有”还是“家庭私有”，它们对特定群体而言即是“共有”，对该特定群体以外者而言就是“私有”。即便是属于全村寨所有的风水林、渡船林等“公产”，也只可

① ［日］唐力、武内房司、杨有赓：《贵州苗族林业契约文书汇编（1736～1950）（第三卷）》，东京外国语大学亚洲非洲语言文化研究所2001年印，第167页。

② 贵州省编辑组编：《侗族社会历史调查》，贵州民族出版社1988年版，第19页。

③ 徐晓光：《锦屏林业契约、文书研究的几个问题》，载《民族研究》2007年第6期。

④ ［美］罗维，吕叔湘译：《初民社会》，商务印书馆1935年版，第252页。

在该村寨范围内看成是“公有”，于其他村寨而言，它又属于十足的“私有形态”了，任何侵犯行为都将招致严重的敌视和对抗。群体共有财产的收益关乎群体内每个成员的利益，所以“家族共有形式下无法调动个体家庭生产积极性”的说法并无依据。

6. 1980 年平敖村、文斗下寨村调换山场文书

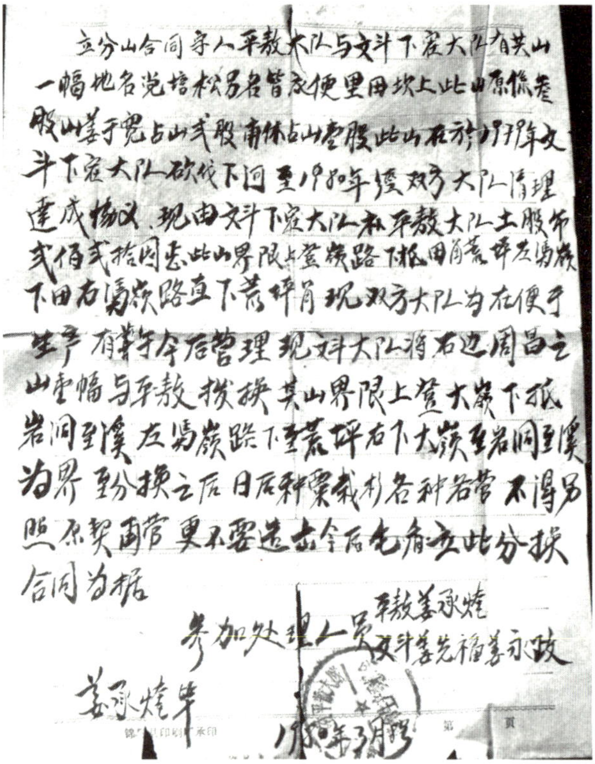

立分山合同字人平敖大队与文斗下寨大队有共山一幅，地名党培松，另名皆衣便里田坎上，此山原系三股山，姜于宽占二股，甫休占山一股。此山在于 1979 年文斗下寨大队砍伐下河，至 1980 年经双方大队清理达成协议，现由文斗下寨大队补平敖大队土股□二百二十圆（元）正。此山界限：上登岭路，下抵田角荒坪，左凭岭下田，右凭岭路，直下荒坪角。现双方大队为在便于生产有善于今天管理，现文斗大队将右边周昌之山一幅与平敖拨换，其山界限：上登大岭，下抵岩洞至溪，左凭岭路，下至荒坪，右下大岭至岩洞至溪为界。至（自）分换之后，日后种粟栽杉，各种各管，不得再照原契再管，更不要造成今后毛（矛）盾。立此份换合同为据。

参加处理人员：平敖姜承烇、文斗姜先福、姜永政

姜承烇 笔

1980 年 3 月 8 日

解读：

从本则文书和前述“1974 年十月初九日文斗、加池等村山场租佃文书”的情况来看，清水江流域的人们直到今天还在使用类似过去的方式、套语来订立契约，而且处理相关事务的思路和惯常做法几乎都与清代相一致（例如山场的调换、出租的分成等等）。

三、其　他

(一)山场收益分配的约定文书

1. 乾隆二十八年(1763 年)一月十二日姜洪美等山场收益分配约定文书

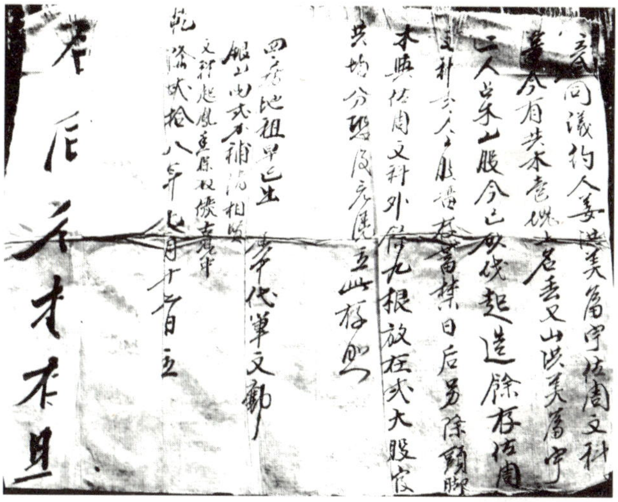

立合同议约人姜洪美、富宇、佐周、文科等,今有共木一块,地名丢又山。洪美、富宇二人占木一股,今已砍伐起造。余存佐周、文科二人一股留存蓄禁。日后另除头脚木与佐周、文科外,余九根,放在二大股岌共均分。恐后无凭,立此存照。

四房地租早已出银一两二钱,补清相贤。文科、起凤、香保、严吉凭中

凭中、代笔:文劝

乾隆二十八年一月十二日　立

合同各执存照【半书】

解读:

乾隆中期,姜洪美等多人共同经营山场一块,且应系一块自栽山场。山场分为两股,姜洪美等人分占一股,姜佐周等人分占一股。一般情形下,山场山林股数的划分并非是对山场或是山林实体的分割,如果要对山场或山林的实体进行分割,那就应如同前述山场山林分割文书那样分出各人所占的边界。例如“嘉庆二年(1797 年)七月十九日姜廷望等分割山场文书”,请中人登山划界,分出各块的四至边界,但一般的山场或山林股数划分仅仅是对预期收益的分配,并不涉及山场山林实体的分割。本则文书中说姜洪美等人所占一股已砍伐起造,姜佐周等人所占一股留存蓄禁。一般情况下,如果山场系整体出租给栽手栽种,或由山主在同一时期栽种,那么所栽种的山林应会在同一时间砍伐发卖,很少会分批次砍伐。砍伐姜洪美等人所占一股林木并非是为了出售,文书中的“砍伐起造”,应是说这一股砍伐的目的是用于姜洪美等人起造房屋。

2. 乾隆五十七年(1792年)八月二十一日龙飞池等山场收益分配约定文书

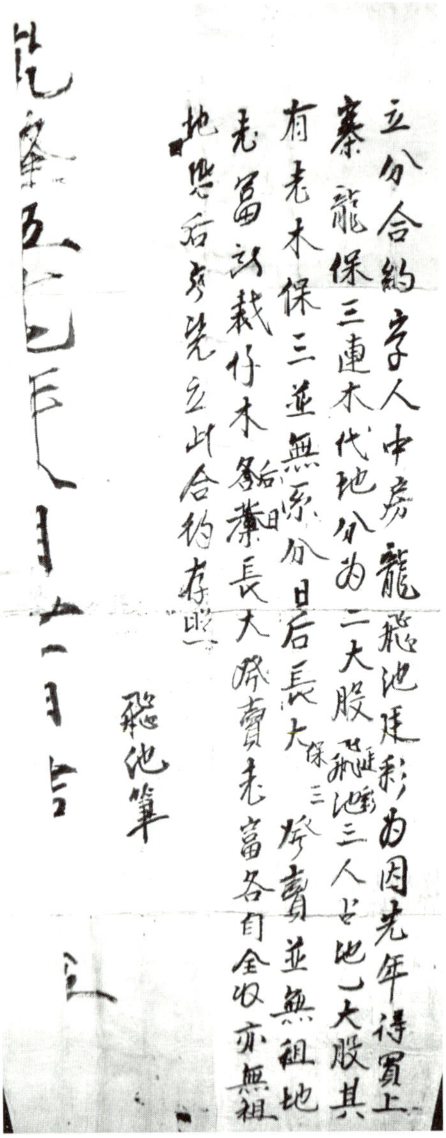

立分合约字人中房龙飞池、廷彩，为因先年得买上寨龙保三连木带地，分为二大股，廷彩、飞池、保三三人占地一大股。其有老木，保三并无系分。日后长大，保三发卖，并无租地。老富所栽仔木，后日长大发卖，老富各自全收，亦无租地。恐后无凭，立此合约存照。

飞池　笔

乾隆五十七年八月廿一日□ 立【半书】

（二）山场山林抵押文书

1. 嘉庆十三年（1808 年）十二月十五日姜天九父子借银抵押山林文书

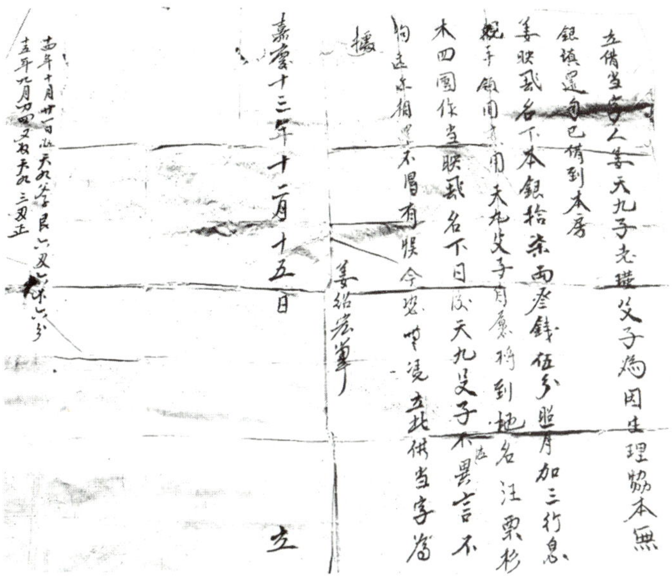

立借当字人姜天九、子老瑾父子，为因生理折本，无银填还，自己借到本房姜映飞名下本银十七两三钱五分，照月加三行息，亲手领回应用。天九父子自愿将到地名汪粟杉木四团，作当映飞名下。日后天九父子不异言，不拘远近相还，不得有误。今恐无凭，立此借当字为据。

姜绍宏　笔

嘉庆十三年十二月十五日　立

十四年十月廿一日，收天九父子银六两六钱六分。十五年九月初四，又收天九三两正。[1]

注：

【1】此段文字应为文书收执人后来批注标记的内容。

解读：

清水江文书中，以不动产担保债务的契约大多被称为“借当”。“当”字在明清时期多用来表示担保借贷，即“抵押”或“质押”。当债务无法清偿时，债权人有权处置担保的财产。例如明代编著的《正字通·田部》解释说：“当，凡出物质钱，俗谓之当”。笔者在《土地关系及其他事务文书》一书中谈及清水江流域的不动产担保并不需要将不动产转交债权人，但在债务人未能按时偿债之前则无需转移抵押物的上述权利。① 本则文书中，姜天九父子以自己拥有的汪粟山场杉木四团抵押给债权人姜映飞，以此向姜映飞借银十七两三钱五分，这种做法在清水江文书中并不少见。

---

① 详见潘志成、吴大华编著：《清水江文书研究》丛书之《土地关系及其他事务文书》，贵州民族出版社 2011 年版，第 56 页。

2. 嘉庆十五年(1810年)一月十日姜老士借银抵押山林文书

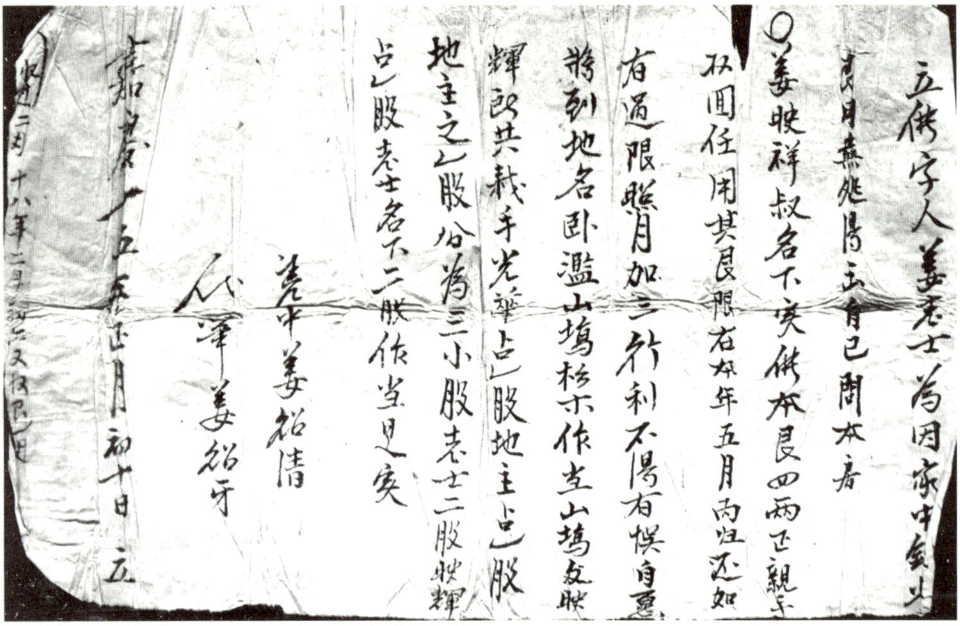

立借字人姜老士,为因家中缺少银用,无处得出,自己问本房姜映祥叔名下,实借本银四两正,亲手收回任用。其银限在本年五月内归还,如有逾限,照月加三行利,不得有误。自愿将到地名卧滥山场杉木作当,山场与映辉所共,栽手光华占一股,地主占一股。地主之一股分为三小股,老士二股,映辉占一股。老士名下二股作当是实。

凭中:姜绍清

代笔:姜绍牙

嘉庆十五年正月初十日　立

3. 嘉庆二十四年(1819年)五月七日范木莲借银抵押山林文书

立借当字人岩湾寨范木莲,为因家中缺少银用,无从得出,自愿将到本名杉木一块,坐落土名引补两。此木分为六股,本名占二股伴(半),出当与李先和名下承当。当日实当过本银三两整,亲手收回应用。其木自当之后,限在十月{月加三}将本利赎回□,不得过限有误。如有误者,任凭银主李姓管业。今恐无凭,立此借当字存照。

内添一字。

代笔:范宗尧

嘉庆二十四年五月初七日　立

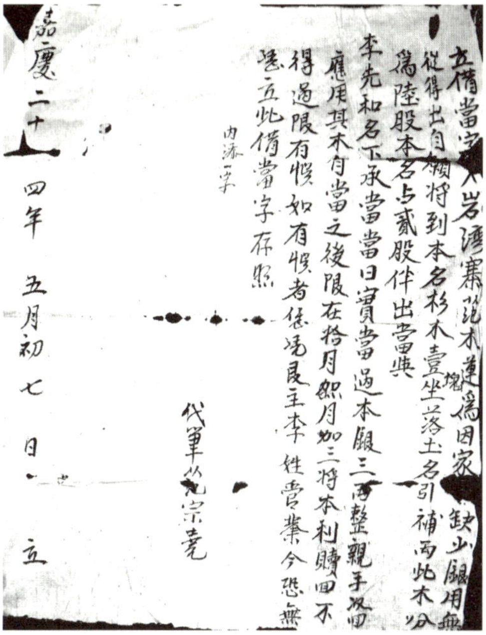

4. 嘉庆二十四年（1819年）八月二十四日范宗尧借银抵押山林文书

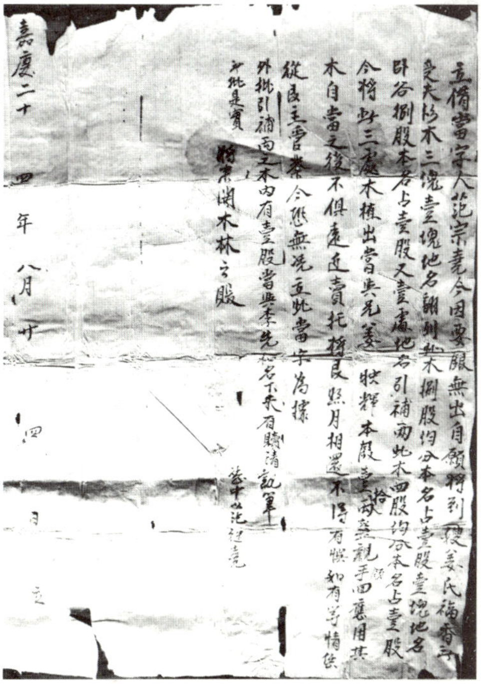

立借当字人范宗尧，今因要银无出，自愿将到嫂姜氏福香继受夫杉木三块：一块地名翻到，此木八股均分，本名占一股；一块地名卧谷，八股，本名占一股；又一处地名引补两，此木四股均分，本名占一股。今将此三处木植出当与兄姜映辉，本银一十两整，亲手领回应用。其木自当之后，不惧远近，卖托将银照月相还，不得有误。如有等情，任从银主管业。今恐无凭，立此当字为据。

外批：引补两之木，内有一股当与李先和名下，未有赎清，亲笔立此是实。

将来开木林之账

凭中：范继尧

嘉庆二十四年八月廿四日　立

（三）山场纠纷处理文书

清代清水江流域的林业经营周期长，经济利益巨大，且经营股数复杂，发生纠纷并不少见，相关纠纷的处理文书在清水江文书中占有一定的比重。笔者在《土地关系及其他事务文书》一书中曾对清水江流域的民间纠纷解决文书（包括纠纷处理文书，以及诸如请中花费、诉讼费用分摊等相关文书）的内容、特质、纠纷的处理方式等作了专题的解读①。本书仅就其中与林业经营相关部分进行阐释，以展现林业经营中诸问题。

大凡有人的活动，就有纠纷的产生，可以说林业经营的各个环节都会有纠纷。不过清水江文书中反映的林业经营纠纷主要集中在以下几个方面：

第一类是在林木生长环节的纠纷，主要是山场或林木所有权的纷争，本书“山场纠纷处理文书”收录的五则文书反映的都是此类纠纷，又可细分为山场的界限纷争（例如“乾隆五十八年三月二十八日姜举周等山场界限纠纷处理文书”）、山场的股数纷争（例如“同治元年九月二十日范本顺等山场股数纠纷处理文书”）、山场买卖纷争（大多数属于山场股数买卖纷争，如“嘉庆二十三年八月二十七日姜大相等人山场买卖纠纷处理文书”、“道光十五年四月初五日范氏连英等山场买卖纠纷处理文书”、“咸丰八年十一月初七日姜相国等山场买卖纠纷处理文书”等）。

第二类是在林木砍伐环节中存在的纷争，表现为错砍他人林木、盗伐等，笔者在本书的第四部分再对此种纠纷进行解读。

第三类是在木材流通销售环节的纷争，此一环节的纠纷较为复杂，诸如木材水运运价及损耗、漂流木植的回赎、交易市场的当江纠纷、木业商帮的纷争等等，笔者将在本书第四部分再对此种纷争进行解读。

1. 乾隆五十八年（1793年）三月二十八日姜举周等山场界限纠纷处理文书

立清白合同字人姜举周，因祖父所遗山场一块，□□□□□□佐周，界至不清。二比自愿请中上山理界：下以栽岩为界，上横以大岩梁为界。佐周耕管上节（截），举周耕管下节（截）。自分之后，各管各业，不得越界相争。恐后无凭，立此清白合同中人为据。

立分界清合同为据【半书】

凭中：姜周杰、玉周

登山理界、代笔：姜宗智

乾隆五十八年三月二十八日　立

---

① 详见潘志成、吴大华编著：《清水江文书研究》丛书之《土地关系及其他事物文书》，贵州民族出版社2011年版，220～239页。

2. 嘉庆二十三年(1818年)八月二十七日姜大相等人山场买卖纠纷处理文书

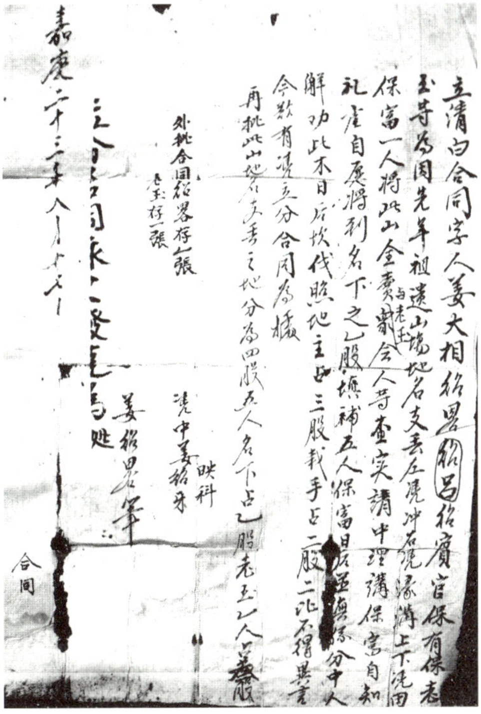

立清白合同字人姜大相、绍略、绍宾、官保、有保、老玉等,为因先年祖遗山场地名支丢,左凭冲,右凭壕沟,上下凭田,保富一人将此山全卖与老玉。众会人等查实,请中理讲,保富自知礼亏,自愿将到名下之一股填补五人,保富日后并无系分。中人解劝,此木日后砍伐,照地主占三股,栽手占二股,二比不得异言。今欲有凭,立分合同为据。

外批:合同绍略存一张,老玉存一张。

再批:此山地名支丢,之地分为四股,五人名下占一股,老玉一人占三股。

凭中:姜映科、姜绍牙

姜绍略 笔

立分合同永远发达为据【半书】

嘉庆二十三年八月廿七日　立

3. 道光十五年(1835年)四月初五日范氏连英等山场买卖纠纷处理文书

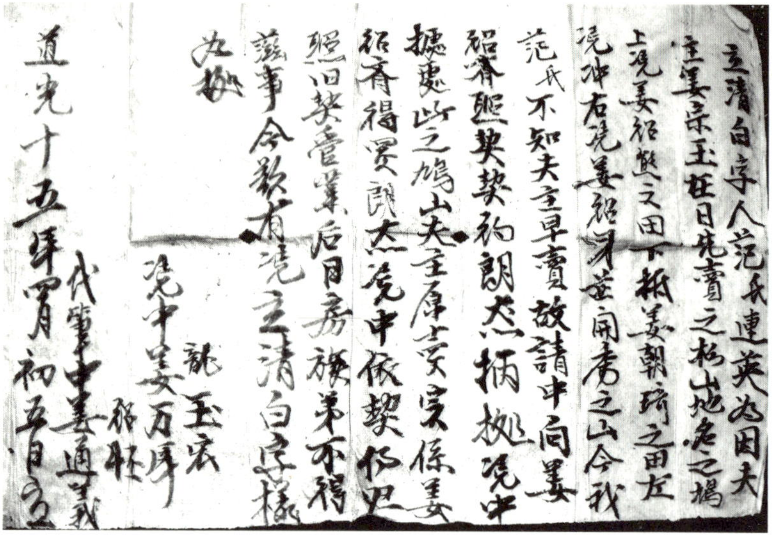

立清白字人范氏连英,为因夫主姜宗玉在日先卖之杉山,地名之鸠。上凭姜绍熊之田,下抵姜朝琦之田,左凭冲,右凭姜绍才并开秀之山。今我范氏不知夫主早卖,故请中向姜绍齐照契契约朗然,柄据凭中,据处此之鸠山。夫主原卖实系姜绍齐得买朗然,凭中依契仍归照旧契管业。后日房族弟兄不得滋事。今欲有凭,立清白字样为据。

凭中:龙玉宏、姜万年、绍怀

代笔、中:姜通义

道光十五年四月初五日　立

4. 咸丰八年(1858年)十一月初七日姜相国等山场买卖纠纷处理文书

立清白字人本房姜相国、相吉弟兄叔侄等,因先年钟碧父绍齐、相吉父绍宏二比先人买卖山场不□清,至后相吉等错买堂兄山一块、步敬山一块。因相吉等父先年立有章程之契与钟碧父,相吉等将二□之山,堂兄、步敬二□买坎,钟碧弟清理请房族弟兄侄等理论。相吉自知理亏,心愿意愿还退二□之山与钟碧,日后子孙世守管业,所有堂兄山之佃字缴与钟碧收存照字管业。有(由)步敬、碧另招别客承佃。又堂东之块,[钟]碧各照卖契管业,立清白结远清立字为据。

凭:兄姜杉珍　笔

凭:侄姜世扬

又中:姜钟芳

咸丰八年十一月初七日　立清

解读:

本则文书与前两则“嘉庆二十三年(1818年)八月二十七日姜大相等人山场买卖纠

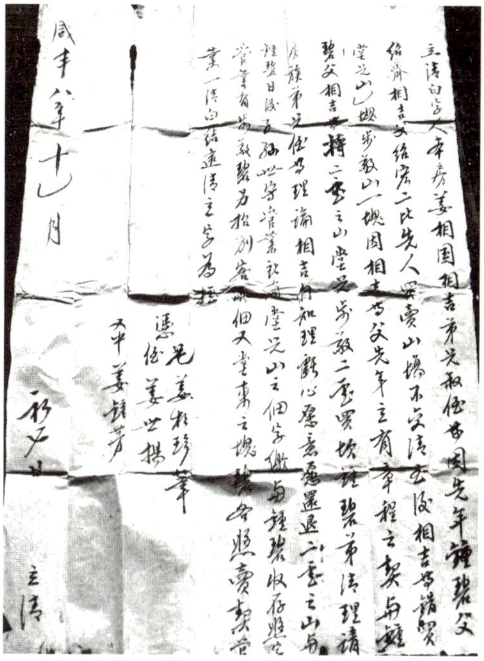

纷处理文书”、“道光十五年(1835年)四月初五日范氏连英等山场买卖纠纷处理文书”都属于山场的买卖纷争，更确切地说是山场股数的买卖纷争。从文书内容来看，纠纷产生的原因更不相同，“道光十五年(1835年)四月初五日范氏连英等山场买卖纠纷处理文书”应是在丈夫死后，寡妻在不知情的情况下将丈夫已经出卖的山场再重复卖与他人。本则文书是属于先人山场买卖不清而引起的山场管业纠纷，而“嘉庆二十三年(1818年)八月二十七日姜大相等人山场买卖纠纷处理文书”则是属于某一合伙经营者私下将其他合伙经营者的份额出卖。除了这几种情形外，清水江文书中还发现有山场所有者故意重复买卖、当事人伪造买卖契约争夺山场所有权等。清代清水江流域的不动产买卖，无论交易标的是田宅，还是山场，人们大多不会去官府登记纳税，交易安全全赖交易主体的信誉、中人的面子和村寨社会的舆论习俗加以维持。因而在此类纠纷发生之后，人们的处理方式大多是寻求村寨社会舆论和原交易中人的帮助，或是请原交易中人作证、调解，或是请乡村首领人物和宗族房亲予以劝解。当然，对于山场所有权的纷争，人们更为依赖的是所有权的凭据“契约”，正如这几则文书展现给我们的，一旦一方当事人拿出证明自己合法拥有此块山场的契据，中人自然毫无疑问予以支持。

5. 同治元年(1862年)九月二十日范本顺等山场股数纠纷处理文书

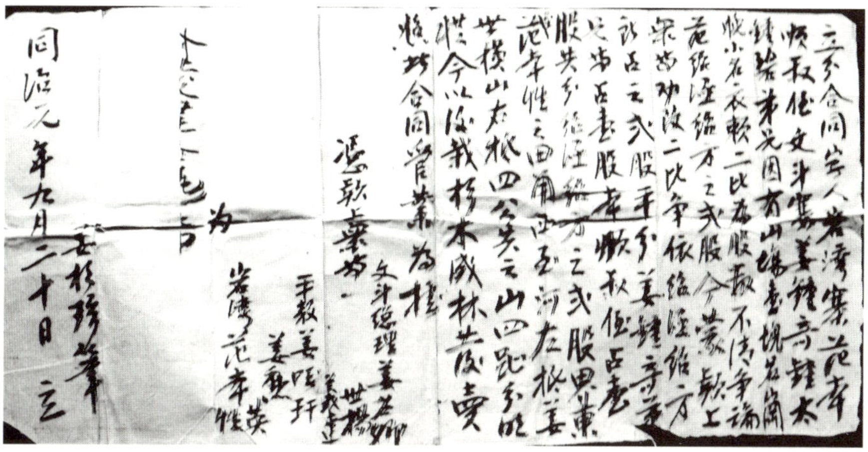

立分合同字人岩湾寨范本顺叔侄、文斗寨姜钟奇、钟太、钟碧弟兄，因有山场一块，名岗晚，小名衣赖，二比为股数不清争论。范绍涵、绍方之二股，今蒙款[1]上众等劝改，二比争依（议）绍涵、绍方所占之二股平分，姜钟奇弟兄等占一股，本顺叔侄占一股，共分绍涵、绍方之二股。界：东至范本性之田角，西至河，左抵姜世模山，右抵四公共之山，四至分明。从今以后栽杉木成林发卖，照此合同管业为据。

凭：款上众等 文斗总理[2]姜名卿、世杨、平鳌姜义达、旺玕、岩湾范本英、本性

分发达合同为据【半书】

姜杉珍　笔

同治元年九月二十日　立

注：

【1】款，侗语中称作"Kuant"，含义是连片的、联盟的、有血缘联系的。款是清水江中下游侗族等少数民族的传统组织，日本学者武内房司等人的研究认为因为当时村寨之间存在的山林纠纷使各村寨有不同程度的对立，这促使村民为了防备他寨的威胁而形成一种自卫的组织，这种组织就可以称作款。① 清代后期，清水江流域的团练组织也多用"款"来称呼，甚至直到民国时期人们都将"款"和"团练"混用。②

【2】清咸丰、同治年间，为了对抗苗民大起义，时任黎平府知府胡林翼组织地方团练武装，当时锦屏瑶光至平略沿清水江一带的地方团练武装，称为"三营"，分为上、中、下三营，文斗是中营的中间力量，每一营统领者称为总理，姜名卿是同治初年文斗中营的总理。

解读：

这是一则因山场股数不清引发的纷争，前文谈及清水江流域的山场经营股数分割极为复杂，人们往往不得不使用诸如"大股"、"小股"、"甲"、"两"等多种方式才能勉强将山场股数表达清楚③，而对一些股数尤为复杂的山场，人们不得不多次用合同的形式对其股数予以确定，本书收录的"道光十年（1830年）七月二十九日党假令山场股数清单"、"道光二十二年（1842年）二月二十四日堂假令山场股数清单"即属于此。正是因为山场股数的复杂，加之其间多次买卖，有的买卖又可能在私下进行，且年岁久远，发生纷争在所难免，如前述"光绪三十三年（1907年）六月初四日乌界山场股数清单"中说乌界山场三大股中的一大股就存在股数混乱的现象。

① ［日］唐力、武内房司、杨有赓主编：《贵州苗族林业契约文书汇编（1736～1950）》第三卷，东京外国语大学亚洲非洲语言文化研究所2001年版，第88页。

② 详见潘志成、吴大华编著：《清水江文书研究》丛书之《土地关系及其他事务文书》，贵州民族出版社2011年版，186～187页。

③ 事实上，前文"光绪十六年（1890年）十二月八日污堵溪冉山场股数清单"反映的正是这种山场股数量极其复杂的情况，除却佃户，这一被称为"污堵溪冉"的山场经拥有20余位经营者，股数少的仅占2%左右。

第四部分　木材砍伐、水运及贸易事务相关文书

一、木材砍伐发卖相关文书

(一)木材砍伐相关文书

一般林木长成后,即可雇人砍伐发卖。学者沈文嘉的调查指出,在黔东南清水江流域,林农采伐杉木一般选择栽秧之后至打谷之前进行,一则杉皮容易剥离,杉皮用以盖房,用来遮风挡雨。再则与农忙时间错开,农林兼顾。也有于秋冬砍伐者,用刀具削皮,皮废,所产木材叫"花皮木"。①《锦屏县林业志》说,在水运较为便利的地区,一般都是在整片山场林木长大成熟时成片集中砍伐,这称为"皆伐",也称为"倒山砍"或"砍倒山",通常从山头开斧至坡脚②。这种砍伐方式,可以尽量减少砍伐木材时对其他未砍伐树木的破坏,避免因择伐所带来的"砍倒一株压坏一片"的弊病,同时集中砍伐运输,也降低了成本。

木材砍伐之后,还需由山场运送至交易市场才能统一出卖,这期间的过程分为两段运输。第一段运输是将木材用人力从山场运送至河边,称之为旱运,从事旱运的劳动者称为"旱伕"。第二段是在木材运至河边之后,将木材编在一起,沿江运到木材市场,这称之为水运,从事水运的劳动者被称为"水伕"。据《侗族社会历史调查》记载,从事砍伐和旱运工作的大多是生长在山区的林农,他们惯于爬山,但却不熟悉水性。当时的调查发现,生活在清水江支流小江一侧的魁胆寨的人们,大多从事过这种工作,全寨 35 岁以上

① 沈文嘉:《清水江流域林业经济与社会变迁研究(1644~1911)》,北京林业大学 2006 年博士学位论文,第 31 页。

② 锦屏县林业志编纂委员会编:《锦屏县林业志》,贵州人民出版社 2002 年版。

的男子101人，从事过木材旱运的竟有98人，可见从事旱运木材极为常见。为了适应集体劳动形式的需要，清水江流域还普遍存在集体承揽木材旱运的现象，由类似于包工头的一人负责向木商承包运木。随着清水江流域人工林业经济的发达，除了少部分位于江边河边，大部分山场离江边都有一定之距离，山高坡陡，甚至还要经过悬崖险壑，木材的旱运非常辛苦。调查指出清水江流域的人们根据不同地形，因势利导，通常采用如下4种不同的旱运形式：

(1)抬木。清水江流域山峦起伏，道路崎岖不平，多赖肩抬，杉木修长硕大，不易转弯，爬坡下岭，耗工最多，也最艰难。

(2)滑运。运输中如遇到陡坡，便利用地势，沿坡掘槽，成简易滑道，让杉木从高处向山脚顺槽滑送，非常省力，俗称“放洪”。

(3)漂运。清水江流域山高谷深，常有溪涧沿谷而流，值春夏雨季，山洪暴涨，便可漂运单木，省力快速。旱伕常积木溪边，待水而放。溪水小时，也可分段筑堤，蓄水漂运。

(4)架箱。箱即箱道，是用木材架设的专用于旱运木头的拽道。构筑箱道叫架箱。这是旱运中的一种重要形式，分平箱、陡箱和高箱三种。架箱于平地者为平箱，于陡坡者为陡箱，于两山之间者为高箱。架箱有如铁路，首尾相连的杉木两列，以六尺为距，平行铺设于路基或支架上，形似轨道。每五尺横置拳头粗的细木，有如铁路枕木。在转弯处因木长而重，搬运困难，需增设木轨四、六、八列不等。每对杉木组成的箱面，叫做一板，长约三丈，每五十板约有一里。架箱短者仅一二里，长的有一二十里。拉木的工具简单，主要是木杠和钉牛(一种带环的粗铁钉，环上系粗绳)。将杉木直卧枕木中间，钉牛钉入树梢一段，绳子系在木杠上，两个旱伕站在架箱的单木上，负杠拖木，沿着木轨前行。枕木上涂有用木花泡水形成的润滑剂，可以减少摩擦力，这种架箱运输的方式要比抬木省力很多。①

1.道光十八年(1838年)九月二十五日王永祥等砍木借路文书

立借讨字人王永祥、文大亨，今因砍白号山之木，欲经翁扭之山，奈无老路所过，只登门借讨姜绍熊、绍齐、相清、相德所共左边岭之山，下截又与姜连合所共右边之山。我王、文二姓夫子细心拖拉，不得推坏。空口无凭，立此借讨字为据。

凭中人：朱和具兄、苏荣光兄

依口代笔：潘道生

道光十八年九月廿五日 立讨借字仝前

① 以上详见贵州省编辑组编：《侗族社会历史调查》，贵州民族出版社1988年版，101～102页。

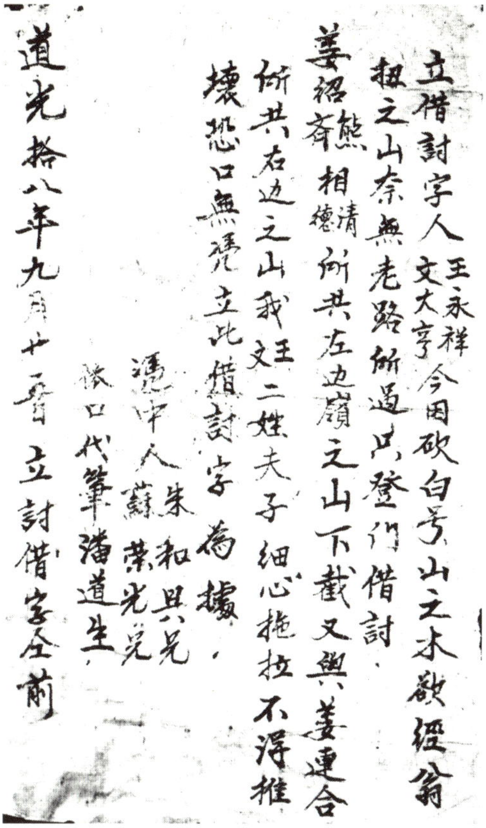
立借討字人王永祥、文大亨今因砍白号山之木欲經翁扭之山奈無老路所過只登門借討，姜紹熊、紹齊、相清、相德所共左边嶺之山下截又與姜連合所共右边之山我王文二姓夫子细心拖拉不得推壞恐口無凭立此借討字為據。
憑中人朱和興兄 蘇榮光兄
依口代筆潘道生
道光拾八年九月廿五日 立討借字仝前

2. 道光二十三年(1843年)十一月三十日姜老和等砍木借路文书

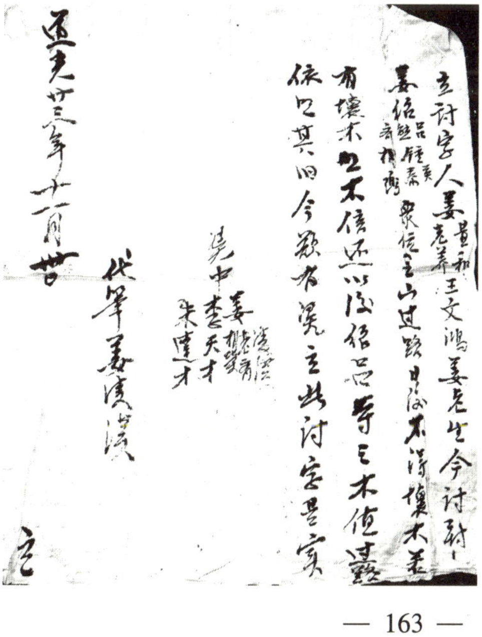

立讨字人姜老和、老养、王文鸿、姜老生，今讨到姜绍齐、绍熊、绍吕、钟英、钟泰、相弼众位之山过路。日后不得坏木，如有坏木，照木［价］倍(培)还。以后绍吕等之木值(植)过路，依照其旧。今欲有凭，立此讨字是实。

凭中：姜凌汉、老齐、相荣、李天才、朱达才

代笔：姜凌汉

道光廿三年十一月卅日　立

解读：

本则文书与前一则“道光十八年(1838年)九月二十五日王永祥等砍木借路文书”均

名为"讨"字,都是因为砍伐木材向途径山场所有权人借路的文书。前面已经谈到,木材的旱运极为艰难,往往需要掘槽架箱,在成片山场日渐被分割为小块之后,木材的旱运多会经过他人的山场,这就必须取得山场主人的同意,往往会在山场主人的要求下订立这种名为"借讨"或"讨"字的文书。此则文书约定"日后不得坏木,如有坏木,照木[价]倍(赔)还",立约人要向山场主人承诺不能损坏过路山场内的林木,如果有损坏,需要照价赔偿。"道光十八年(1838年)九月二十五日王永祥等砍木借路文书"中,立约人承诺"我王、文二姓夫子细心拖拉,不得推坏",反应的也是这一要求。这里的"夫子",即是指"旱佚",可见这种砍木借路文书都应当是承包木材旱运的"旱佚"所立。

3. 嘉庆五年(1800年)十二月初九日姜举周禁伐木文书

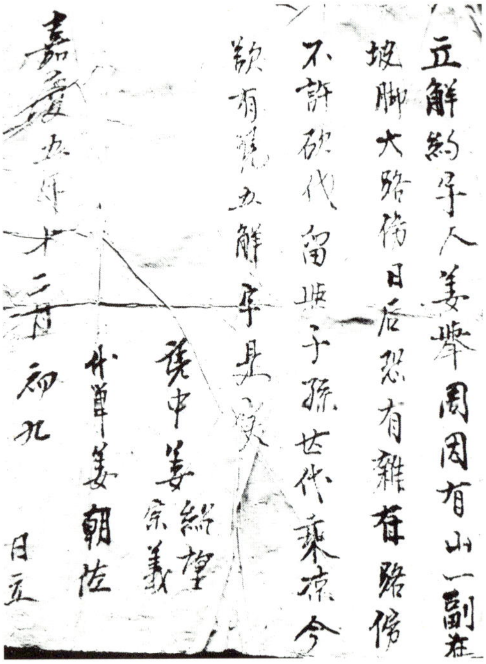
立解約字人姜舉周因有山一副在
坡脚大路傍日后恐有雜在路傍
不許砍伐留與子孫世代乘凉今
欲有憑立解字是實
憑中姜紹望 宗義
代筆姜朝佐
嘉慶五年十二月初九 日立

立解(戒)约字人姜举周,因有山一副(幅),在坡脚大路傍(旁),日后恐有杂在路傍(旁),不许砍伐,留与子孙世代乘凉。今欲有凭,立解(戒)字是实。

凭中:姜绍望、宗义

代笔:姜朝佐

嘉庆五年十二月初九日　立

解读:

此则文书名为"解约字",不过从其内容来看,"解"字应为"戒"字之误,其大意是说立约人姜举周在坡角大路边有一座山场,如果有树木生在路边,这些树木不准砍伐,留给子孙后代乘凉。

(二)木材发卖相关文书

清水江流域的林业经营中有三个阶段的林木买卖:第一个阶段就是林木没有长大之前的中幼林买卖(或称为"卖青山"),即本书第二部分"山林买卖文书"涉及的内容;第二个阶段是林木成熟之后的砍伐发卖,买主多是本地拥有一定资金的商人;第三个阶段是大批木材的集中销售,即本地商人将买来的木材运输至当地的木材交易市场,由木行卖给外省前来买木的商帮。

本部分"木材发卖相关文书"涉及的仅是第二个阶段的木材买卖。笔者在前文已经谈到，待杉树林成熟之后，山主联系好买家，即可砍伐发卖，这种买卖关系多以山主和买家“一手交钱、一手交货”的形式完成，在这一买一卖之后，交易双方即不再有任何关系，所以成熟林的买卖并不需要签订山林买卖文书。本书收录的“木材发卖相关文书”共有9则文书，大体分为三种，其中有7则是山场经营者内部分配买卖收益的文书（一般称为“分银单”），有1则是山场经营者出具给买主的收木价文书，另有1则是买主内部关于分摊价款的约定文书。

1. 道光十六年（1836年）六月二十五日白号翁山场卖木分银单

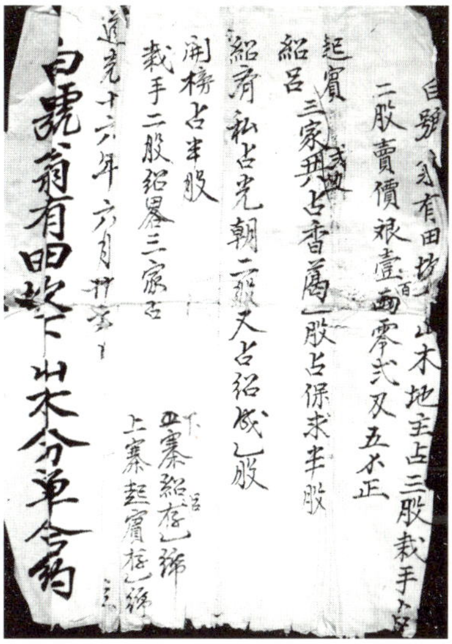

白号翁有田坎下山木，地主占三股，栽手占二股，卖价银一百零二两五钱正。

起宝、绍吕三家共二边共占香蔼一股，占保求半股。

绍齐私占光朝二股，又占绍成一股。

开榜占半股。

栽手二股，绍略三家占。

下寨绍吕存一纸

上寨起宝存一纸

道光十六年六月廿五日

2. 光绪十三年（1887年）六月初八日抱党头山场卖木分银单

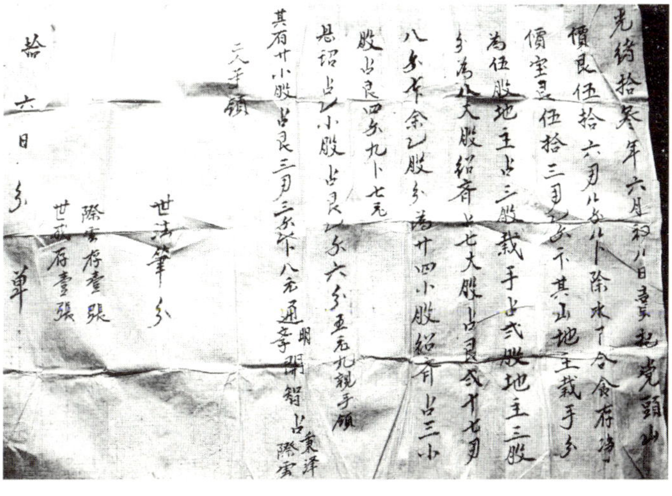

光绪十三年六月初八日卖抱党头山价银五十六两八钱八分，除水下合食，存净价宝银五十三两一钱一分，其山地主、栽手分为五股，地主占三股，栽手占二股。地主三股分为八大股，绍齐占七大股，占银二十七两八钱七分，余一股分为二十四小股，绍齐占三小股，占银四钱九分七厘。

奎绍占一小股，占银一钱六分五厘九，亲手领。

其有廿小股，占银三两三钱一分八厘，通明、通齐、开智占，秉泽、际云二人手领。

世法 笔分

际云存一张

世成存一张

十六日分单

3. 光绪二十年（1894 年）九月初四日乌庸汪速山场卖木分银单

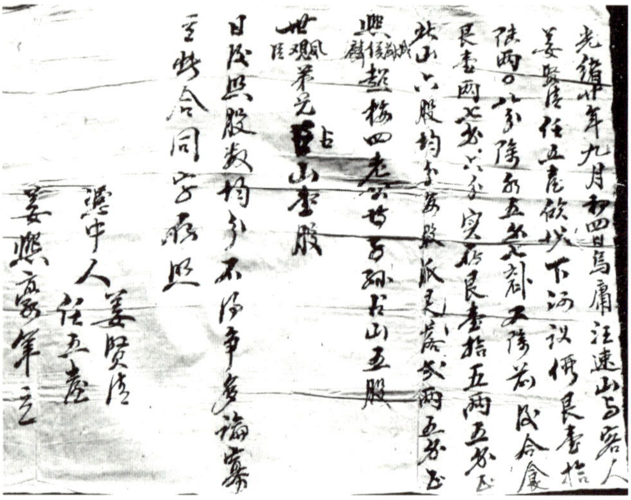

光绪廿年九月初四日，乌庸汪速山与客人姜贤清、任五喜砍伐下河，议价银一十六两零八分，除□五钱七分六厘，又除前后合食银一两七钱六分，实占银一十五两五钱正。此山六股均分，每股派银落二两五钱正。熙成、熙献、熙侯、熙麟、超梅四老公等子孙占山五股，世凤、世观、世臣弟兄占山一股。日后照股数均分，不得争多论寡，定此合同字存照。

凭中人：姜贤清、任五贵

姜熙豪　笔立

4. 光绪三十三年（1907 年）五月初一日卖印氏之山脚木分单

光绪三十三年五月初一日，卖印氏之山脚木，砍伐价银三十两〇（零）八钱八分正，吃合食酒肉柴米油盐一切，扣该银四两六钱六分，除合食外，实存山价银二十六两二钱二分，又内除笔银二钱正，实存银二十六两正，以作四十八两分成每日该银五钱四分一正。

姜登绍、姜登津名下占三老家山上钱□钱零四毛，扣该银四钱正，又私占溜言山四钱九分九正九毛。该银二钱七分，世清、登沼父子出卖与周礼、姜世良等占三老家一两〇（零）□□□□□□□□□□□□□□□□

又私占一两正该银五钱四分一正，二共该银世官、世臣、登关、登 ×、登直出卖与周礼、登建自存。

姜登高占一两二分正四毛，该银六分六正出卖与周礼。

姜登伴占一钱二分三正四毛，该银六分六正出卖与周礼。

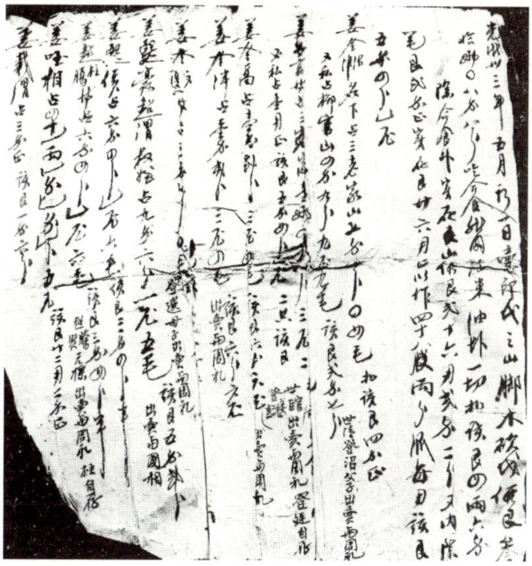

姜登文、姜登选等占三钱□□□□□，登选母子出卖于周礼。

姜熙豪、超消叔侄占九钱六分一正五毛，该银五钱二分出卖与国相。

姜熙侯占六钱四分一正六毛，该银三钱四分半。

姜超柱、姜超腾等占六钱四分一正六毛，该银三钱四分半超腾、超贤、元标出卖与周礼。

姜国相占四十一两一钱一钱一分五正，该银二十二两二钱正。

姜栽渭占三钱正，该银一钱二分。

解读：

本则文书明确说明所卖的是脚木。据《侗族社会历史调查》，清水江流域出产的杉木因其大、小、长、短不同，而区分为“分码”、“小钱”、“中钱”、“大钱”、“大七钱”和“两码”等六种规格。凡圆周长度一尺到一尺五寸、纵长度达三丈者为“分码”；凡圆周长度一尺五寸五分到一尺六寸五分，纵长度达三丈六尺者为“小钱”；凡圆周长度一尺七寸到一尺二寸，纵长度达四丈者为“中钱”；凡圆周长度二尺二寸五分到二尺六寸五分，纵长度达四丈六尺者为“大钱”；凡圆周长度二尺七寸到一尺九寸五分，纵长度达五丈二尺者为“大七钱”；凡圆周长度三尺以上，纵长度达五丈六尺至六丈者为“两码”。若一株即有二两码子，纵长度又达六丈以上者为“双两码”。依等依质论价，逐次上升。若围长合格而纵长不达标者，则以“脚木”处理；此外，杉木还须树身壮实无空头，树身光润无空槽、火剪，自树梢五尺以下无节疤，树身笔直无弯曲，树蔸与树梢大小相称，不呈现蒜头形状及腐朽、破烂等。否则，即使纵长度达到规定标准，仍以脚木处理，卖价锐减。①

5. 污盖溪山场卖木分银单

立分卖山木□单人文斗上寨姜沛昌、尚仕、大标等，下寨姜登津、登熙、登池、姜超□、超智等，岑梧寨陆相仁、相芝、胜贞、秀文等，又陆相荣、相福、秀珍等，共卖一山一所，地名污盖溪，界[址]：上登大岭，下抵山主，下截子木山，左凭冲，以水毫抵姜周礼等共山，右凭山主子木山，卖价元钱四百五十四□八十八元，客人里格、李绍科、□中潘明安、龙全明，当兑来光洋十圆，每元折钱四百二十枚。

① 贵州省编辑组编：《侗族社会历史调查》，贵州民族出版社1988年版，第94页。

当晚合食猪肉重四十九斤，扣该钱二十九千四百文；米酒……；叶烟……；青油……；辣子……；□票六张；洋烟一两；紫菜钱四百文。

内除合食钱五十四千八百八十文，存钱四百千文，此山木价还。地主、栽手分为五股，地主占三股，该价钱二百二十千八百文，栽手二股，该钱一百四十七千二百文。此栽手□先年佃栽杉，尚未照佃字界限开□全山，又无分□合同。

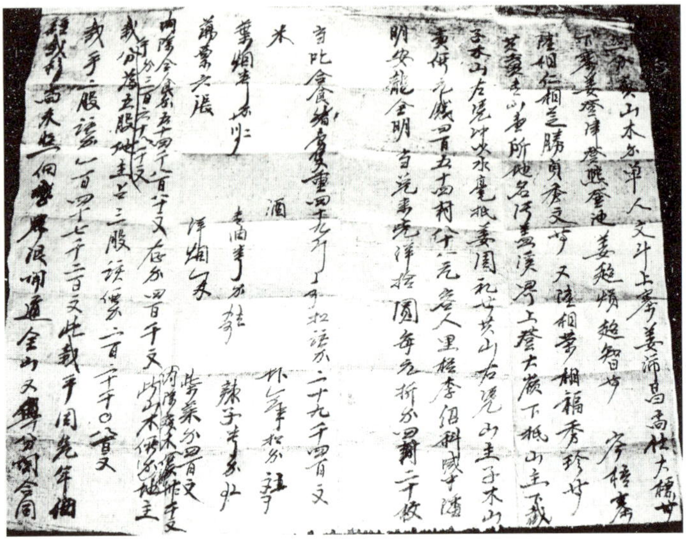

6. 培拜山山场卖木分银单

培拜山地主占落木价银五百六十七两，作三大股分，每股占落一百八十九两。绍祖、绍生二公共一百八十九两，每人名下占落九十四两伍钱。

绍祖一公九十四两五钱，绍望占落羹剪一小股之半股，该分银一十一两八钱一分。

绍生一公九十四两五钱，作为四小股，绍生占落十七两七钱。

应保一小股，作二十三股分，绍生占落一两七钱五分，余者姜魁、映祥二家全收。

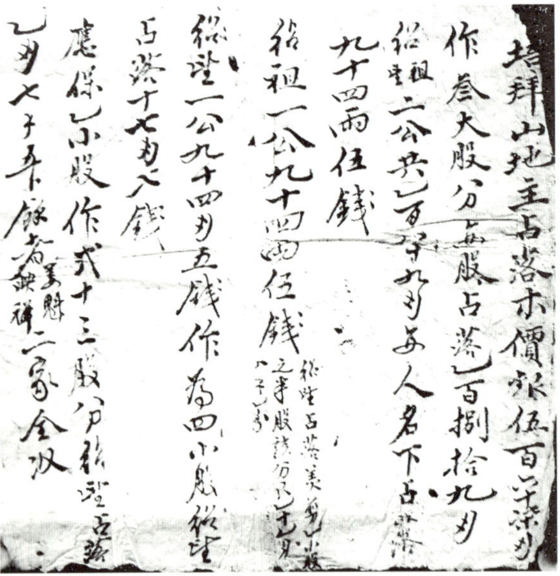

7. 南堍山尾山场卖木分银单

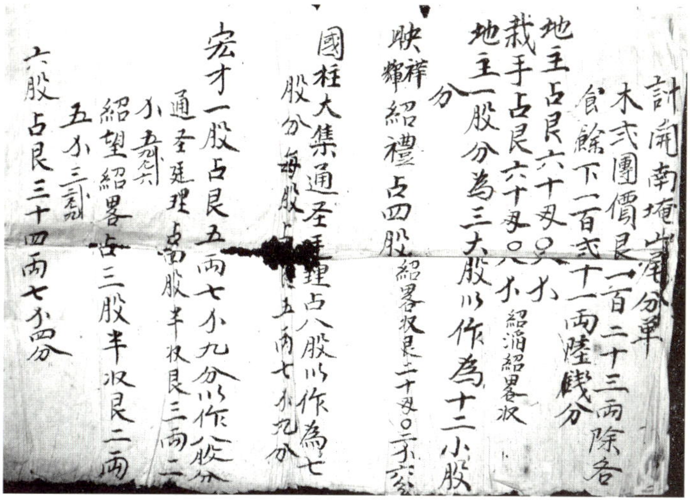

计开南埯山尾分单：

木二团，价银一百二十三两，除各食余下一百二十一两六钱分。

地主占银六十两八钱，栽手占银六十两八钱。绍滔、绍略收

地主一股，分为三大股，以作为十二小股，分：映祥、映辉、绍礼占四股，绍略收银二十两二钱六分；国柱、大集、通圣、廷理占八股，以作为七股，分每股与银五两七钱九分。

宏才一股占银五两七钱九分，以作八股，分：通圣、廷理占四股半，收银三两二钱□□□；绍望、绍略占三股半，收银二两五分三□□。

六股占银三十四两七钱四分。

8. 嘉庆十四年（1809 年）七月初八日罗大等收木价文书

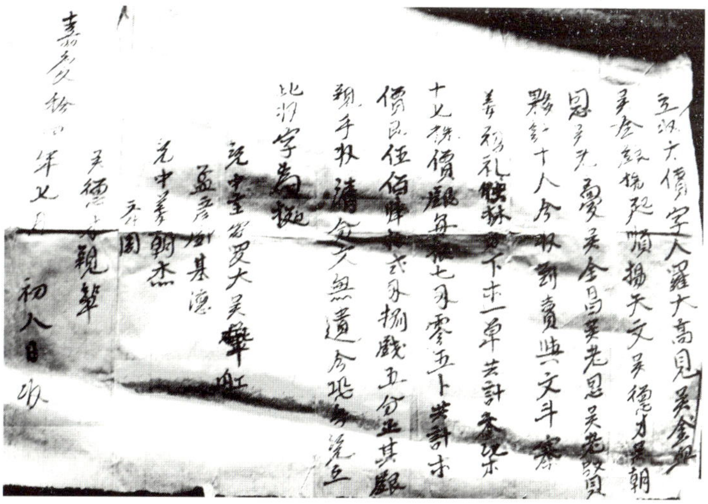

立收木价字人罗大、高见、吴金血、吴全银、杨起顺、杨天文、吴德才、吴朝恩、吴老尤、吴全昌、吴老恩、吴老贤夥计十人，合收到卖与文斗寨姜绍礼、映林名下木一单，共计木七十七株，价银每根七两零五分，共计木价银五百四十二两八钱五分正。其银亲手收清，分文无遗。今恐无凭，立此收字为据。

凭中：主家罗大吴华舡、□彦邓基德

凭中：姜朝杰、举周

吴德才　亲笔

嘉庆十四年七月初八日　收

解读：

这是一份出卖人向买受人出具的关于价款付清的收条，从文书内容可知，嘉庆十四年(1809年)，文斗寨姜绍礼、映林向山场经营人罗大等十人买成熟杉木七十七株，每根计价七两五分，总价为五百四十二两八钱五分。

9.道光十二年(1832年)十二月十八日姜绍略等分账文书

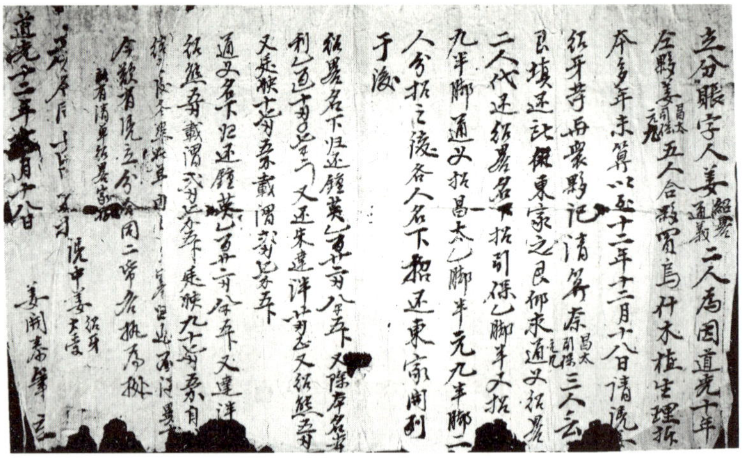

立分账字人姜绍略、通义二人，为因道光十年仝伙姜昌太、引保、元九五人，合伙买乌什木植生理折本，多年未算。以至十二年十二月十八日，请凭姜绍牙等与众伙记(计)清算，奈昌太、引保、元九三人无银填还所欠东家之银，仰(央)求通义、绍略二人代还。绍略名下摊引保一脚半，又摊□九半脚，通义摊昌太一脚半、元九半脚，二人分摊之后，各人名下摊还东家开列于后：

绍略名下归还钟英一百廿二两八钱五分，又除本名本利一百一十两零钱□□，又还朱达泮廿两正，又绍熊五两，又廷映十七两五钱，载渭二两七钱五分。

通义名下归还钟英一百廿二两八钱五分，又达泮□绍熊五两、载渭二两七钱五分，廷映九十七两五钱，自□……

今欲有凭，立分合同二纸各执为据。

所有清单绍略家存。

凭中：姜绍牙、大受

立分合同二纸为据【半书】

道光十二年十二月十八日姜开泰　笔立

解读：

这是一份木材合伙经营者内部分账的文书，文书中说立约人合伙买木植，应是说买卖杉木砍伐，姜绍略等五人即是本地的木材商人。新中国建立以前，因为这些商人多来自山间，人们一般把这些从山场经营者手中买下山林砍伐的本地商人称为“山客”，以区别于经由清水江溯江而上的商帮“水客”。据说在嘉庆、道光之际，清水江流域涌现出一些财雄势大的山客如姚百万、姜志远、姜仕朝等人。① 据《姜氏家谱·世系纪略》记载，姜仕朝幼年丧父，自己白手创业，“晚年值坌处与卦治争江，两年不通买卖，仕朝罄其所有，广囤木植。嗣事结，沿江半属我家印木。以一二年购进万数之木，四五旬尽卖之，获利数倍。其时，田虽未广置，黄白已冠千家”，后来姜仕朝又通过纳捐补贡，变民为官。

木材贸易获利颇丰，如姜仕朝等成功商人并非个别，但同时受诸多因素的影响，经营失败者也并不少见。道光十年(1830年)，文斗寨姜通略等五人合伙买乌什木材，但最终以折本告终，两年后清账时，五位合伙人应按合伙份额归还东家欠银，但其中姜昌太三人无力偿还，最终立下文书由其他合伙经营者代为偿还。

(三)木材砍伐发卖纠纷处理文书

与山场经营管理过程相比，木材的砍伐发卖环节也极易发生纠纷，与之相关的文书在清水江文书中并不少见。限于篇幅，本书收录了其中较为典型的5份，其中呈现的纠纷也是多方面的，有的是因为砍伐木材过界，有的是误伐或者是错卖他人林木，甚至也有盗伐他人林木的。

1. 嘉庆二十四年(1819年)八月二十六日南鸠山场木材砍伐纠纷处理文书

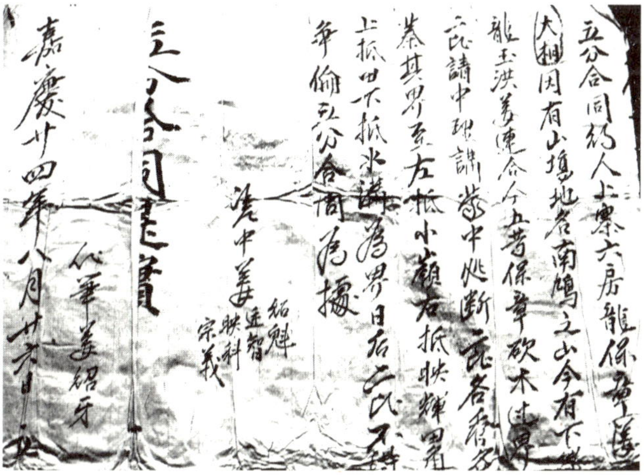

立分合同约人上寨六房龙保章、姜大相，因有山场地名南鸠之山，今有下寨龙玉洪、姜连合、今五等，保章砍木过界。二比请中理讲，蒙中处断，二比各管各业。其界至：左抵小岭，右抵映辉田角，上抵田，下抵水沟为界。日后二比不得争论，立分合同为据。

凭中：姜绍魁、述智、映辉、宗义

立分合同是实【半书】

代笔：姜绍牙

---

① 参见贵州省编辑组编：《侗族社会历史调查》，贵州民族出版社1988年版，30~31页。

嘉庆廿四年八月廿六日　立

2. 道光元年(1821年)三月二十五日汪粟山场木材买卖纠纷处理文书

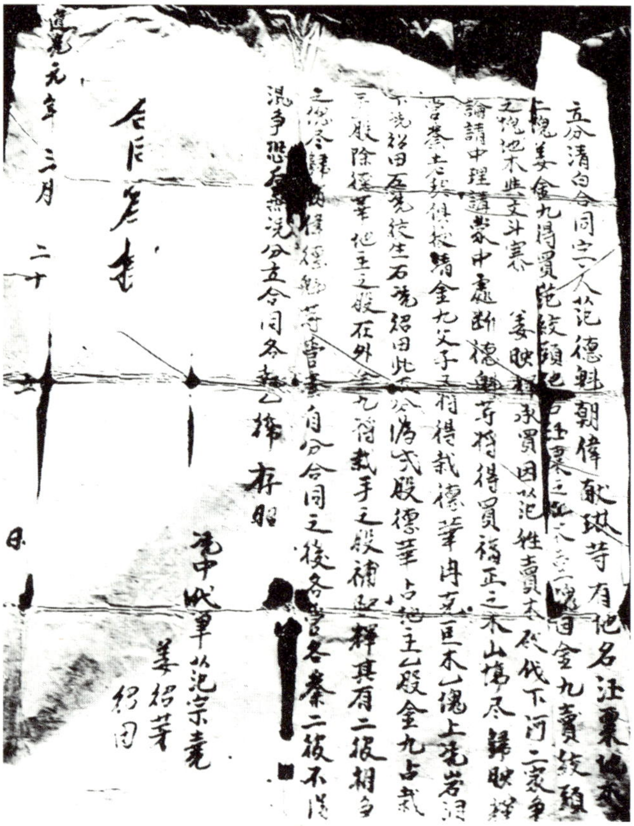

立分清白合同字人范德魁、朝伟、献琳等，有地名汪粟地木二块。姜金九得买范[姓]绞头地名汪粟之地木一块，因金九卖绞头之块地木与文斗寨姜映辉承买，因范姓卖木砍伐下河，二家争论，请中理讲，蒙中处断：德魁等将得买福正之木山场尽归映辉管业，老契俱□清；金九父子将得栽德华冉克匡木一块，上凭岩洞，下凭绍田，左凭绞生，右凭绍田，此木分为二股，德华占地主一股，金九占栽手一股，除德华地主之股在外，金九将栽手之股补映辉。其有二家相争之块尽归朝伟、德魁等管业。自分合同之后，各管各业，二家不得混争。恐后无凭，分立合同各执一纸存照。

凭中代笔：范宗尧、姜绍芽、绍田

合同为据【半书】

道光元年三月二十五日　立

解读：

这则文书中说范德魁等原有汪粟山场两块，后将其中一块山场卖与姜金九，姜金九将这块山场转卖给姜映辉，范德魁等在汪粟仍有一块山场。从文书的内容来看，范德魁等可能正是在砍伐发卖这一块山场山林时，误伐错卖了(部分或全部)已经卖给姜金九那一块山场的山林，由此发生纠纷，双方请中人调解。经中人的调解，范德魁等人将一块从姜福正手中买来的山场转交给姜映辉，原买得山场时的买卖文书一并移交给姜映辉，姜金九父子将一块承租自姜德华手中的山场山林享有的栽手股补给姜映辉，而被误伐错卖的争议山场则归范德魁等人所有。

3. 道光十一年（1831 年）六月初十日翁倒山场木材砍伐纠纷处理文书

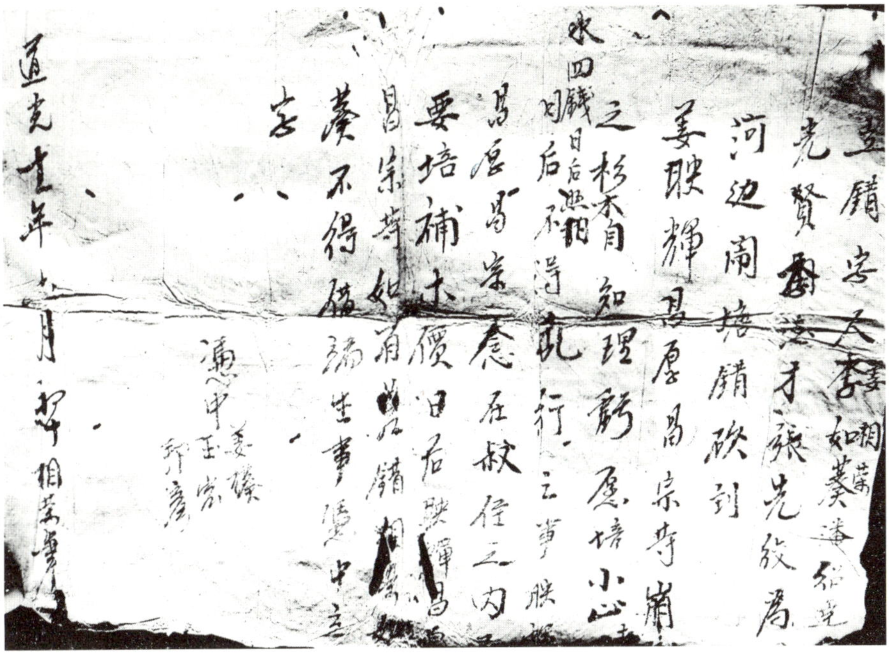

立错字人李如葵、姜相荣、潘绍尧、（光贤、李德才、张先绞，为因河边闹塘[1]，错砍到姜映辉、昌厚、昌宗等崩倒[2]之杉木，自知理亏，愿赔小心去酒水四钱，日后照旧，日后不得乱行之事。映辉、昌厚、昌宗念在叔侄之内，不要赔补木价。日后映辉、昌厚、昌宗等如有差错，相荣、如葵不得借端生事。凭中立字。

凭中：姜葵、玉宏、邦彦

道光十一年六月初十日　相荣　笔立

注：

【1】“闹塘”，即是砍伐杉木，用杉木筑坝拦水捕鱼。

【2】“崩倒”，地名，一般写作“翁倒”。

4. 道光二十三年（1843 年）七月二十三日鸠□山场木材砍伐纠纷处理文书

立认错坎（砍）木植姜昌后，因于道光二十三年六月廿日错坎（砍）姜绍熊之木，地名鸠□，不意姜绍熊查获意欲送官。蒙中改劝，以为初犯，若有再犯，执字送官，自干领罪。今欲有凭，立此错字是实。

凭中：姜本旺、永发

亲笔

道光二十三年七月廿三日　立

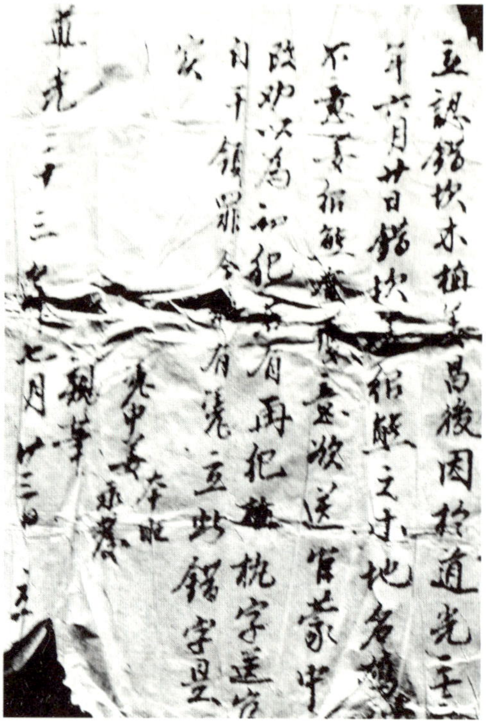

5. 宣统二年(1910年)十二月二十一日卧夭山场木材砍伐纠纷处理文书

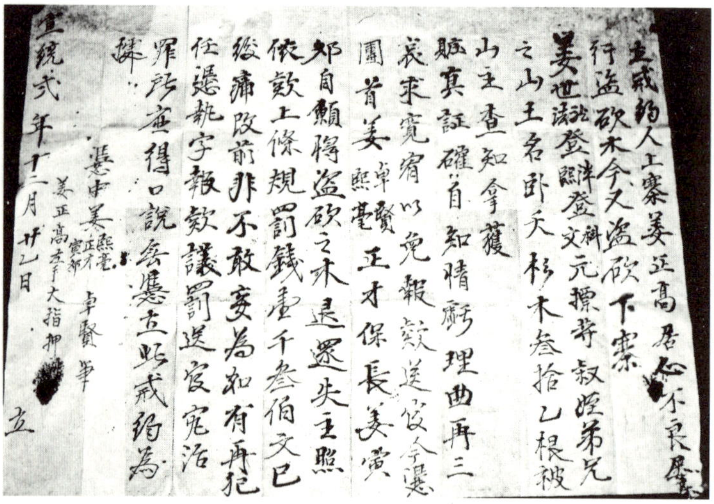

立戒约人上寨姜正高,居心不良,屡行盗砍木,今又盗砍下寨姜世龙、世清、登泮、登熙、登科、登文、元标等叔侄弟兄之山,土(地)名卧夭杉木三十一根,被山主查知拿获,账真证确,自知情亏理曲(屈),再三哀求宽宥,以免报款送官。今凭团首姜卓贤、熙毫、正才、保长姜寅邓,自愿将盗砍之木退还失主,照依款上条规,罚钱一千三百文。已(以)后痛改前非,不敢妄为。如有再犯,任凭执字报款议罚,送官究治,罪所应得。口说无凭,立此戒约为据。

凭中:姜熙毫、姜正才、姜寅邓

卓贤　笔

姜正高左手大指　押

宣统二年十二月廿一日　立

解读:

此则文书与前一则"道光二十三年(1843年)七月二十三日鸠□山场木材砍伐纠纷处理文书"都属于当事人错砍甚至是盗砍他人杉木被发现后,当事人向对方立下的承诺保证书。文书中的"意欲送官"、"再三哀求宽宥,以免报款送官",以及当事人的承诺"若有再犯,执字送官,自干领罪"、"如有再犯,任凭执字报款议罚,送官究治,罪所应得"等表述,可以看出村寨社会的纠纷解决机制趋于多元化,官府的权威和国家法律成为村寨社会纠纷调解的重要依赖。

二、木材水运相关文书

(一)水运运价相关文书

水运对清水江流域的林业经营极其重要,一般可分为两个阶段:一是通过产地附近的河流运至清水江,二是经清水江运销长江流域的诸城市。木材水运大多要将一根根杉木扎成木排木筏,木排排型选择和扎制是放运技术的关键。长期以来,水伕们曾做过多次改进,主要有以下几种:

一是梭衣脑排:其式为堆垒短型排,底排杉木用杂木条紧连水眼,排尾用山篾缆束拢,底排之上按先长后短秩序,分层堆放,呈梯形,头宽尾窄,形如梭衣,因而得名。梭衣脑排除底排外,多数不打水眼,省工省料。但运量小,若遇撞岩,木材易失散。

二是船形排:前面堆3层,后面堆4层。

三是子排:全排整齐,呈长方形,又叫行江排或方块排,此排便于行江停排和防洪保安。清水江从茅坪起,河面较宽,水较深,排型结构变大。这种排在锦屏、天柱一带称行江排。两块排合一者称为一联,四联合一者称为一个头,又叫一个棚。这些木筏顺流而下,进入主河道,就把它们联合起来,形成庞大的漂流平台,筏手们甚至可以在上面建屋居住。①

1. 锦屏县高柳村嘉庆十六年(1811年)《永定江规碑》

署贵州黎平府加三级记录五次周[1]

为审得鬼鹅寨[2]民向开宗等,与高柳寨[3]民向国宾等本系同谱宗族,皆为始祖福春子孙。高柳一支与龙姓同寨,族众人多,距河十里而居。有朝乐者,迁居沿河之鬼鹅,即为开宗等之祖;其时不满二十户,人力单寡,一应差徭各照烟户[4]均派。至乾隆九年,前府徐任内奉宪檄饬近河居民开修河道。高柳之龙、向二姓及鬼鹅向姓,合力开自鬼鹅寨门首起至难标止共一十五里。工竣之后,河道顺流,遂与上下沿河民分段放运客木,以取微利,江步之所由来也。缘高柳距河较远,其历年应放客木,包与鬼鹅运送,每年认租银四两二钱,后因结讼和息,减去四钱,鬼鹅之民每年纳租三两八钱,立有议约合同可据。是以客木到江,均系鬼鹅运送,高柳向、龙二姓从不与。今年春,高柳民以烟户繁,思欲自运,执有胡耳土司[5]盖印分江议约,谓“伊等与鬼鹅为分九爪,高柳得八爪,应运八年,鬼鹅只得一爪,应运一年,遂申明各木客,毋令鬼鹅揽放”等语。向宗开等不服,凭中理说,彼此执拗。宗开等遂捏称,江步系伊祖人独开,高柳非特无分,且非一家,并称有锦绣县所批公禀为据等情,呈控到府。集讯之下,备悉前情。查乾隆九年时,鬼鹅仅有烟户二十户,岂能独开十五里之江路;宗谱具在,俱系福春子孙,安谓非一家?显系捏饰,所谓锦屏之卷,并无府文,亦不足为据。但十五年客木到,向归鬼鹅揽运,行之已久,既欲照不分运,亦查近日情形,均匀摊派,方免偏枯。随讯之中正及两造人等,合称高柳上下寨有烟户二百,鬼鹅四十余户,是鬼鹅人烟较之往年已多一倍,不得仍执八爪一爪之说,致讼无已时。今酌断:高柳、鬼鹅二处二百四十八户,着分为六股,鬼鹅运一年之后,高柳接运二年,周而复始,永定章程。所有本年客木,即着鬼鹅先放,嗣后不得恃强紊乱,再滋事端,违者从重究治。着取具而造遵结并中证遵结备案。此判。

状首[6]龙仁才、向维元、维章、维高、维林、向乾、龙宗彦

嘉庆十六年闰三月二十七日判　立

注:

【1】本则文书选录自贵州省锦屏县志编纂委员会编:《锦屏县志》,贵州民族出版社1995年版,896~897页。

【2】“鬼鹅寨”,又名“向家寨”,今锦屏县铜鼓镇江口村向家寨,处于清水江的支流亮江和朗溪河的交汇处。

【3】“高柳寨”,今锦屏县铜鼓镇高柳村,有龙、向、杨、朱四姓。

---

① 详见沈文嘉:《清水江流域林业经济与社会变迁研究(1644~1911)》,北京林业大学2006年博士学位论文,35~36页。

【4】“烟户”，即人户。

【5】“胡耳土司”，即“湖耳长官司”，地在今锦屏县东南，洪武四年，杨再禄以功授正长官司，杨总管授副长官司，后清朝期间一直存在。

【6】“状首”，即原告。

解读：

在今锦屏县城飞山庙内有一块刊刻于清光绪九年（1883 年）的“八步江规碑”，该碑仅存上部，从残存的内容来看，清水江支流亮江在当时划分为“八步交接水界”，依稀可知“头步”敦寨、向家寨高柳、上下稳江、平金等四步，其余则不可见。“步”的划分与木排的放运有关，将亮江分为八步，木材到一个地点后交与第二个地点的人接运，共有八个地点交接木材，这八个地点就称为“八步”。“八步江规碑”还分别就“木商排式”、“各步放木期限”以及“八步规费”作了非常具体的规定。据《锦屏县志》的记载，亮江的支流中也存在着一个“八步江”——钟灵河，沿河村寨按江步放排①。在清水江的另一条重要支流乌下江，也存在着按步分江的情形。咸丰元年（1851 年）四月乌下江中游和下游的二十六个村寨共同约定：“上河木只准上河夫放，不可紊乱江规；下河夫只准接送下河，须要分清江界”，并且规定：“下河木客买卖上河发木，不准自带水夫”。在这里二十六寨是以乌下江中游以上沿江各寨的一个整体出现的，通过明确划分上下河之间的界限来保障自己的利益。虽然在约定中并没有进一步划分二十六寨之间的江段，但从中我们仍然可以看出在当时的清水江流域普遍存在着分段划分江利的情形。

本则《永定江规碑》向我们展示了按“步”分江的依据。本系同宗的高柳和鬼鹅两个村寨于乾隆九年共同开修一段十五里的河道，取得了在这段河道代客放木的权利，但是高柳寨离河较远，放木不便，于是将自己的权利以每年四两二钱的价格租给鬼鹅。到了嘉庆十六年左右，因为高柳的人口越来越多，于是想自己放木，收回权利，鬼鹅不同意，于是发生了纠纷。最终黎平府裁定，两寨轮流按年接放客木，鬼鹅一年，高柳两年，周而复始。从这则碑刻上可以看出，将沿河居民参与工程与相应河道代客放木的权利联系在一起，应当是发生在张广泗疏浚清水江之时。高柳和鬼鹅两寨都是清水江支流亮江西岸的村寨，两寨合力开修寨下的十五里河道，自然也就取得了在这一河段代客放木的权利，这就是碑刻中所说的“江步之来由”。同时，这种代客放木的权利还是可以转让或是出租的，最初高柳以四两二钱的价格将江步放木之权租给鬼鹅，后来可能是鬼鹅认为租金过高无利可图，经过诉讼和息后下调为三两八钱。到嘉庆年间高柳寨要收回自己的权利，双方争讼。从碑刻内容看，双方都不再提及租金之事，高柳宣称自己拥有九分之八的权利，而鬼鹅更是宣称自己应该独享江利，可见此时清水江水运获利的丰厚程度以及江利在沿江村寨和人群的经济生活中已经占据着重要的位置。从官府的判决看，两寨之间划分彼此放木地盘的合法性获得了地方官府的认可，两寨早先关于开河义务与放木权利对

① 贵州省锦屏县志编纂委员会编：《锦屏县志》，贵州人民出版社 1995 年版，第 518 页。

等的共同约定也通过判决被赋予了更大的安定性。

2. 嘉庆七年(1802年)六月初一日黎平府水运运价文告

特授贵州黎平府正堂加五级记录十次又加军功记录五次程为晓谕事[1]

职得黎平各处出产木植，民苗类以赀为生乃有沿河地棍藉木植经过，雇夫运放，昂取工价，或藉以冲坏桥梁、场坝为词，勒索银两；或溪河水发，木被冲散，任意捞取，重价勒赎；甚至将木客斧记削除，私行售卖，以至讦讼无休。尝经本府严禁在案。今据木贩龙万才、杨运光、黄顺利、杨万金具控瑶光寨[2]娄在寄等多索放排工价，擅设江规。本府正堂查讫瑶光以下一带河道，并无桥梁车坝，无从藉端勒索。向来木植运至该处，在该处雇夫转运。自乾隆四十二年排夫工价定章程：瑶光运至卦治每排取工价银四两八分；运至王寨每排取工价银五两六分；运至茅坪每排六两四分，较之四十一年以前每排加增银一分。施行二十余年，相安已久，现在并无加价之事。其在瑶光雇夫运排，向由木贩住歇店之家代雇，并不往该处头人之手，无从无索。诚恐章程不定，或有地棍把持勒诈，或有流民藉端煽惑，客主夫民讦讼，合行出示晓谕。为此示，仰瑶光及沿河民苗等知悉，嗣后木植到境，任其投店雇夫运放，排夫工价沿四十二年所定，不许分厘多索。如木贩有不雇该地人夫放排者，许该民等越辕禀报。倘水涨漂散之木捞获，听从客贩认对斧记取回，量出捞木微资，不许勒赎多价，及削去斧记变卖。自示之后，倘敢仍沿前辙，一经访闻或被告发，即严拿到案，责无旁贷……

嘉庆七年六月初一日　示

注：

【1】本则文告选录自贵州省编辑组编:《侗族社会历史调查》，贵州民族出版社1988年版，第62页。

【2】瑶光寨，古名茂广屯、苗光，苗语称之为“biangb shaib”，今锦屏县河口乡瑶光村。

解读：

笔者前文在关于“江步”制度的讨论中，已经清楚了木材水运是沿江分段运输的，各有界限，互不逾越。清水江流域的苗侗等族人民世代生活在江边，谙习水性，因山多田少，不敷耕种，所以大多从事木材水运工作，称为排夫或水夫。排夫是生活在木材采运贸易最底层的群体之一，因水急滩险，常有死伤，加之工价很低，生活极其艰苦。清代清水江流域屡有关于水运工价的纷争，本则文告现仍保存在锦屏瑶光寨，木贩龙万才等人控告瑶光寨的排夫多要运价，要求维持原来的运价，黎平知府支持了木贩龙万才等人的诉讼请求，并刻碑重申旧规。所谓旧规，主要包括两方面的内容：一是木商携木植到境后，雇佣何人放木，一听其便，但只能雇佣当地的排夫，这是按“江步”分段放木的要求；二是乾隆四十二年关于排夫工价的章程至今已有二十余年，不再改变。同时，文告也提到了漂流木植的回赎和斧印问题。所谓斧印，则是一种所有权的标记。最早的斧印只在下游木商中使用，到了清代中期在木植采运中已广泛使用各种暗号的基础上，上河商客中的少数实力雄厚者也开始使用“斧印”。“斧印”又称为“山印”，类斧状，其实是在一铁榔头上安一木质把手，通常一端铸有持有者的姓氏，另一端铸有木商字号。木植砍伐后，用“斧印”在每一根木植上都打上记号，这样便于辨认，万一木植被水冲走也便于回赎。如若削去这种印迹，则自然为法律所不允。

3. 光绪十八年（1892 年）四月初三日天柱县重申运价章程文告

钦加同知衔特授镇远府天柱县正堂加三级记录十次曾[1]

为晓谕严禁事

照得案据木商公顺永等，以违示掯勒，恳复旧章等情一案到县。据此，除批示外，合行示谕。为此，示仰商民排夫人等知悉：自示之后，应照黎平府邛、前县龙会定章程放行，均不准稍有增减掯勒，倘敢故违，许即禀明，立提严惩不贷，各宜凛遵毋违，特示。右谕通知。

光绪十八年四月初三日

注：

【1】本则文告选录自贵州省编辑组编：《侗族社会历史调查》，贵州民族出版社 1988 年版，第 63 页。

解读：

时至光绪年间，关于水运夫价的争端再起，这则天柱县颁布的文告中重申了黎平府邛知府和前天柱县龙县令会定的运价章程，此章程显然不是瑶光碑刻中提及的乾隆四十二年章程，从中可见关于水运工价的纷争时有发生，地方官府也是疲于应付。

4. 光绪三十四年（1908 年）五月二十七日黎平府公议运价章程文告

钦加任候补道特授黎平府正堂卓异加一级记录十次王，为出示晓谕以杜争竞事[1]

据茅坪、王寨、卦治总理[2]龙道成、王先相、龙常化、王泽红，纲首文名彰、文蔚青、龙均茂等呈称：缘职等前以呈恳定章，永远遵照等情呈恳在案，荷蒙批示：请示定章，尤恐滞碍，务要三江总理纲首公禀，如是等固奉次，理宜遵批，趋赴思辕面禀一切，无如农忙之时，未便分身。窃思职等地方，自国初以来，轮流当江，一切规模，不敢紊乱。堆放排水夫，近年以来，每每勒索加增夫价。排到未售，该夫等谁号谁放，不由行主自雇，恶极异常。或木植大小一百根撬成小排十挂，向章只用夫二名，今则加至六七名不等。如若另雇，先行号排之夫不惟阻止，动辄手执刀矛，两相争斗，殴打行凶，诚恐酿成巨祸。又恐迟延时日，水泛木流，商人受害。如由该夫勒索加夫，主家所获行用银两入不敷出，何有余资雇人在河下代客照料？是以三寨总理纲首等公用会议：不能论夫之名数，只能照排给钱。如内帮所买之木，每一挂由卦治放至茅坪，水力钱一百文，王寨放至茅坪，每挂给水力钱五十文；外帮所买之木，每挂由卦治放至天柱县属之宰贡水力钱一百三十文，王寨放至宰贡，每挂给钱六十五文；茅坪放至宰贡每挂给钱六十文。业经数月之久，遵议无异，亦无争斗等情。但该夫等乃系三寨农民，贤愚不等，议乃三寨公议，无袒无偏，而三寨排夫不致有伤和好。突于四月二十五、六等日，茅坪排夫齐集百余人。各执刀矛洋炮，在该处将卦治放下之木，概行截止，不准放行，希图加增夫价。而王寨、卦治放排之夫，见势猛勇，任凭截阻，不与争斗。当经胡总办得知此情，恐生事端，又恐激成别变，即传三寨首人凭夫等面谕开导：由卦治放至茅坪等每挂外加钱二十文，放宰贡外加钱二十文。该夫等彼时遵依无异，将所阻之木即日放行。职等窃恐贪心不足，日久生变，是以不揣冒昧，公恳赏准出示立案，永垂久远而杜后患，商民均感等情到府，并据胡委员来函亦大略相同。据此。除批示：放木力钱论挂不论夫最为公允。现既经三江公议具禀，又经厘局传齐各纲首开导，代为定价。各木夫亦遵守无异，候即出示晓谕可也。挂发外，合行出示晓谕。为此，示仰三江行户、排夫、商民诸色人等一体知悉：自示之后，所有放木力钱，既已公议增价，务须遵照此公议章程，论排不论夫。照排给钱，该排夫等不得将木停止，另行措勒加增。商民、行户人等亦不得紊章短给，倘有故违定章，均予提究不贷。其各凛遵毋违。特示。

右谕通知。

光绪三十四年五月二十七日告示

注：

【1】本则文告选录自贵州省编辑组编：《侗族社会历史调查》，贵州民族出版社 1988 年版，第 64 页。

【2】清代清水江中下游流域的木材贸易市场由今锦屏县境内的茅坪、王寨、卦治三个村寨垄断，称为“当江”（本书下文另有专题探讨）。轮值当江的村寨设有公所，掌理各行户的经营，协调行户之间的关系。公所由总理、纲首主持，总理先经地方推举，再经官府批准。出任总理之职者又称为“师爷”，总管全寨的公务。①

解读：

关于水运运价的纷争屡屡发生，在前述“光绪十八年（1892 年）四月初三日天柱县重申运价章程文告”颁布后，仍未能完全平息。据记载，至光绪二十四年（1898 年），彭守敏率领排夫在茅坪、宰贡等地拦江阻木，要求增加工价，黎平府出兵镇压才平息了这场纠纷。光绪三十四年四月二十五、二十六等日，茅坪寨的排夫集聚了百余号人，拦江截木，

① 刘毓荣主编：《锦屏县林业志》，贵州人民出版社 2002 年版，第 209 页。

地方官府担心纷争愈演愈烈，于是只得同意增加排夫的工价，这份文告详细记录了有关排夫工价约定的详细过程，这值得我们充分注意。与上述几则文告相比，此则文告提到了其时纷争的又一个重要内容——木材水运的工价是以排数计算，还是以排夫数量计算。卦治、王寨、茅坪三寨的首人认为以排计价较为合理，并共同议定有工价的章程。可能是排夫反对这一章程，故而发生了拦江阻木的事件。事发后，为了缓解矛盾，厘金局出面要求三寨增加排夫工价，三寨首人为形势所迫，只得同意，于是地方政府以文告形式公布章程。

（二）漂流木植回赎相关文书

1. 嘉庆四年（1799 年）六月十四日龙永发等漂流木植纠纷处理文书

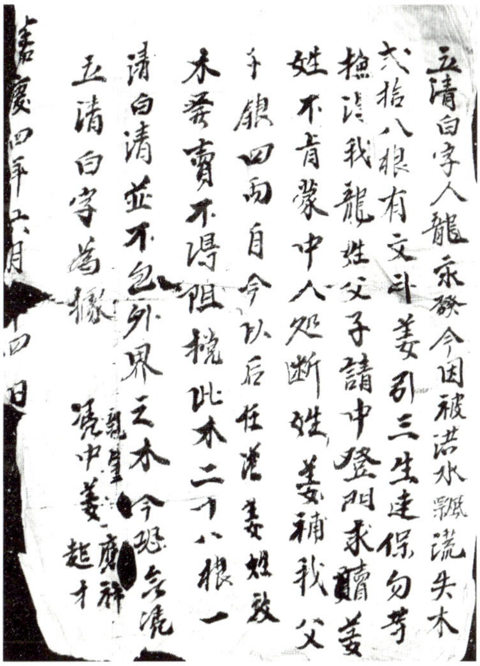

立清白字人龙永发，今因被洪水飘流，失木二十八根，有文斗姜引三、生连、保匃等捡得。我龙姓父子请中登门求赎，姜姓不肯。蒙中人处断，姓姜补我父子银四两。自今以后，任凭姜姓将木发卖，不得阻挡。此木二十八根，一清百清，并不包外界之木。今恐无凭，立清白字为据。

亲笔

凭中：姜应祥、起才

嘉庆四年六月十四日

解读：

木材水运中较易发生的另一个争端与漂流木植的回赎有关，因为木材全赖水运，每值雨季，常有洪水暴涨，沿河的积木被洪水漂流而下，沿岸居民争相捞取，经常会出现捞木者与木主之间的纠纷。本则文书中，龙永发等人被洪水漂走 28 根木头，文斗寨姜姓等人收到后不肯退回，经中人调解，姜姓补四两银给龙姓，木材不再退回。前述“嘉庆七年（1802 年）六月初一日黎平府水运运价文告”、“光绪三十四年（1908 年）五月二十七日黎平府公议运价章程文告”中也有类似的记载：“或溪河水发，木被冲散，任意捞取，重价勒赎；甚至将木客斧记削除，私行售卖，以至讦讼无休”。如果赎价太高，则木商不堪重负，但是赎价太低，则沿河居民将无心捞取，因为在洪水暴涨之时捞木毕竟是冒一定风险的，只有在双方利益间达到平衡，才能避免矛盾的发生，前者文告中有“倘水涨漂散之木捞获，听从客贩认对斧记取回，量出捞木微资，不许勒赎多价，及削去斧记变卖”的规定，当时一定有更为详细的章程规定。

2. 民国 2 年(1913 年)十一月十五日木商会洪水赎木章程碑

木商会碑记[1]

总办三江木植统征兼弹压府黄、署理黎平府兼开泰县事傅、署理天柱县事赵、总办瓮洞厘金兼弹压上官

为会饬刊碑勒石永远遵行事。民国二年十一月九号，按奉贵州都督兼民政长唐批，据该员等会呈拟定赎取木植章程，请予立案。由奉批查所拟章程尚属妥协，自应予立案。仰即会饬该木商会刊碑勒石永远遵行等因，奉此合将呈定章程会饬章程刊列于后。

计开

一、满江洪水赎木，在六丈以上者，以江内篾每两码给赎钱二千文，五丈以上者赎钱一千文，四丈至三丈者照式递减。

一、半江洪水赎木价，在六丈以上者，以江内篾每两码给赎钱一千文，余照式内推。

一、满江洪水赎木期限半月，半江水限十日，过期不到，准捞户自由变卖；但连期水涨，碍难寻赎，亦不得拘此限期变卖。

以上各条永远遵行。如敢违抗，一经控告或被查觉，定行提案治以应得之罪。

中华民国二年十一月十五日

注：

【1】此则碑刻现存锦屏县三江镇卦治村，碑文抄录自姚炽昌选辑点校：《锦屏碑文选辑》，锦屏县政协文史资料委员会、锦屏县志编纂委员会办公室 1997 年编，第 49 页。

3. 民国 37 年(1948 年)清水江漂流木清赎办法

锦屏剑河天柱县政府布告[1]

案准

天柱剑河锦屏三县参议会函开：查清水江河狭水急，每年夏季山洪暴发，沿河两岸之木，多被漂流。在昔沿河居民捞获漂流木时，尚能守候木商前往清赎。年来人心愈趋愈坏，竟视漂流木为无主之物，或将捞获木偷卖他人，或锯断自用，或运山溪隐匿，或削原印而盖其印，或削原暗号而另刻新暗号，纵有少数畏法之徒，准予赎取，非争论赎价，即谓赎期已过，甚至演成讼累，种种情弊，实难尽述。本会等目击心伤，爰各位派推代表杨昭焯、郑铸成、王子灵、龙德宣等齐集锦屏，议定清水江漂流木清赎办，迭经本会筹审议通过，相应检同该项办法，函请公布实施，等因准此。查该项办法，既经三县参议会审议通过，自

应照案执行，除函复外，令将清水江漂流木清赎办法，令仰清水江沿岸木商捞户一体遵办，切勿有违。

此布

清水江漂流木清赎办法

第一条　本会为维护漂流木之所有权，并防止捞户木商之纠纷起见，订定本办法。

第二条　凡捞户捞获漂流木后，应即将木停泊附近水势缓和之处，赓即依照民法第八〇三条之规定，以捞获木数及其斧印暗号报告该地主管保甲长，并于捞获木上书明捞户姓名、住址及捞获木数，如三日不履行以上两项手续者，所有人得认捞户有窃盗或侵占漂流木之意图，除将捞获木无偿收回外，并得诉请司法机关依窃盗或侵占罪处罚之。

第三条　凡捞户捞获漂流木后，而有左列之不法行为：①以捞获木就地偷卖与人，或赓续下运，意图偷卖远方者；②以捞获木运入山溪中或运岸上不易查觉之地者：③削去所有人斧印或改所有人之暗号者；④擅将捞获木损坏者（如砍去木之尾部锯为数段者）。犯①②③④等项之所为，所有人先将捞获木无价收回，并得诉请司法机关依窃盗或侵犯罪处罚之。犯第④项之行为，除将捞获木无偿收回外，并得诉请司法机关责令捞户赔偿所有人所损坏之价金，并依损坏罪处罚之。

第四条　漂流有印之木，所有人须持其斧印，交与捞户查对，符合后即予照赎。

第五条　漂流无印而有暗号之木，所有人事前须取得漂流木材地之乡镇保甲长以书证明其木之暗号字样、木数多少、扯码若干，经捞户验明符合后，始准照赎。

第六条　漂流无印且无暗号之木，所有权已属无法证明，此项木材经捞户捞获后，得自用或卖与他人，无权过问。

第七条　漂流木之赎价，所有人应依照民法第八〇五条之规定，给予捞户木价总额十分之三作报酬。

第八条　前条木价总额，双方如有差异时，得请乡保甲长仲裁之，如所有人认为，仲裁价额过高时，得请捞户照仲裁价额补所有人十分之七之价金售其所占部分之木。如捞户认为仲裁价额过低时，得照仲裁价额补所有人十分之七之价金收买其所有部分之木。如捞户无力收买时，得将木码划分捞户占十分之三，所有人占十分之七。如木数过少，不能划分时，得将木卖与他人，所得价金捞户得十分之三，所有人占十分之七。

第九条　漂流木之取赎时期，所有人须于一个月内备款赎取（依据民法第八〇五条第一项之规定取赎期间为六个月，但木为水上之物，期间过长，不易保管，故减为一月），如过期不赎，认为所有人舍弃其主权，捞户得将木自用或卖与他人。

第十条　捞户捞获之木，在有效赎期内，如发生洪水，捞户确已尽其保管之责而木又漂流时，捞户不负赔偿之责。

第十一条　明知为有印有暗号之漂流木，其有效赎期又未届满，即向捞户收买者，经所有人查觉后，得无偿收回其木，并得诉请司法机关依收受赃物罪处罚之。如收买者于收买后，即已将木损坏，所有人除将损坏之木无偿收回外，并得诉请司法机关依收受赃物及损坏罪并合处罚收买人及责其赔偿所有人所受损坏之木价。

第十二条　公务员或乡保甲长对于漂流木不依本办法调解，而向木商或捞户要求期约或收受贿赂致损坏木商或捞户之利益时，被损害人得诉请司法机关依贪污治罪法处罚之。

第十三条　漂流木在清水江流域各支流范围以内者，无论其木着岩成堆或干靠两岸，仍照旧惯例，由所有人雇佚糙放各河，两岸之居民不得需索赎费。

第十四条　漂流木所有人除依本办法之合法手续清赎外，不得以暴力强赎或捏造事实诬告等情事。

第十五条　本办法如有未尽事宜，及窒碍难行之处时得由会提议修改之。

第十六条　本办法自经天柱、锦屏、剑河县政府公布之日实行。

中华民国三十七年
天柱县县长张宗枢
剑河县县长吴颂平
署锦屏县县长李紫珊

注：

【1】此则文书录自贵州省编辑组编：《侗族社会历史调查》，贵州民族出版社 1988 年版，65 ~ 67 页。

解读：

据《侗族社会历史调查》的记载，清水江下游流域在民国年间共有两次制定漂流木植的回赎办法：

第一次是在民国 2 年，当时的总办三江木植统征弹压府黄、署理黎平府兼开泰县知事傅、署天柱县知事赵、总办瓮洞厘金兼弹压府上官将议定之后的赎木章程上报贵州省民政厅，贵州都督兼民政厅长唐批示：“据该员等公呈拟章程，尚属安协，自应准于立案，仰即令饬该木商会刊碑勒石，永远遵行”①，相关情况反映在前述“民国 2 年（1913 年）十一月十五日木商会洪水赎木章程碑”中。

第二次则是与本则文书相关。及至民国 29 年（1940 年），锦屏乌下江一带山洪暴发，河水陡涨，木商王子灵等人的木植两万余株被洪水冲走，但沿河村寨将捞获之木削去斧印和暗号后偷卖与他人，另有部分人或是故意抬高赎金，或是声称已过赎期，不准赎取，于是锦屏县商会拟定了《锦屏县清水江漂流木植清赎办法》呈送省政府，请求颁发施行。该办法共 16 条，详细规定了漂流木植的打捞、禀报、揭示等义务，规定木植的赎金、木植物权归属等等。但贵州省政府认为大水冲失的木材往往涉及数县，一地制定的清赎办法只限于该地域内通行，不能涉及其他县域，故应通盘规划，发交第一区行政督察专员公署

① 贵州省编辑组编：《侗族社会历史调查》，贵州民族出版社 1988 年版，第 65 页。

办理。迟至民国35年(1946年)，锦屏、天柱、剑河三县联合召开的三县第二次地方会议以民国29年锦屏县商会制定的木植清赎办法为蓝本，制定了《清水江漂流木清赎办法》，报经三县政府同意后，作为政府报告，向三县人民公布实施。

三、木材贸易相关文书

1. 嘉庆二年(1797年)《奕世永遵碑》

奕世永遵[1]

徽、临、西三帮协同主家公议，此处界牌以上，永为山贩湾泊木植，下河买客不得停簰。谨为永遵，毋得紊占。

嘉庆二年季春月旦立

注：

【1】此碑现存锦屏县卦治对面的江岸边，中山大学张应强教授2001年田野调查时发现。

解读：

此则《奕世永遵》碑涉及清水江流域木材贸易中的三个主要群体：山客、水客、主家。

第一个群体“山客”即碑文中的“山贩”，本地从事木材经营的商人，他们承担从山场经营者手中买下山林砍伐发卖并运输到木材交易市场。

第二个群体“水客”即碑文中的“下河买客”。这些外省来清水江流域采购木材的商人，大多是通过江河溯江而上，所以称为“下江客”、“下河买客”。下河买客因来自地区不同及时间先后差异，组建成各自的商帮组织。最早进入清水江流域经营木材贸易的商帮组织名为“三帮”、“五勷”。所谓“三帮”，及安徽、江西和陕西的木商，也有更具体地说是安徽徽州帮、江西临江帮和陕西西安帮。“五勷”，据说是因为协助三帮购买木植起家，所以得名为“勷”，主要是贵州天柱县和湖南芷江、黔阳、洪江等地的客商。“三帮”、“五勷”沿长江各重要商埠直至锦屏的茅坪、王寨、卦治等寨，都建有各自的会馆和停泊木排的码头。会馆是商帮活动的主要场所，“三帮”、“五勷”以会馆为基地，组织“公会”，设置专人主持会务，负责调解内部纠纷，协助木商解决木材在运输途中发生的意外事故。① 在嘉庆

① 贵州省编辑组编：《侗族社会历史调查》，贵州民族出版社1988年版，32～33页。

之前，相关文献中尚未看到“三帮”、“五勷”的记载，而随着清水江流域木材贸易的逐渐发展，文献中越来越多地出现了“三帮”、“五勷”的活动痕迹，木商在地方社会事务中扮演了重要的角色。这一则《奕世永遵碑》就是徽、临、西三帮与三寨的主家共立，可见彼时客商已经直接参与了诸如市场规则制定等木材贸易领域的诸多重要事务。

第三个群体“主家”即王寨、卦治、茅坪三寨的木行主家。雍正年间在黔东南推行“改土归流”，在这一过程中，作为一条重要的河流，清水江的交通意义凸现出来。后贵州巡抚张广泗等上奏朝廷对清水江进行了大规模的疏浚，并“开纤路以资挽运”，从而载满各种货物的船只可由清水江直到洞庭湖而下长江。此后张广泗又在锦屏县设弹压局征收木税，该县的王寨、茅坪、卦治三个苗村侗寨由于地处清水江下游，河面开阔，适宜停泊船只、木排，成为法定的木材集运交易口岸，时称“三江”。王寨、卦治、茅坪三寨有着得天独厚的地理优势，清水江顺流而下依次经过卦治、王寨、茅坪，三个村寨之间的距离都不到十公里，加上卦治之下有清水江支流小江自北向南在王寨附近汇入清水江，而在王寨与茅坪之间又有另一条重要支流亮江自南向北注入清水江，这就使得三寨成为可以分别控制清水江、小江和亮江的重要门户，三寨也就很自然地成为清水江下游最为便利的木材集散地。不知从何时开始，规定每年以三寨中的一寨主持木材贸易，三年轮换一次，主持木材贸易就被称为“当江”。

清初清水江流域木材贸易兴起之后，不断有客商前来采运木材，客商们最初只能借宿在当地人家中，付给主家一些银子。随着木材销量的扩大，前来购木的客商逐渐增多，三寨就有人家开设专门供应客商食宿的店铺，也就是“火店”，这就是木行的前身。至康熙年间，三寨的有钱人家都争相开设火店。[①] 雍正七年(1729 年)后，地方政府批准在清水江流域设立从事中介木材交易的木行，三寨的火店经过申请，由政府批准并颁发“牒”方可营业。具体的运营方式是：下游水客携资前来购木，歇在三寨木行，木行主家即为客商寻找和配备所需木材，安排木坞，兑付价款，以及代客雇夫撬排、看守、放运等等；另一方面，当山客的木植到木行之后，主家就要为其编单上缆、保存木材，寻找合适的买客，以及垫付运费等等。最后，对木材进行围码，邀请上下河的客商适当面议价，即所谓“喊盘定价”，在这个为买卖双方“劝盘”的环节中起着至关重要的作用。木行每年固定向官府交纳营业税。此外，官府还以木行开具的双方交易货票为依据向木材交易买卖双方征收木植税。但关于木行向买卖双方收取的费用，各文献的记载有较大的差异，有记载称木行提取双方交易金额的百分之五作为代理费用，称为“牙口”[②]；也有记载“房租、水火、看守、扎排，以及人工杂费，向例角银一两给银四分”[③]。《侗族社会历史调查》所引嘉庆十一年官府文告中也说“每价与一两，商人给钱四分，以为主家给商人酒饭、房租及看守木

① 贵州省锦屏县志编纂委员会编：《锦屏县志》，贵州人民出版社 1995 年版，第 520 页。

② 锦屏县林业志编纂委员会编：《锦屏县林业志》，贵州人民出版社 2002 年版，第 299 页。

③ 姚炽昌选辑点校：《锦屏碑文选辑》，锦屏县政协文史委员会、锦屏县编纂委员会办公室编，1997 年 9 月刊印本，第 42 页。

植人口，并扎排缆索等项费用”①，由此看来，每两抽银四分说法是较普遍的。光绪年间《黎平府志》作了进一步的说明：“向章按照议定木价每两抽银四分，嗣道光初年改用纹银，减为每两二分，以九七五扣实给银一分九厘五毫。此银以七厘归上河店家，以九厘归下河店家，作房租、灯油、劝盘、辛力之费，以三厘五毫作地方办公及雇人守木照料买卖之费”。

据新中国成立初的调查称，三寨的木行一般设有经理一人，或由开行者自任，或对外聘用，下设文、武管事各一人，文管事主管内部事务，武管事专司外事，一般人员有围量手、杂役、厨司，多则十余人，少则六七人。② 轮值当江的村寨还设有公所，掌理各行户的经营，协调行户之间的关系。公所由总理、纲首主持，总理先经地方推举，再经官府批准。出任总理之职者又称为“师爷”，总管全寨的公务。③ 总理既由地方推举，又需官府批准，充当的正是村寨社会与王朝地方政府之间沟通的桥梁。当江制度对刺激和保障清水江木材采运贸易，从而为清水江流域的经济、社会和文化的发展带来了具有某种决定意义的影响。在具体操作上，三个村寨都发展出由村寨中大姓掌握或当江权力的模式。三寨的木行几乎都被寨中大姓所控制，后来演变成为子孙世代相承。其开行者，一直是三寨之中之王、文、龙、唐、杨、刘、吴等七姓，其中，又以王、文、龙三姓为主。据史料的记载称：“王寨行帖系王姓所请，行号同仁德，卦治系文、龙姓所请，行号同仁治，茅坪系龙、唐姓所请，行号同仁美，自后子孙繁衍，虽各帖只一部，而经营行行户逐渐增多。兹据调查（民国时：笔者注），锦屏（即王寨，民国时是锦屏的县治所在，笔者注）已达一百二十余户，卦治七十余户，茅坪一百五十余户，一共约三百余户”④。据《锦屏县志》的记载，宣统元年时三寨已有行户 84 户，其中王寨 33 户，茅坪 30 户，卦治 21 户⑤，足见当时木材贸易的发达。

2. 光绪二十二年（1896 年）黎平府禁三寨行户越江争买文告

钦加盐运使衔补用道特授黎平府正堂僧额巴图记录十次俞[1]

为出示严禁事，案据上河木商姜利川等以“越江夺买，瞒课病民，公恳示禁”等情禀称：“窃惟江河有埠，交易有行，故设立王寨三江，所以公利而便于国。上河山客不能冲江出卖，下河木商不能越江争买，向例严禁，谁敢故犯？近来三江行户多有领下河木商银两，径上乐里、孟彦、地里一带，坐庄收买，深山穷谷一扫罄尽。独不思利为养命之源，可

---

① 贵州省编辑组编：《侗族社会历史调查》，贵州民族出版社 1988 年版，第 51 页。

② 贵州省编辑组编：《侗族社会历史调查》，贵州民族出版社 1988 年版，第 35 页。

③ 刘毓荣主编：《锦屏县林业志》，贵州人民出版社 2002 年版，第 209 页。

④ 贵州省档案馆等编：《贵州近代经济史资料选辑》（上）第一卷，四川社会科学院出版社 1987 年版，338 ~ 339 页。

⑤ 贵州省锦屏县志编纂委员会编：《锦屏县志》，贵州人民出版社 1995 年版，第 521 页。

公而不可独占。彼既据其金，则于流于歉。况设江行之意云何？而任其如此行为，上至穷山深谷，下至江南上海，利皆归下河商矣。于是颁给告示，禁止代下河木商越江争买，使上下交易皆归江行，则不独为山客除争夺之害，实于国课大有裨益。事关利弊，故合词，公恳查究示禁”等情到府，据此出批示。据禀，行户代客入山买木，致夺山客之利，又复有种种弊端，殊属不合，候出示可也，我合行出示严禁。为此，示仰三江行户上下河客人等一体知悉：自示之后，尔等买木需由上河山贩运至三江售卖，不得越江争买。至各山贩木植到江，所有售卖之价，务须报局纳课，不得短报数目。倘敢不遵，一经查出或告发，定即提案重惩不贷。其各凛遵毋违，特示。

右谕通知

光绪二十二年五月三十日　示

注：

【1】本则碑刻存锦屏县河口乡河口村。

解读：

从本则文告可以看出，官府对三寨木行的规范还体现在明确规定木行只能坐地交易，而不能绕过山客代水客直接到林产地收购木材，下河木商不能越过三寨到上游收购木材，上河山客也不能越过三寨木行直接卖给外省木商。《奕世永遵碑》也有着类似的规定。黎平府的上河木商（即山客）姜利川诉称三寨行户私领下河客商进入清水江腹地收买木材，认为这不仅侵夺了山客的利益，同时也逃避了国家税收。黎平知府的告示虽没有明白说明越江买木侵夺了国家利益，只是说“又复有种种弊端”，语焉不详。但最后文告中又重申：所有售卖之价，务须报局纳课，不得短报数目。由此可见，税收是地方官府处理木材贸易等系列问题时不得不考虑的一个重要因素。

这份文告中称“上河山客不能冲江出卖，下河木商不能越江争买，向例严禁”，这似乎是一个早已有之的规定，下文的“嘉庆六年（1801 年）十一月二十七日贵州巡抚禁坌处争江文告”中称：“黔省黎平府属各处深山，出产木植，历系附近黑苗陆续采取，运至茅坪、王寨、卦治三处地方交易。……而三寨苗人，本系黑苗同类，语言相同，性情相习”。可见在当时的地方政府看来，三寨苗人虽也属“黑苗”，甚至语言相同，性情相习，但与出产木植的各处“黑苗”是不同的，似乎可以认为在政府视野中，此处之“黑苗”指的就是“生苗”。这同时也说明了嘉庆年间，三寨上游的沿江村寨尚不通汉语，三寨当江之制的设立，其本初意义就是为了在言语不通的上游山客与下游水客之间架起一道沟通的桥梁。在地方官员的眼中，三寨同时又是“生苗”与“熟苗”之间的一个过渡带。这种看法就成为地方官员处理木材贸易市场制度的基本出发点，于是王朝政府就很自然地要求三寨担负起沟通生苗与木商这一重任。当然，在这其中，我们也很容易察觉到政治层面的意图。前文笔者已经谈到，清朝的法律严禁民人无故擅入苗疆，以防纷乱。而下河水客直接进入苗寨收购木材“致夺山客之利”的情形很可能导致苗民的不满，并可能因此引起纷乱。事实上，也确有个别水客深入林区引起纠纷的情形发生。嘉庆十一年卦治文鸣岐等向镇远府、黎平府控告坌处阻客截排、扰乱江规的状词中曾追述："雍正廿二年，不意平略苗民，勾客入山看木，致毙客商，报经各宪会议详明在案。"①以三寨轮流当江，也就是在这里建立了一条划分不同人群的界限。

3. 雍正九年（1731年）五月初三日黎平府古州理苗同知关于王寨、茅坪当江控案呈文

署贵州黎平府古州理苗同知[1][2]滕恳天给示，召集疲民、以全苏患、以便公务事

雍正九年三月十二日，奉总统军分巡务贵东道加三级纪录二次方批："据赤溪司[3]毛平[4]寨吴世英等诉前事一纸，痛蚁毛平户数十余家"云，奉批"可否立市，仰黎平府妥议报夺"等因批到府。奉此，该卑署府查议，将毛平借夫立市之情，即网利当江。该与王寨、卦治三处，皆面江水而居，在清江之下流，接地生苗交界。向者生苗未归王化，其所产木放出清江水，三寨每年当江发卖，买木之客，亦照三寨当江年分，主于其家，盖一江厚利归此三寨。既轮流当江之年，为送夫之年，此当江送夫例所由来也。但三寨之中，卦治不当大孔道，故议帖帮大腮之夫，王寨、毛平相距十余里，俱在大道之旁，故议轮流值年，当江年分轮替当夫。但王寨于当大道稍纡，而毛平背黄峭山脚，自天柱县归黔，于雍正四年之后，黄峭山之路于是始通。兼之官兵往来，皆直捷而不乐纡回，凡军装炮台之扛担，与零星杂差之肩送，莫不由毛平索夫，而毛平夫役遂繁苦十倍于王寨矣。去岁系王寨当江年分，而夫役只落毛平。王寨既帮毛平，实难推卸，故毛平避夫自匿。卑府出示，令其照当江年份当夫者，正欲均劳苦于王寨，而苏毛平之累也。乃毛平吴世英等，即粘此示呈请立市，吁恩宪台。批奉到职，查一立则垄断独登，沿河各寨见其利尽归，共起争端。毋论立市毛平，于理不可；即悯其因夫之累，而立市以补之，窃恐享利不久，结怨沿河。况今春以来，奉行急公之民一案，军装夫役，俱有脚价。卑署府俱行文锦屏县，令其给送不给还之例，每里给以夫脚一厘，差照数封发。又以上送夫天柱，路途太远，命天柱县拨雇夫邦寨[5]接替，毛平上只送夫三十里。日下古州清理将峻，兵设往来亦非往昔众多，是以毛平之夫以在息肩之日。相应仰恳宪台，仍照卑署所议王国良诉争江一案，严行出示禁革。将当江立市名色，永远革除，不得限年轮流，恁从苗民客商之便，爰于某寨贸易，即泊某寨，使沿江之民，皆有贸易，均沾乐利，则宪台恩尤无涯矣！缘奉此批，查妥议事，理是允协，卑署府为此理合敬杼末议，伏俟衡夺。为此，备由另缮书册，伏乞照验施行。

雍正九年五月初三日　示

注：

【1】本则文书选录自贵州省编辑组编：《侗族社会历史调查》，贵州民族出版社1988年版，185～186页。嘉庆年间，卦治、王寨、茅坪三寨之间为当江和夫役分担等问题不断

① 转引自贵州省编辑组编：《侗族社会历史调查》，贵州民族出版社1988年版，第37页。

争讼，于是卦治人龙士昌于嘉庆二十五年(1820 年)四月将相关的诉词和官府的判断抄录成册，传之后人，名为《夫役案》，本则文书就是粘抄于《夫役案》中。

【2】清雍正年间开辟贵州苗疆后，在今黔东南之地新设八寨、丹江、清江、古州、都江、台拱六厅，史称“新疆六厅”或“新辟苗疆六厅”。其中古州厅设于雍正七年，属黎平府，治所在今榕江县，设理苗同知、理苗照磨。①

【3】“赤溪司”，即“赤溪楠洞长官司”，元朝时设楠木洞长官司，明朝初年改置赤溪楠洞长官司。

【4】“毛平寨”，即“茅坪寨”，今锦屏县茅坪镇茅坪村。

【5】“邦寨”，今锦屏县敦寨镇邦寨村，清代属欧阳长官司管辖。

解读：

这则文书反应了茅坪、王寨、卦治三寨之间的争江诉讼，从这则文书中可以看出三寨当江与夫役的承担有着莫大的关系。在当江制度设立之时，地方官员就已将三寨当江的权利与承担夫役的义务结合在一起，也即文告中所说的：“既轮流当江之年，为送夫之年，此当江送夫例所由来也”。民间文献《夫役案》中嘉庆二十一年王寨王克明的讼词中也称：“雍正年间，军略张大人开辟清江等处，兵差过境，愈难应付，酌于木客涯运之附寨，三江轮流值年，量取渔利，永资公费，沿江别寨均不准当。”这些都充分说明了当江特权与夫役承担之间的必然联系，轮值当江的村寨必须要承担当年的夫役。但是，在实际的运作过程中，因为三寨地理位置的差异，造成三寨间夫役分担的不均。三寨之间的夫役之讼，最早就发生在王寨与茅坪之间。在雍正九年的这份呈文中，卦治因为不当孔道，所以暂时脱身于王寨、茅坪两寨的诉讼。王寨、茅坪在轮流当夫的实际过程中承担的夫役不均，因为“王寨于当大道稍纡，而茅坪背黄峭山脚”。当天柱县划归贵州并且开通黄峭山之路后，茅坪自然就成了过往官兵就近索夫之处，恰此时用兵苗疆的战事正酣，官兵往来，“茅坪夫役遂繁苦十倍于王寨矣”。在清王朝的势力刚刚进入清水江流域腹地之时，夫役的负担正好也是地方社会希图从政府那里获取更多特权的一个恰当借口。于是，雍正年间茅坪吴世英提出“借夫立市”，也就是以夫役过重为由，将三寨轮流当江的制度，改成由茅坪一寨为木市。对于茅坪的要求，地方官员并不同意，古州理苗同知的处理意见是一旦立市就会形成垄断，同时其他村寨也会有争端，不仅不允许茅坪一寨垄断，同时建议革除“当江立市”的名色，客商愿在哪一村寨交易悉听自便，使得沿江所有村寨都可以利益均沾，而不仅是三寨。黎平府的处理结果仅是涉及夫役，既未同意茅坪“借夫立市”的要求，也未赞同古州理苗同知关于废除“当江立市”的建议，一切仍照旧。事实上，直到清朝后期，三寨内部仍然有关于三寨轮流当江或某寨独自垄断的争论，三寨之间也多次为当江享利而互控不休。光绪七年(1881 年)三月，地方官员在处理三寨当江纠纷的文告中说“今办不如仍照旧规，三寨分年轮流当江，……是本署断令照旧办理，每逢子、午、卯、酉

① 详见何仁仲编：《贵州通史(三)》，当代中国出版社 2003 年版，80 ~ 85 页。

年，大河、亮江、八卦河轮为茅坪当江，王寨、卦治不得私引客商越买；辰、戌、丑、未年，轮为王寨当江；寅、申、巳、亥年，轮为卦治当江，茅坪、王寨不得私引客商越买。自光绪七年辛巳正月为轮，卦治当江为始，以后永远遵照。其有亮江、八卦、大河统旧轮流值年当江收领，三寨不得借词滋事。”①三寨轮流当江的规定在此时得到了更为明确的表述，后来民间就流传开了一句俗语：“子午卯酉茅坪江，辰戌丑未王寨江，寅申巳亥落卦治，三江轮流开木行”。

4. 嘉庆六年（1801 年）贵州巡抚禁坌处争江文告

兵部侍郎兼都察院右副都御史巡抚贵州等处地方提督军务加节制通省兵马衔兼理粮饷常

为再行剀切晓谕[1]

照得黔省黎平府属各处深山出产木植，历系附近黑苗[2]陆续采取，运至茅坪、王寨、卦治三处地方交易。该三寨苗人，邀同黑苗客商三面议价，估着银色交易后，黑苗携银回家，商人将木植即托三寨苗人照夫。而三寨苗人本系黑苗同类，语言相通，性情相习。而客商投宿三寨，房租、水火、看守、扎排，以及人工杂费，向例于角银一两，给银四分，三寨穷苗得以养赡，故不敢稍有欺诈，自绝生理。只因三寨以下木植经过各寨溪河，村寨不一而最相凌近。又坌处[3]地方系镇远府天柱县所属汉民村寨，素不多产木植，本与茅坪等苗疆地方绝不相干。乃该处地棍每私争利攘夺，自康熙、雍正年间，即将勘断，禁示已成铁案。而嘉庆二年，坌处汉奸伍士仁，犹敢以请帖开行，蒙混具奏，亦经本部院于藩司任内，察破其奸，移道复勘出示，遵照旧章，剀切晓谕在案。今因关、临、江等帮木客陈贻盛，与茅坪苗人买地龃龉，复为伍士仁播弄，捏词妄控，准到龙江等关咨令查办。又经本院行司饬委黎平，镇远府彻底查明。提犯到省后，经贵阳府确切审讯，叙其昔年旧案，详苗疆要地情形，由司议评到院，除将伍士仁一犯饬令发交天柱县，归入访拿，另案拟罪招解重办。其捏词妄控，又系孙贻盛等声请，各归本省查明，有无经手未请帮项，再行案拟发落。并即咨明工部、户部立案，暨分两江督院、江苏、安徽抚院、龙江等关，一体查明外，合亟再行晓谕。为此，示仰黎平府属遵照。苗汉商贾人等，嗣后一切买卖木植，仍遵循旧章，妥协办理。该处苗汉人等，勿许再有觊觎争夺，私于向例之外，多索分文，致有病情弊（端）。而商等亦不得听口改规，借口之税误，令自干罪究。毋违切切，特示。

右谕通知

嘉庆六年岁次辛酉十一月二十七日　示

注：

【1】此则碑刻现存锦屏县卦治村，文书选录自贵州省编辑组编：《侗族社会历史调

① 贵州省锦屏县志编纂委员会编：《锦屏县志》，贵州人民出版社 1995 年版，第 895 页。

查》，贵州民族出版社1988年版，第47页。

【2】明清时期，随着中央政权与南方民族的接触日益频繁，史籍中对南方少数民族的划分也愈加细致，但多以“苗”来称呼，以服饰、居住地等因素划分，例如以衣服颜色区分，有青苗、黑苗、白苗、红苗等。李宗昉的《黔记》称：“黑苗，在都匀、八寨、丹江、镇远、黎平、清江、古州等处，族类甚繁，习俗各殊，衣皆尚黑。”这里的黑苗，清朝一般多指“生苗”，相对“熟苗”而言。接受中央专制王朝的统治，入版籍服徭役者，哪怕是间接统治的，也是熟苗；清朝开辟苗疆时处于自主自理状态，与专制中央王朝无涉，或与汉区没有交流的则为生苗。①

【3】“坌处”，今天柱县坌处镇所在地，位于天柱县城东南面，距县城40公里。镇境南接湖南省靖州县大堡子镇，西临锦屏县茅坪镇。清水江穿境而过，横贯境内17公里，水运上通锦屏、剑河；下经远口、白市、瓮洞达湖南，入洞庭湖直至长江下游的武汉、南京、上海等地。

解读：

虽然自雍正朝以来王寨、卦治、茅坪三寨轮流当江的制度一直被各地官府不断地认可或一再重申，但由于当江设市能带来丰厚的利润，地方社会形势的不断变化，同时当江制度本身也存在着这样那样的弊端或漏洞，这些因素都成为有清一代争江事件不断发生的重要起因。民间流传的手抄说唱本《争江记》对这一系列事件有详细的描述，黎平、镇远、锦屏、天柱等地的地方志及碑刻等材料也多涉及这一事件。

最早的“争江”起于何时，现在已很难考证。《争江记》记载康熙四十二年前，在天柱、靖县境内设立的十八关，引起了一场讼争，但我们在其他文献中却无法找到相关的印证，这可能只是民间的传说而已。从中我们或许可以得出结论，争江纠纷是与当江制度始终相伴相生的。当江就意味着能够获得丰厚的江利，于是清代清水江下游地区的各种利益群体为地方权力、社会资源、经济利益的分配或调整，展开了一系列的纷争。雍正八年，坌处王国良等向古州请帖，要求在坌处开行歇客，进行木材交易，被地方官府“严行出示禁革”；乾隆四十六年，“坌处王美凤等禀请给帖开行，经巡抚图思德批：该处并非新开场市，历无牙行，不准开设”②。这些都是处于下游的坌处与上游王寨、卦治、茅坪三寨争江的前奏。

民间说唱本《争江记》记载的主要是从嘉庆三年（1798年）到嘉庆十一年（1806年）这短短几年间的争江纠纷，对于这一系列纠纷，《黎平府志》的记载是：

嘉庆三年，伍士仁复行请帖开行，布政使常明移东道周纬，讯系伍士仁欲图网利，谋夺苗人恒业，断令仍听茅坪三寨住客交易，不准坌处设行滋事，会详批结在案。嘉庆六年，伍士仁复同王志勋、王绍美招木商孙贻盛投歇坌处，往压苗人运木至彼售卖，苗人不

① 参见何仁仲编：《贵州通史（三）》，当代中国出版社2003年，第215页。

② 光绪《黎平府志》。

从，两下凶殴，杨阿拉等遂拦止高永兴木牌，以至漂失，控官差拿；伍士仁复主使孙贻盛等，赴各抄关捏控茅坪店家龙承仁等把持病商。经巡抚常明檄司道审明，茅坪店家龙承仁并无把持病商情事，实系伍士仁滋事，照棍徒扰害例拟遣。各省木商仍令在茅坪三寨照旧投宿买木，咨部核结在案。十一年，坌处王朝富、刘秀刚、刘林山等图争当江，复先后拦阻木商李瑞丰、翟从文缆船，与王大有木牌。各赴天柱县具控差拿，王朝富等持刀伤差，经镇远知府荣昌驰往督辑，具禀到省，巡抚福委东道张晖吉、贵阳府程卓梁督拿王朝富、刘林山到案。经两司审断，王朝富、刘林山拟军，余犯各有处治。以后木商仍照旧在三寨分年投歇交易，坌处无许滋事。经巡抚福核明咨部。逃犯刘秀刚，潜赴京师呈控，奉旨"交贵州巡抚福亲提案内犯证，秉公研审，定拟具奏。起原告刘秀刚，该部照例解回备质，钦此"。等因，咨行贵州巡抚福审明疏奏，刘秀刚一犯，应照凶徒恶棍扰害地方例加一等，发黑龙江给披甲人为奴。各省木商仍请著循旧章，在茅坪三寨分年投宿买木，严禁坌处民人，不得再行拦阻滋事。①

结合《争江记》的描述，我们可以得知，坌处争江最初采取的是直接向黎平知府请帖开行的办法，但未被获准。于是三年之后，也就是嘉庆六年，坌处人擅自在坌处开行歇客，拉拢"三帮"木商孙贻盛驻在坌处，欲造成当江之实。同时派人四处奔走，押令上河的苗人运木至坌处售卖，甚至收买黄平人林春茂和会同人孙中行，假扮皇商采办皇木，由上游放木冲江。木经茅坪被识破，将其捆绑吊打，将木阻存。坌处人等无计可施，最后只好以暴力阻拦客商从三寨放经坌处的木排，恰降水上涨，将木冲走一空。于是三寨行户控告到省，官府再一次重申了三寨当江的旧例，并以棍徒扰害地方罪名重处伍士仁。

5. 嘉庆十一年(1806年)贵州布政使、贵州按察使禁坌处争江文告

照得黎平府属之茅坪、王寨、卦治三寨[1]，滨临清水江，周围千余里，盘曲而来，与台拱、清江、古州等处，犬牙交错，山深箐密，出产木植。向来分年运茅坪等三寨，听候各省客商，携资赴三寨购买。该三寨苗人，与主议价成交。商人即托寓歇主家雇工搬运，扎排看守，每价与一两，商人给钱四分，以为主家给商人酒饭、房租及看守木植人口，并扎排揽索等项费用。茅坪三寨等山多田少，穷苗赖此养赡。如轮茅坪当江之年，王寨、卦治两寨，不得歇客买卖，迄今百十余年，从无紊乱旧章。前有天柱县属之坌处奸民伍士仁等，因地处茅坪三寨下游，相距仅十余里，希图苗人生计，借早年审断旧案有任客投歇一语，嘉庆三年蒙混请帖开行，批驳不准。六年，又借徽、临、陕三帮木商孙贻盛等，因茅坪苗领龙承仁等，不肯卖地建造会馆之嫌，哄诱该木商等至坌处投歇，押令苗人运至坌处售卖，不遂，逞凶殴打，并阻拦高永兴木排，被水冲失。复主唆孙贻盛等赴各官捏控，前院常批行前司，提集人证至省，委员审明，将伍仕仁问讯充军。各省木商仍然旧章，今年投宿茅坪三处购买，今案详咨大部并关监督在案。坌处民人不得妄生觊觎买木搁阻之事，已成

---

① 光绪《黎平府志》。

铁案。今因民人坌处王绍美、王载车、王朝富、王朝贵等，复蹈伍仕仁前辙，阻拦周永发、曾广顺木排，经王寨王克明、卦治龙文昌等控经本司衙门提审，委员审断议详前来。查王绍美、王志勋系伍仕仁案逸犯，除饬天柱县严拿务获，照例详办外，诚恐坌处民人，听其诱惑，贪利忘害，身罹重罪，徒后悔，令行查案，切切晓谕。为此，系仰天柱县坌处并黎平三寨苗人及各省木商知悉：嗣后买卖木植，仍遵照旧定章程，在茅坪三寨分年投主买卖，坌处民人毋许妄争。如坌处以下村寨，出产木植，应听该处民苗就近觅主出卖，不必逆挽运至茅坪三寨河下。经过此坌处民人均不得借称天柱县属出产，越分代买，复启衅端。此番出示之后，倘坌处奸徒，如敢将茅坪三处客阻木阻船，及私赴茅坪三寨买木，经过坌处议价转卖者，一经访闻，或被告发，定饬即县严拿，从重究办，决不宽姑。该三寨亦须各循旧章，不得稍有病商情事，并予查究。其各凛遵毋违，特示。

嘉庆十一年三月初四日　发

注：

【1】此则文书选录自贵州省编辑组编：《侗族社会历史调查》，贵州民族出版社1988年版，51～52页。

解读：

至嘉庆十年、十一年时，坌处与三寨争夺当江权益的斗争更加激烈。嘉庆十年坌处阻江，令数百木客停在托口、洪江，次年，经黎平、镇远府裁定仍然由三寨当江之后，卦治行户文起蛟等前往托口、洪江接客，三帮木商李瑞丰等雇船家杨新宗等前往卦治，行到坌处时被坌处杨绍美等截住，殴打商民、船户，引起下河客商、上河山客、三寨行户乃至船家水夫等各个群体的强烈不满，纷纷控告。派差到坌处后，坌处持刀伤差，于是黎平和镇远两府派兵围困坌处，下狱七人，其中王师旦死于狱中，余则问罪充军，坌处损失惨重。嘉庆十一年的三月，贵州藩臬二司联合颁布告示，宣布了争江案的最终处理结果，坌处并没有获得当初所希冀的“当江”厚利，虽然文告表示“坌处以下村寨出产木植，应听该处民苗就近觅主出卖”，但这个经官府确认下来的也可能只是历来如此的规例，坌处并没有从中获得任何额外的利益。① 可以说，嘉庆年间的多次争江案件，最终以坌处的惨败和官府对三寨轮值当江制度的重申而结束。在接下来的80余年间，清水江的木材贸易基本上维持了卦治、王寨、茅坪三寨轮流当江的核心制度。可想而知，嘉庆年间坌处与茅坪、王寨、卦治三寨之间连续不断的争江事件是当时清水江下游社会生活的一个重要组成部分，而且对地方经济活动和社会秩序也产生了极为深远的影响。同时，争江案件也反映了清水江流域自苗疆开辟以来在经济、社会等方面发生的变化。

我们首先看到的是，在嘉庆年间的一系列争江案件中，纷争的各方多是以群体的面

① 张应强：《木材之流动：清代清水江下游地区的市场、权力与社会》，生活·读书·新知三联书店2006年版，第84页。

目出现的。嘉庆三年坌处争江就是一次相当有组织的争江活动，主事者遍邀下游各寨，调动了天柱县多个地方的人力财力，"大帮小补来争江"。到了嘉庆六年，主事者伍士仁等将争江变成了更大地域范围内的村落和人群的共同事务，《争江记》中所说"判定股数四十八"，坌处的背后是一个由四十八寨共同承担责任和义务的村落联盟，争江实际上就是两个不同区域之间的经济利益和政治权力之争。而与此同时，在争江纠纷中逐渐涌现出群体还包括三帮、五勷以及上河山客和船家水夫等。

笔者前文谈到"三帮"、"五勷"的客商逐渐在清水江流域的地方社会事务中扮演了重要的角色(例如与三寨主家共同制定《奕世永遵碑》)。在嘉庆年间的多次争江纠纷中，"三帮"、"五勷"的客商们扮演着重要的角色，无论是茅坪、王寨、卦治三寨想保持当江地位还是坌处等地争江，都需要寻求他们的支持。嘉庆六年的争江，坌处人拉拢三帮客商孙贻盛等驻在坌处，孙贻盛等之所以投歇坌处，多半还是其与嘉庆六年初向茅坪人买地建造会馆未遂有关①，不仅如此，孙贻盛等还"以阻木误税等情，赴各关砌控(茅坪)"，但这一把戏很快就被官府看出，重斥"商等亦不得听口改规，借口之税误，令自干罪责"。不过，毕竟三帮是个享有特权的群体，所以地方官的处理也只能是"因曾在江宁请领官项采办例木，俟其各回本省，按拟枷责"，可见"三帮"、"五勷"中有不少是兼具皇商身份的大木商。② 到了嘉庆十一年的争江事件中，"三帮"、"五勷"的地位更为突出。当年正值卦治当江，卦治各行户积极鼓动木商前来买木，甚至亲自往下河相迎，《争江记》称"连忙邀动三帮客，又来报到众五勷"，但是当坌处阻船烧缆殴客的恶性事件发生之后，利之所系，被惹火了的"三帮"、"五勷"客商们纷纷上告。例如徽州木商李瑞丰等七人联名具控，临帮木商吴亨泰等十一人则称"代办江南例木"，向地方官府施压，五勷之一的黔阳木商瞿从文亦呈控官府要求惩处坌处凶徒，甚至连上河山客都加入到指控坌处争江的行列中来，正是在这种情形之下，地方政府才不得不对这次争江事件作出非常严厉的处理。

再看地方官府对历次争江案的态度，也颇有意思。乾隆四十六年，坌处的王美凤等禀请给帖开行，地方官府的批复是"该处并非新开场市，历无牙行，不准开设"③。在嘉庆六年的争江案，坌处败诉，贵州巡抚发布晓谕文告则称贵州所产木材"历系附近黑苗陆续采取"，而坌处地方"系镇远府天柱县所属汉民村寨，素不产木植，本与茅坪等苗疆地方绝不相干"，茅坪、王寨、卦治三寨虽不是黑苗，但毕竟也是苗人，"本系黑苗同类，语言相通，性情相习"，又"能识徽州、临江、陕西汉语"④，正是三寨苗人在王朝的地方官员眼中所具有的这种特殊身份，使三寨在争江中占据了一定的优势。与此相比，坌处仅在三寨下游

① 贵州省编辑组编：《侗族社会历史调查》，贵州民族出版社 1988 年版，第 47、52 页。

② 引文见嘉庆十一年正月贵州省藩臬二宪会审文件，见贵州省编辑组编：《侗族社会历史调查》，贵州民族出版社 1988 年版，第 48 页。

③ 光绪《黎平府志》。

④ 姚炽昌选辑点校：《锦屏碑文选辑》，锦屏县政协文史委员会、锦屏县编纂委员会办公室编，1997 年 9 月刊印本，第 42 页。

十余里，但在地方官府的视野中已是“民”，也即汉人，自然“与茅坪等苗疆地方绝不相干”。于是在地方官员看来，坌处争江就成了无端生事之举。同时，我们还可以发现，在地方官府将三寨视为苗民的同时，三寨人众在维护政治经济权益时也在不断地强调苗人这一身份，如嘉庆十一年争江案卦治行户文映宏的诉状就自称“黎属苗民”，并说“穷思穷苗立业，靠此资生，……总之，恶辈一日不除，木商一日不至，穷苗一日无依”①。

至嘉庆十一年，争江纠纷又起。该年地方官府两次处理此案，先是正月贵阳知府、安顺知府、黎平知府会审结案，在上报材料中称“查黎平府茅坪、王寨、卦治三寨，分年歇客，轮流寓客买木，至今一百余年，商苗彼此相安，若稍更易，不独三寨苗人无以糊口营生，而坌处以下沿江村寨，亦从而效尤，当江抽税之恶，讦告补休，木商受累无穷。于苗疆地方更有关系，应请应照旧章”②。所谓“于苗疆地方更有关系”，显然这是地方官府最为关心的问题。一旦准了坌处当江，不仅可能引起苗疆不稳，同时也会造成沿江村寨起而效尤，当江之争有扩大化的危险，那将对整个清水江下游的木材贸易造成致命的打击，这些都是地方官府极力避免的棘手之事。既然三寨当江至今已有百余年，且“商苗彼此相安”，那还不如安于现状，这应是地方官府处理当江事务的一个基本考虑。

6. 光绪十六年（1890年）茅坪、王寨、卦治《三江请帖禀》

缘职生等茅坪、王寨、卦治三寨地方[1]，有清水河一道，上通苗疆，下达湖广，凡苗疆产木之区，向运之三寨售卖。因三寨民苗与苗疆言语相通，性情相习惯，又河宽水平，可以听轧木牌。若下流十余里之坌处，不惟水势湍激，抑且汉苗不相浃洽。是以木植放至三寨，即不再行运下。三寨之人因此开店歇客，代为收木议价、评估银色，相信已久，从无欺骗，迄今二百余年。水客、山贩均各乐从。向章按照议定木价每两抽银四分，嗣道光初年改用纹银，减为每两二分，以九七扣实给银一分九厘五毫；此银以七厘归上河店家，以九厘归下河店家，作房租、灯油、劝盘、辛力之费，以三厘五毫作地方办公及雇人守木照料买卖之费。因人数众多，三年一届，一经分散，仍属有名无实，不过借以糊口。兵燹[2]后，又因地方盗贼横行无忌，复令抽五厘以作缉捕募勇盘查匪类等费，由府经收办理。通计每两共抽银二分四厘五毫。历经各前府官禀定在案，各大宪因其相安无事，亦听从民便，并未饬令请帖开行。从前因坌处地方心生觊觎，屡次滋事，迭蒙各宪查办禁止，亦详咨有案。

注：

【1】本则文书选录自（清）俞渭修，陈瑜纂：《黎平府志》卷三“食货志”，光绪十八年（1892年）刻本。该则文书以“职员龙庆荣”、“拔贡王勋臣”和“从九龙道云”等人的身份

① 贵州省编辑组编：《侗族社会历史调查》，贵州民族出版社1988年版，48~49页。

② 贵州省编辑组编：《侗族社会历史调查》，贵州民族出版社1988年版，第48页。

联合呈递。

【2】“兵燹”，是指咸丰、同治年间的苗民大起义。

解读：

嘉庆年间，天柱县所属的坌处等寨为争取当江，或不断请帖开行，或私开木行，甚至暴力阻江，前后历经数十载，屡被地方官府驳回不允，最终还落得财尽人亡的悲剧。直至光绪年间，事情才有了转机。咸丰五年(1855年)爆发了张秀眉起义，并且迅速蔓延到整个清水江下游地区。同年，天柱县姜应芳率众起事，与张秀眉相互配合，地方上的各处土匪亦纷纷乘乱抢劫。此时，湖南益阳人胡林翼任黎平知府，建立地方团练，以对抗“苗乱”和太平军的滋扰。战火很快烧到了坌处，《天柱县志》载咸丰五年三月“夜抢宰贡王朝元家，复白日抢坌处店二十余家”，于是一如文斗等地的“三营”，坌处很快也成立了类似的地方团练武装。其他各处也大致如此。至同治元年时，清水江下游的翁洞绅首胡云峰向时任天柱知县的郝元庆提出“沿河往来货物可取厘助饷”。至同治七年(1868年)，由地方官府正式颁布厘税章程，设正副委员分作总办、帮办，设局稽查①。到了后来，抽厘助饷就成了光绪年间坌处等寨请帖当江所依据的一个重要理由。

光绪十五年(1889年)，坌处举人吴鹤书又乘兴办团练的机会，禀请天柱知县余骏年转详镇远知府余渭，请于坌处等地开设木行，“收费养练”。余渭转报到省，批准发牒给坌处、清浪和三门塘三处开设木行。面对此次坌处等地策略的调整，王寨、茅坪、卦治三寨采取了积极的应对措施，于次年以“职员龙庆荣”、“拔贡王勋臣”和“从九龙道云”等人的身份联合上呈了《三江请帖禀》。在禀帖中，三寨人众强调了三寨轮流当江的制度已流传二百余年，且再一次陈述三寨当江的合理性。同时为了进一步获取官府的支持，三寨人众还主动提出公举殷实之家充当行户，以“三合德”为牙行字号，请官府赏准给帖，三寨自愿按年交纳税款。同时，三寨还联络在清水江木材交易中有巨大影响力的“三帮”、“五勷”和上河山客等人，纷纷向官府言明在坌处开行实属不便。时任黎平知府的余渭在禀复文稿中转述了木商们对坌处开行的态度，“又据各木商黄在蓬等禀称：商家投歇三江交易，相信相安，由来已久，所有议定之费，亦系酬赏店家饭食，及守木扎牌等项之用，并非开行抽收可比。且咸丰年间，因筹办练费，曾于瓮洞设局抽厘，即系商等所出；若坌处再抽行用练费，更是累上加累。又据商贩周隆昌等禀称：伊等贩木售卖，投歇三江，甚属相安。若坌处设行，则争夺欺压势所不免，实多碍难。”②次年，也就是光绪十六年，上《三江请帖禀》的首事者之一龙庆荣再次上书黎平府，主动提出自愿于三寨行用内提取二厘五毫作为黎平府修志之用，知府余渭欣然从之。光绪年间修订的《黎平府志》卷首就记载了

---

① 《兵燹记略》，载天柱县县志办：《天柱县旧志汇编》，1988年12月印，356～360页，转引自张应强：《木材之流动：清代清水江下游地区的市场、权力与社会》，北京：生活·读书·新知三联书店，2006年版，第89页。

② 光绪《黎平府志》。

这一事件，称恰逢“需款甚巨，筹措艰难”时，三寨人众“急公好义”，“于三江应得之行用纲费内，暂提抽二厘五毫，作修志费……且于三江分年提抽，定有年限，更属于民无伤，于公有济，自应俯如所请”①。有了襄助修志之举，无疑官府对三寨的要求予以了大力支持，余渭在禀复文稿中转述各处客商反对坌处开行的言论自然也就属于投桃报李之举了。很快，贵州巡抚潘尉、布政使史念祖批准了三寨的请求，饬令天柱县收回允许开行之牒，仍由卦治等处独占江利。② 于是，坌处的这次争江举动又以失败告终。

然自此之后，文献中逐步开始出现了茅坪、王寨、卦治三寨和天柱的坌处、清浪、三门塘共同当江的记载。因坌处、清浪、三门塘位于茅坪等三寨的下游，故称“外三江”，而茅坪、王寨、卦治三寨合称“内三江”。至于内外三江始于何时，文献并无记载，或以为就是在光绪十六年争江案结案之后不久。内三江行户鉴于与坌处争江两百余年，坌处已付出惨重的代价，如果不对其作出部分让步，官司还会无休无止，同时地方官府经多方协商后认为坌处开行于内三江无害，对木商有益，更能增加木税，于是批准了坌处等地的当江请求；并规定“三帮”、“五勷”的客商仍在内三江交易，当木材运输出黔时要运至杨角渡之宰贡（茅坪以下，清浪以上），交与坌处等地的运输工人接运到三门塘扎排，同时坌处等外三江开行歇客，住宿“三帮”、“五勷”以外的水客，以“主家”身份代理这些水客进内三江购木。③ 及至民国5年(1916年)，锦屏、天柱两县的县知事还专门批示两县所拟的有关木材贸易的若干条规，其布告全文刊刻于石碑之上，立于茅坪。至此，当江之争才基本上平息了，但不久之后，木行也归于消亡。

关于木行消亡的原因，据《侗族社会历史调查》的说法，是因为随着木材贸易的繁荣，内三江的木行在开行提取佣金的过程中，积累的资金日益增多，为获取更多的利润，三寨的一些木行开始把部分资金转向木材贸易特别是将木材销往长江流域的长途贩运，于是木行的性质就逐渐由牙行向木商转变。但是按规定，木行只能坐地歇客，既不能进入上河林区采购木材，亦不能运木至下河贩卖，而作为五勷之一的天柱商人却拥有在下河经营木材交易的资格，他们在洪江、汉阳、常州、南京等地都有木坞。三寨的行户欲从事木材贩运，既没有交易的资格，也没有可供停放木排的木坞，只得求助于天柱木商。得其同意，冒用其名，用其木坞，经营商业，并且推测，可能正是这个原因，所以后来天柱人开店歇客，三寨也就不再有异议了。民国初年，锦屏、天柱两县都成立了商会，及至民国20年(1931年)撤销厘金之后，木行失去了政府因靠木行交纳税款而给予的支持，政府明令取消了限制三帮五勷以外的水客进入内三江收购木材的当江制度，所有客商均可不必再通过主家、行户进行交易，取得了直接进江购买木材的权利。后来随着贵州木业公司、华中木号等大商家的进入，垄断了清水江木材交易的木行正式消亡了。

---

① 光绪《黎平府志》。

② 贵州省编辑组编：《侗族社会历史调查》，贵州民族出版社1988年版，第38页。

③ 贵州省编辑组编：《侗族社会历史调查》，贵州民族出版社1988年版，第53页。

后 记

笔者与清水江文书的结识始于2004年，那年夏天笔者尚在西南政法大学攻读法律史学专业的硕士学位，随导师陈金全教授一同在贵州黔东南苗族侗族自治州凯里、从江、榕江、台江、丹寨、黎平、锦屏、天柱及铜仁的松桃等地开展田野调查工作，当时由于人数较多，笔者走的是从江、榕江、铜仁、松桃等地，并未前往天柱、锦屏，只是后来从其他人的描述及拍摄的影像资料中对此有所认识。同年10月，笔者再一次随同导师陈金全教授前往贵州，同行的还有陈老师的博士生梁聪（现为广东省高级人民法院法官）及硕士生李剑（现为西南民族大学法学院教师），此次是专为清水江文书而来，我们一行四人在锦屏县河口乡的文斗寨生活了近一个月的时间，通过复印收集了近五千份契约文书资料。此后，笔者分别于2005年、2008年、2009年、2010年多次前往锦屏、天柱、台江、剑河、三穗等地搜集大量的契约文书资料。

2006年笔者到贵州民族学院工作后，时任贵州民族学院院长的吴大华教授认为贵州本地学者应当对清水江文书有更多的关注，嘱咐笔者对此多加留意，并将其多年前所收藏的契约文书电子资料赠送予笔者，此后又与笔者一道开展了清水江文书的研究工作。2010年，吴大华教授调任贵州省社会科学院院长后，贵州省社会科学院将"清水江文书研究"作为基础理论重点研究项目之一予以资助，又将本书列入该课题。可以说，本书的选题、资料的收集、研究工作的开展都离不开吴大华教授的鼓励、支持和合作。本书的研究和出版应感谢笔者的导师陈金全教授，笔者正是在陈师的引路下才开始对清水江文书的关注和研究。当然，还应感谢贵州民族出版社的编辑李江山先生。2008年时，笔者因另一本书的出版与他结识，李江山编辑对清水江文书的研究充满了热情和兴趣。经与他的多次交谈，笔者逐渐产生了对清水江文书进行分类考释解读研究的想法，应该说，本书的出版离不开李江山先生的热忱支持，在此笔者表示衷心的感谢。此外,还要感谢贵州省社会科学院对本项研究的资助和贵州省新闻出版局对本书出版的资助,也感谢所有对本书的研究和出版有过帮助的朋友。

潘志成

2012年10月1日